O Divã a Passeio
À procura da Psicanálise onde não parece estar

Fabio Herrmann

O Divã a Passeio
À procura da Psicanálise onde não parece estar

Teoria dos Campos
Coleção Psicanalítica

Casa do Psicólogo®

© 2001 Casa do Psicólogo Livraria e Editora Ltda.
É proibida a reprodução total ou parcial desta publicação, para qualquer finalidade, sem autorização por escrito dos editores.

Primeira edição, Editora Brasiliense, 1992

2ª Edição
2001

Editora
Anna Eliza de Villemor Amaral Güntert

Editor de Texto
Dirceu Scali Jr.

Produção Gráfica, Editoração Eletrônica e Capa
Renata Vieira Nunes

Revisão Gráfica
Solange Scattalini

Dados Internacionais de Catalogação na Publicação (CIP)
(Câmara Brasileira do Livro, SP, Brasil)

Herrmann, Fabio
  O divã a passeio : à procura da psicanálise onde não parece estar / Fabio Herrmann. — 2. ed. — São Paulo : Casa do Psicólogo, 2001. — (Teoria dos campos clínica psicanalítica)

  Bibliografia.
  ISBN 85-7396-141-4

  1. Psicanálise – Metodologia 2. Psicanálise – Teoria 3. Psicologia clínica I. Título. II. Série.

01-4770   CDD-150.195

Índices para catálogo sistemático:
1. Psicanálise : Teoria : Psicologia   150.195

Impresso no Brasil
Printed in Brazil

Reservado todos os direitos de publicação em língua portuguesa à

Casa do Psicólogo® Livraria e Editora Ltda.
Rua Mourato Coelho, 1.059 – Pinheiros – CEP 05417-011 – São Paulo/SP – Brasil
Tel.: (11) 3034.3600 – E-mail: casapsi@uol.com.br – http://www.casapsicologo.com.br

Sumário

Breve introdução à Teoria dos Campos 9

PRIMEIRA PARTE
A Clínica 73

Da sessão psicanalítica
A Rani de Chittor 77

Do processo psicanalítico
O porquê e o tempo na terra de Hotu Matu'a 113

SEGUNDA PARTE
A Teoria 175

Da Metapsicologia
O escudo de Aquiles 179

Da psicopatologia
43 DE ABRIL 223

Prefácio à segunda edição

A longo tempo esgotado, reedita-se agora este livro sem maiores alterações.

Sua posição na Teoria dos Campos, que, ao tempo de sua primeira publicação, era singular, hoje pode ser vista como inaugural. Foi minha primeira tentativa de explorar os recursos daquilo a que costumo chamar de *ficção freudiana*. Quando Freud criou a Psicanálise, inventou-a, fervoroso escritor que era, como *pensador por escrito*. As teorias que elaborou sempre tiveram o apoio de imagens, casos clínicos exemplares, mitos, anedotas e histórias, testemunhando o caráter de entranhamento na vida, que distingue nossa ciência. Ademais, a única forma de expor com clareza certas encruzilhadas da teoria e da técnica consiste em exemplificá-las com precisão tal que não dê margem a dúvidas. Mas, o caso clínico, apresentado da maneira tradicional, contém sempre um excesso sobre a questão teórica — e um imenso excesso sobre a técnica — que tende a desconsertar o leitor. Já a ficção, os mitos e lendas, histórias e acontecimentos pequenos, permitem que se extraia exatamente o que se quer, a imagem justa, a exata encarnação de certa idéia. Depois de "*O divã a passeio*", trilhando o mesmo caminho, escrevi "*A psique e o eu*", bem como várias ficções teóricas menores que apareceram em publicações psicanalíticas, sempre no intuito de introduzir ou de demonstrar questões cruciais da Teoria dos Campos, da Psicanálise e da constituição psíquica do homem.

Espero que esta nova edição, agora pela *Casa do Psicólogo*, reavive o interesse dos analistas, dentro e fora da Teoria dos Campos, pela exploração teórico-ficcional da psique. Afinal, Freud abriu este caminho. A nós, cabe segui-lo.

FH, junho de 2001.

BREVE INTRODUÇÃO
À TEORIA DOS CAMPOS

1

 Caro leitor. Antes de sairmos a passeio a bordo de nosso divã psicanalítico, é prudente nos familiarizarmos com o veículo, tanto para anteciparmos aonde nos pode ele levar, quanto para sabermos corrigir alguma falha mecânica que porventura venha a ocorrer. Nada é tão aborrecido como ficar a pé numa empoeirada trilha em terra estrangeira, de que nem se entende a língua, e nossa viagem vai fazer-nos passar por terrenos conceituais que talvez não lhe sejam familiares e, geograficamente, pelo norte da Índia, por alguma ilha do Pacífico — que é quase nenhum lugar em tempo algum — e ainda pelas margens do mar Báltico e pelas cercanias de Tróia, conquanto esses dois últimos lugares apenas os visitemos através da literatura. Se seu russo, grego clássico, hindi ou polinésio não são melhores que os meus, convém que nos entendamos em *psicanalítico comum* — idioma que não se deve confundir com o *psicanalês escolástico*, língua extremamente difundida, porém tão diversificada em dialetos e gírias, que hoje, quanto mais se fala, menos se entende. Assim, para viajarmos juntos, necessitamos acertar entre nós as convenções léxicas desse instrumento geral de compreensão que ficou conhecido como Teoria dos Campos. A Teoria dos Campos é antes de tudo um veículo de comunicação conceitual. Serve para comunicar a clínica psicanalítica com a teoria, as teorias entre si, os diferentes sistemas psicanalíticos — que impropriamente se conhecem também por teorias (*teoria kleiniana*, *teoria lacaniana* etc.), sendo porém pacotes fechados, que contêm temas típicos, teorias sobre eles, estilo clínico peculiar, técnicas, jargão e instituições de ensino — e a Psicanálise com outras ciências humanas, bem como servindo para comunicá-la com a realidade social. Se você me compreende, a Teoria dos Campos não é propriamente um setor da Psicanálise, porém uma forma de utilizá-la inteira; não só nas áreas que por tradição se consideram psicanalíticas, como também naquelas que não se consideram assim, mas que são objeto de psicanálises possíveis, ainda não existentes. Em suma, a Teoria dos Campos é uma sorte de veículo, um *divãmóvel* — trocadilho somente defensável se se toma em conta que o divã é um móvel que em muitos aspectos se imobilizou.

Quem precisa de um *divãmóvel*, de um veículo de comunicação intra e interdisciplinar? Para responder a essa pergunta, devemos voltar um pouquinho no tempo. Quando Freud inventou a Psicanálise, ele criou duas coisas simultaneamente, a saber: um método capaz de interpretar a psique humana, de forma excelente e em suas várias manifestações; e um exemplo também excelente da utilização do método, tão bom, na verdade, que foi de imediato e é até agora confundido com a totalidade das utilizações concebíveis do método e às vezes com seu objeto, a própria psique em geral. Quer dizer, a psicanálise freudiana é, de direito, um exemplo da Psicanálise e é, de fato, a Psicanálise enquanto tal — semelhantemente à filosofia aristotélica que, por séculos, se julgava ser a Filosofia ou à geometria euclidiana que era toda a Geometria. Isso não aconteceu por acaso. É preciso uma dose quase sobre-humana de sabedoria e modéstia para separar com precisão, de uma idéia geral que criamos, o uso limitado que dela pudemos fazer; a tentação evidente é proclamar a forma original como sendo a boa doutrina, fechando com isso a porta para todos os desenvolvimentos do método que possam vir a negar os primeiros postulados e as primeiras conclusões. Freud mesmo tentou separar com honestidade esses dois aspectos de sua criação, o fixo e o variável, compondo listas do que se deveria aceitar, sob a rubrica *Psicanálise*, e, por conseguinte, deixando tudo o mais ao juízo crítico dos discípulos e dos pósteros; listas canônicas que incluem, por exemplo, o inconsciente, a sexualidade infantil, a transferência etc. — um pouco como o rol de preceitos e dogmas das religiões estabelecidas. O problema, todavia, reside em que um sistema doutrinário, por mais sensato que seja, é sempre o que é: é doutrinário e, portanto, dogmático.

Outros grandes autores psicanalíticos tentaram empresa análoga: aceitavam, mais ou menos nominalmente, o repertório que Freud considerava essencial, porém reinterpretando o sentido dos termos para que estes se aplicassem a áreas distintas da psique — o desenvolvimento do bebê, a lógica do significante, o processo de pensar, a intersubjetividade etc. —, dando com isso a impressão de estarem desenvolvendo a Psicanálise na única direção correta, aquela a que Freud chegaria se tivesse vivido, digamos, mais cinqüenta anos e permanecesse fiel a si mesmo. Como se vê, cada uma das escolas por eles fundadas tem todas as razões para pensar que é a psicanálise inteira, a verdadeira Psicanálise — aliás, isso nem mesmo é peculiar das doutrinas psicanalíticas, pois não são tantas as únicas verdadeiras religiões do planeta?

Cada qual dos grupos em que se dividiu a Psicanálise criou, pois, um idioma próprio e com tal arte que nessa língua somente se podem exprimir os esquemas teóricos e os achados que resultaram de sua prática. Como tratam de áreas circunscritas do psiquismo, pretendem as escolas psicanalíticas que sua escolha tenha sido a melhor de todas e que o domínio estudado tenha uma espécie de prioridade essencial; é como se o homem, para cada qual, fosse primariamente composto à semelhança da teoria predileta: um bebê crescido, uma criatura da linguagem, um indivíduo buscando adaptação etc. Assim, cada linguagem criada ambiciona ser a linguagem natural da psique, aquela que exprime a real natureza da mente humana. A força de convicção desses idiomas variantes do *psicanalês escolástico* estriba-se, por outro lado, na forma mesma pela qual ele é ensinado. De maneira análoga ao ensino de línguas estrangeiras, em que léxico e gramática são transmitidos junto com uma apologia da civilização que os criaram — se você alguma vez cursou a Cultura Inglesa ou a Aliança Francesa, sabe de que estou falando —, mas com superior eficiência, os grupos psicanalíticos providenciam para que o aprendizado do idioma ocorra naturalmente, a partir de uma análise levada a cabo em seu registro lingüístico. Por isso, o aspirante ao grupo passa a conceber tal idioma como a lídima expressão de sua vida mental, já que aprendeu a nomear seus mais singelos sentimentos nesse preciso léxico. Não se lhe facilita a vida, oferecendo um dicionário idiomático e muito menos um multilingual; ao contrário, parece ser proibida a utilização de dicionários e considera-se herético todo e qualquer esforço de tradução inter-escolástica. Ademais, ele estuda apenas as teorias correspondentes, aprende um Freud lacaniano ou kleiniano, e trata seus pacientes em língua idêntica, cabendo à supervisão instruí-lo para tanto. Tal circuito fechado e constantemente realimentado conduz o postulante a viver interiormente as teorias adquiridas, não como modelos aproximados e falíveis do psiquismo, mas como verdade intuitiva: chego a imaginar às vezes se o único exemplo vivo de certas teorias psicanalíticas não seriam os adeptos da escola que as propõe. Seja lá como for, é inegável a força extrema com que se implantaram em nós as linguagens psicanalíticas.

Como alcançar, portanto, alguma sorte de *psicanalítico comum*? A primeira idéia, em consonância ao espírito de nossa ciência, seria recorrer ao vernáculo freudiano; isso já foi tentado mais de uma vez, mas falhou por força da mencionada reinterpretação dos termos vernáculos, que dá ensejo a nova língua, sempre que se pretende voltar a Freud. A Teoria dos Campos é, sob esse aspecto, prática e realista. Não sonhamos sequer em criar uma linguagem consensual, apoiada ou não em nova *leitura autêntica* da obra de Freud; nem esperamos propor um idioma tão sonoro e convincente que opere o milagre das línguas, trazendo o Pentecostes à Babel psicanalítica. O que lhe proponho é muito mais simples, embora também mais trabalhoso: procuraremos empregar termos comuns do português, como nosso fundador fazia com o alemão, aliás, e tanto com estes como com as expressões psicanalíticas ou com aquelas de outras disciplinas, estaremos sempre atentos ao significado que veiculam. Dentro da Teoria dos Campos, voltamos constantemente sobre nossas pegadas, perguntamos sem cessar o que diz realmente aquilo que se diz, a fim de fazer com que os próprios termos rendam o que podem, esforçando nossa linguagem para que dê mais de si. É assim que neste livro nos deteremos páginas a fio na simples palavra *porquê* e que substantivos tão vulgares como *rosto* ou *crença* deverão ser torcidos e retorcidos, até que seu poder de evocação se tenha desdobrado ao máximo.

Dentro desse mesmo projeto de comunicabilidade, tão caro à Teoria dos Campos, o percurso dos quatro ensaios que compõem o corpo deste livro cruza diferentes regiões do conhecimento e percorre o labirinto formado por distintos sistemas psicanalíticos. No entanto, caro leitor, não há razão para temer uma enxurrada de citações eruditas nem de tecnicismos da Psicanálise: uma leitura atenta deve ser, em princípio, mais que suficiente para seguir os argumentos que exponho à frente e, se algo não lhe ficar claro, o mais provável é que o assunto não esteja claro também para o autor. Com efeito, tentaremos juntos, nesse passeio, explorar algumas das fronteiras da psicanálise hoje praticada, ensaiando uns poucos passos em psicanálises apenas possíveis ou quase intocadas, donde certa incompletude e muita hesitação possam vir a ser a regra geral dos estudos seguintes.

O problema de citar e explicitar as referências desse trajeto é uma questão à parte. No estágio atual da formação de nossos analistas, as teorias são em geral conhecidas pelo nome, às vezes pelo nome do autor, sem que se penetre no conjunto de determinantes históricos e nas bases interpretativas que motivaram sua existência. De resto, nem mesmo a lógica interna das teorias é em geral completamente conhecida do analista médio. Parece-me um tanto inútil, por isso, citar a torto e a direito nomes vagamente referidos a concepções psicanalíticas. Em nosso procedimento, citar significa principalmente fazer com que os conceitos designados mostrem sua origem ou função, que se movimentem produzindo novos sentidos ou que revelem aqueles mais originários: citar não é mencionar, porém excitar a teoria. Pessoalmente, prefiro nem mencionar o que só conheço de nome, ou deixar clara a extensão de minha ignorância quando necessário; e, com toda certeza, seremos levados a zonas de desconhecimento profundo, seja por incapacidade do autor, seja por carência de uma exploração mais profunda de certos temas relevantes de nossa disciplina.

Em cada um dos ensaios seguintes tentaremos, o quanto possível, traçar os contornos de alguma questão muito geral e pouco tratada, usando lendas e histórias como ponto de partida, para que os conceitos psicanalíticos, ao se aclimatarem a novos meios, sofram ligeiras mudanças de sentido que ponham em evidência seu núcleo de valor mais essencial. Como não se trata de um procedimento convencional e para garantir a necessária precisão, estaremos muitas vezes nos debruçando sobre o sentido mesmo das palavras e dos conceitos empregados; tendo isso em vista, não há porque encolher os ombros quando surgirem dificuldades, acreditando que lhe falte conhecimento prévio ou que alguma referência fundamental lhe tenha escapado; tudo o que este livro exige do leitor é o desejo de questionar toda certeza antecipada e de pôr de parte, provisoriamente, qualquer convicção teórica. Afinal, estamos procurando a Psicanálise onde ela não parece estar, que é precisamente aonde sua vocação a leva: sempre para o outro lado da cerca. Temos consciência de que se vive hoje uma crise do saber psicanalítico e de sua linguagem, profundamente fragmentados. A fragmentação nasce de idéias fortes: como paradigma, teremos em mente a divisão entre kleinianos — compreendendo aí também bionianos, winnicotianos e o neo-kleinismo em geral — e lacanianos, com tantos matizes e mestres, por serem estas as escolas que predominam em nosso meio. É bem sabido, no entanto, que a linguagem psicanalítica mais praticada não se filia exatamente a uma destas duas tendências nem às outras escolas contemporâneas, sendo antes uma espécie fluida e confusa de jargão freudiano, que a rigor exprime a média inexistente de dez ou vinte tendências principais. A Teoria dos Campos almeja substituir esse jargão, tomando cada sistema ou teoria como um campo teórico particular e oferecendo ao conjunto desses campos o procedimento operacional compatível, que consiste em levá-los ao ponto de ruptura, lugar de sua efetiva intercomunicação. Apenas no reverso das teorias em conflito pode ocorrer a fertilização recíproca; o confronto direto dos sistemas, pelo lado direito, mistura-os e desemboca numa espécie de pântano conceitual, ou deve contentar-se em ser um árido comentário comparativo.

Estas primeiras palavras que trocamos servem para esclarecer um dos escopos fundamentais da Teoria dos Campos: ser um instrumento de comunicação. Ela visa a desbanalizar o conhecimento psicanalítico e a aumentar sua permeabilidade capilar ao real e às disciplinas do homem. Como o doente em choque, cujos órgãos fenecem por falência da microcirculação periférica, as teorias da Psicanálise podem entrar em colapso caso não sejam oxigenadas pelo contato aberto com seu objeto maior: a psique, em suas diferentes manifestações. Abrir as válvulas que comunicam a Psicanálise com o real humano, para que ela se redescubra, é nossa tarefa mais imediata. Este livro é um experimento de comunicação; conseqüentemente, uma experiência de escrita psicanalítica. Por tudo isso, parece-me conveniente alongar um pouco a presente introdução, explicando com simplicidade as linhas gerais da Teoria dos Campos, sua posição no momento atual da Psicanálise e o que se espera do psicanalista que a pretenda utilizar.

Depois, mergulharemos em estudos psicanalíticos extraterritoriais, abandonando o terreno conhecido de nosso consultório, conceitual e geograficamente, para que nossa conversa por escrito tenha o máximo de liberdade e oxigenação possíveis.

2

Os primeiros escritos do que hoje é conhecido como Teoria dos Campos datam dos fins dos anos 60. Já a expressão *Teoria dos Campos* é bem mais recente e deve-se provavelmente a um uso espontâneo; na verdade, não sei como apareceu. O certo é que não fui eu quem criou o termo. Talvez se deva a uma sorte de rebote crítico: como esta concepção da Psicanálise tornou-se mais notória por sua crítica ao uso ingênuo das teorias psicanalíticas — uso que confunde teoria com fato psíquico e cria os sistemas escolásticos —, o conjunto passou a ser identificado com esse aspecto parcial, recebendo nossa posição, em resposta, a dupla acusação de ser antiteórica e, paradoxalmente, demasiado teórica, ao mesmo tempo. Vem da segunda atribuição, quem sabe, que este pensamento fosse considerado uma *teoria*, isto é, uma teoria do mesmo gênero daquelas que critica. No entanto, mesmo que tal seja a origem do nome, não me parece mal posto, pois de fato trata-se de uma espécie de teoria crítica — ou de uma meta-teoria —, que se pretende constituir em estímulo heurístico à produção teórica da Psicanálise. Por seu lado, a noção de *campo* é-lhe suficientemente essencial para figurar no nome e não vejo inconveniente algum em que figure como marca distintiva. Portanto, fica assim batizada: *Teoria dos Campos*.

De início, como lhe dizia, a Teoria dos Campos — que ainda o não era — foi um projeto estritamente pessoal, atendendo à necessidade de orientação de um jovem aprendiz de psicanalista. Parecia-me estranho o panorama da disciplina em que me estava a introduzir, não conseguia compreender por que razão ela devia dividir-se em escolas que não conseguiam somar ou compor suas contribuições particulares, mas que, ao contrário, pregavam uma prática clínica tão sectária que esta só podia subsumir a crença de que suas próprias teorias equivalessem à verdade fatual do psiquismo humano. Lacanianos pareciam convencidos de que o inconsciente estivesse mesmo estruturado como uma linguagem e que isto pretendia dizer Freud em seus escritos, o que justificava operar a interpretação como charada; kleinianos, de que os mecanismos hipotéticos da origem da vida mental fossem fato comprovado, sendo esta a direção correta para a leitura da obra de Freud e o sentido real da fala de seus pacientes; bionianos acreditavam ter a experiência concreta do inconsciente — dava a impressão que cada grupo analisasse os pacientes ao espelho. O fato mesmo de as interpretações montadas a partir de tais crenças darem sempre certo, pelo menos para o analista, parecia alertar para essa curiosa propriedade de nossa interpretação de autocomprovar-se, geralmente ridicularizada nas piadas sobre terapeutas. Só que nunca consegui ver a menor graça em tal propriedade; e a evidência de que nossa prática possui irrecusável eficácia clínica, apesar de tudo, levou-me a supor que a operação terapêutica compartida por correntes distintas tivesse algum fundo comum e bem diverso das prescrições teóricas e técnicas com que cada escola a pretendia justificar. Em vista disso, tomei a resolução, na época, de não me filiar a nenhuma das correntes disponíveis, pelo menos enquanto não pudesse compreender aproximadamente a raiz comum que tornava eficazes suas diferentes formas de interpretar — condição em que, é preciso confessá-lo, me encontro até o momento. Além do mais, era também difícil para mim aceitar que a Psicanálise devesse sempre tratar dos mesmos temas e, em particular, que se tivesse convertido numa ciência exclusiva da psicoterapia, enquanto a psique humana oferece tantas outras condições dignas da atenção do psicanalista. Parecia-me que os analistas tendiam a confundir psique com pessoa, achando que a gente tem *seu inconsciente*, do jeito que se tem um nariz ou um fígado, ignorando que a psique é a própria forma do real humano e que transcende a constituição do indivíduo.

Por todos esses motivos, comecei a escrever *Andaimes do Real*. Esse nome, aliás, procede da última das considerações anteriores, indicando que cabe à Psicanálise, antes de tudo, investigar a psique em seu *habitat natural*, ou seja, no próprio real, pondo à mostra seu processo psíquico de construção pela análise dos vestígios que dele restam em meio à realidade consensual, já opacificada pelo costume. O ponto de partida epistemológico do livro, ou melhor, o problema que o motiva, é a faculdade autoprobatória das interpretações das escolas, que há pouco dizia não me ser nada simpática. Como você pode calcular, minha primeira tentação naqueles tempos foi a de simplesmente denunciar a interpretação psicanalítica como sendo uma vasta tautologia e procurar alguma coisa mais defensável como ocupação. Depois, no entanto, ocorreu-me que o diabo podia não ser tão feio como o pintava. Primeiro, as análises parece que funcionam, que realmente ajudam os pacientes a viver melhor e a curar-se — conquanto seja prudente pensar duas vezes em que consiste a cura. Segundo, as psicanálises de Freud descobriram uma dimensão radicalmente original da vida humana, tanto no indivíduo e na sessão, quanto na sociedade e na cultura. Talvez o desvio tivesse ocorrido após Freud e se limitasse apenas a uma execução equivocada da psicanálise clínica, hipótese certamente consoladora. Reestudando os fundamentos de nossa disciplina, tive a surpresa de ver que não é bem assim. Mesmo em Freud, há usos distintos da interpretação: não ousaria sequer disputar a validade de seus grandes historiais clínicos nem a elucidação do sentido das neuroses, por exemplo; porém, quando a interpretação serve para demonstrar mecanismos e outras entidades psíquicas supostamente concretas, então já surgem problemas. O mais grave deles, em minha opinião, acontece na própria *Traumdeutung*, quando Freud demonstra a existência dos mecanismos de formação do sonho a partir de uma série de procedimentos interpretativos que expõe com precisão. Resulta simplesmente que cada qual dos mecanismos enumerados — notadamente, condensação e deslocamento — equivale, de trás para diante, a um dos passos da interpretação: divisão em partes, associação etc[1]. Ora, isso constitui uma clara tautologia, da qual decorre que, não importando que material seja submetido a tais procedimentos — uma obra literária, um sonho inventado, o relato que escutei de um amigo —, resultará sempre que a relação entre produto interpretado (a que se costuma chamar *conteúdo latente*) e o texto original (ou *conteúdo manifesto*) há de mostrar exatamente condensação e deslocamento, depois de eu tê-lo dividido, feito associações por partes e interpretado analogicamente.

Por conseguinte, há interpretações que produzem e revelam novos sentidos do discurso e há outras que só reproduzem a si mesmas! Restava, pois, o trabalho de distinguir umas de outras e de estabelecer quais os princípios de uma interpretação sadia, ou pelo menos nãotautológica. A isso se consagram o Livro I de *Andaimes do Real* e a Teoria dos Campos. Na verdade, o choque de encontrar uma tautologia tão evidente no *sanctum sanctorum* da Psicanálise, que é a *Interpretação*

---

[1]. Cf. *Andaimes do Real: O Método da Psicanálise*, São Paulo, Casa do Psicólogo, 2001, 4ª parte.

dos Sonhos, foi tão grande, que me pareceu de bom alvitre reservar a exposição do problema para o fim do livro, quando o leitor já tivesse certa noção da maneira pela qual podia sair da enrascada, por ter acompanhado a recuperação metodológica que ocupa as três partes anteriores da obra. Não estou certo de ter sido boa idéia, todavia, já que acabei por constatar que fica muito difícil entender o porquê de tanto esforço de depuração do método interpretativo, se não se tem previamente à vista um motivo realmente forte. Por isso, neste resumo, apressei-me a começar pelas más notícias.

Deixe-me explicar-lhe, em poucas palavras, o argumento do Livro I de *Andaimes do Real*, pois é a primeira expressão concreta da Teoria dos Campos. Tentando dar resposta ao problema exposto, comecei por perguntar o que acontece numa sessão de análise que a torna tão diferente de qualquer outra forma de diálogo. Quando conversamos, mesmo se estamos brigando, há uma espécie de acordo tácito que faz com que nossos ditos se dirijam para certo tema e sejam nele compreendidos. O assunto de uma palestra, amigável ou não, possui uma parte visível; mas, estendendo um pouco a noção de assunto, ele engloba também uma parte maior que está submersa, por assim dizer. Esta contém o conjunto de pressupostos que determinam o sentido das palavras trocadas; prova disso é que, de tempos em tempos, seja forçoso explicitar para o interlocutor uma mudança do registro determinante: é quando digo, por exemplo, "não me leve a mal, estava brincando". Há regras que estão quase à flor da consciência, porém há outras que são completamente inacessíveis, pelo menos se estamos dentro do assunto. Tomemos um exemplo de cada. Se você acompanhar um bate-papo em torno do chope dominical, é bem provável que descubra sem dificuldade que os assuntos tratados, embora circulem com rapidez, possuem em comum um só propósito dominante: cada qual procura impressionar os amigos, mostrando que sabe mais ou que tem razão. É de todo transparente que certas pessoas namoram quase obscenamente um tema que imaginam conhecer, tentam puxá-lo ao preço de parecerem ridículas e nele se refestelam depois, arrastando-o até que nova coligação force sua substituição. A regra da superioridade argumentativa deve ser respeitada, porém; não cabe na conversa falar da conversa, pois é de boa educação psicológica ignorar o que se está a fazer enquanto se faz, ainda quando, como aqui, seria facílimo identificá-lo: é que poderíamos talvez romper o campo, se o denunciássemos de chofre. Todavia, na mesma conversa, o reflexo de certa disposição da realidade sobre o discurso — por exemplo, a equivalência entre a ordem de circulação temática e a distância física dos amigos que estão a bebericar — é quase inapreensível no campo do bate-papo, pois é indicativa da ordem de constância das representações que assegura a identidade do grupo: qual o líder, quais as relações de subserviência, se é um grupo hetero ou homossexual etc. Nessa, sinceramente, não o aconselho a imiscuir-se, já que poderia se ver às voltas com um linchamento, caso fosse bem sucedido na ruptura de campo.

Ora, o elemento mais evidente da conversa psicanalítica é que os dois, analista e paciente, não estão falando do mesmo assunto. O cliente dirige-se a um e outro assunto, mas o analista, embora compreenda de que seu interlocutor quer tratar, não respeita os limites do tema. Ele busca encontrar outro sentido, mas não um sentido qualquer, o que transformaria a sessão num diálogo de surdos; o analista deseja descobrir quais as regras determinantes do discurso do paciente, a parte submersa do assunto em sentido amplo. Isto é: o analisando está dentro de um assunto, mas o analista está fora e dentro, pois toma o assunto total como seu tema. Ele se pergunta coisas assim: "por que meu paciente está falando disso, de que mesmo está ele falando, por que dessa maneira e não de outra, que pressupostos emocionais contém o assunto em pauta?" Há uma assimetria irremediável e benéfica na relação entre os dois: um fala de si, o outro fala de quem fala.

De início, portanto, tentei descobrir, com toda a simplicidade, qual a característica mais geral que diferencia a sessão analítica; nem sequer questionando ainda sua função terapêutica. E a resposta é: um desencontro de base, um fala de algo dentro de certo assunto, o outro fala do assunto em si, na medida em que este produz e determina tudo o que diz aquele, logo está noutro assunto mais amplo, que contém o primeiro como um de seus tópicos possíveis. Em seguida, propus uma precisão de termos: em vez de dizer *assunto*, uma vez que havia alargado em demasia a acepção do termo, decidi chamar *campo* aos determinantes da conversa do paciente, acrescentando ainda que um campo existe sempre em toda e qualquer relação humana, mesmo que não se trate de conversa. O campo é tudo aquilo que determina uma relação e é inapreensível do interior dessa relação. Como vê, já estamos chegando à Teoria dos Campos.

Para evidenciar a composição de um campo, não basta sair da relação que ele determina. Mais de uma relação pode ser determinada pelo mesmo campo, em primeiro lugar; num namoro, por exemplo, podemos beijar, discutir, romper e reatar, mas, mesmo rompido o namoro, o campo que medeia entre os dois ex-namorados ainda é o campo do namoro, pois este possui regras que ditam inclusive a forma de cessação. Em segundo lugar, é possível simplesmente que, mudando de uma relação a outra, tenhamos mudado de campo; nem por isso torna-se claro em que campo estávamos antes. O que faz o analista, portanto, é tentar apreender as relações que o paciente estabelece durante a sessão, porém noutro campo, de forma a fazer com que colidam as regras seguidas pelo analisando com outras regras possíveis. Então, o choque faz com que subam à tona os componentes do campo em que o paciente estava preso; ou, para dizê-lo com maior precisão, rompe-se o campo da relação anterior e, fugazmente, temos a possibilidade de apreender sua constituição. Por ora, não nos preocupemos em como isso acontece exatamente: como se produz uma *ruptura de campo*, em que estado fica o sujeito quando ela se dá e sob que formas aparecem as regras do campo rompido. Basta ver que, mesmo com tão poucos passos, foi possível resolver até certo ponto o problema da interpretação não-tautológica.

Com efeito, se chamo *interpretação* ao processo pelo qual se produz uma *ruptura de campo*, fica evidente que esse tipo de interpretação não parte daquilo mesmo a que chegou: parte da relação, que é um dado observável, e chega a seu campo. Essa foi, penso, a descoberta fundamental de meu livro e provavelmente foi a única idéia que tive então; o resto é conseqüência. Claro que uma idéia tem de ser recheada e desenvolvida, essa é a parte verdadeiramente trabalhosa do pensamento. Vejamos como continua este, quais suas conseqüências.

A primeira e mais radical das conseqüências diz respeito ao estatuto do inconsciente. Estamos habituados a conceber o inconsciente como uma unidade e como uma espécie de consciência — que percebe, reflete, nomeia, disfarça, que tem interesses e motivos escusos, que planeja enganos para o sujeito e que tenta enganar o analista. Todas as qualidades da consciência são projetadas no inconsciente, enquanto o analista trabalha, embora isso nem mesmo esteja de acordo com a própria teoria freudiana: é a força do hábito. Mas um campo não é uma consciência segunda, são regras que o constituem, não um pensar oculto da mesma espécie que o pensar explícito. Também, se queremos seguir à risca nossa evidenciação do processo interpretativo, é preciso convir que a cada vez estamos operando com os determinantes de uma relação, não de uma unidade universal ou pessoal que a todas determina. Isso significa que o máximo a que chega o processo de ruptura de campo é à demonstração de camadas estruturantes da organização da consciência, não a seu fundo último nem a uma unidade responsável por todas as consciências do sujeito. No entanto, o campo é o inconsciente: não podemos afirmar nada mais do inconsciente pelo processo interpretativo senão as propriedades dos campos em ruptura e especulações fogem a nossa operação essencial — sem base interpretativa, são meras conjecturas arbitrárias. Assim, ficamos com uma imagem diversa do inconsciente. Em vez de uma unidade pensante, parecida à consciência, restam diversos inconscientes relativos, formando um complexo sistema, que deve ser conti-nuamente explorado pela análise.

Isso, por sua vez, acarreta nova conseqüência, aliás bem previsível. A interpretação, o processo de ruptura de campo, não se pode apoiar em teorias, no sentido de querer descobrir estruturas já definidas do inconsciente; ele está condenado à descoberta contínua, mesmo porque, como nosso problema de partida o mostrou, a interpretação é uma forma de produção de conhecimento desviável ao extremo: basta conter uma premissa para quase invariavelmente a demonstrar. Vem daí que, para nós, o método psicanalítico de descoberta do inconsciente na clínica, o processo de ruptura de campo, seja claramente anterior às teorias da Psicanálise: o método cria teorias, nunca o contrário.

O resto do Livro I de *Andaimes do Real*, que, por sinal, tem como subtítulo O *Método da Psicanálise*, trata das decorrências dessa revisão do método, realizada em sua primeira parte, sobre as técnicas e as teorias psicanalíticas. Na segunda parte, procuro mostrar que a técnica não é um repertório de recomendações práticas ditadas pela experiência dos autores mais famosos, dos mestres que encabeçam as escolas, senão a exploração sistemática dos fenômenos ligados à ruptura de campo. Por exemplo: quando um paciente perde o campo em que se apoiavam suas representações, durante uma sessão, ele entra num estado de irrepresentabilidade provisória à espera de novo campo que as organize; tal estado, a que chamo *expectativa de trânsito* — de trânsito até outra representação possível —, é a raiz da angústia que se experimenta em análise, mas é também a oportunidade de vislumbrar as regras inconscientes; por isso, tecnicamente, não se deve apressar o processo nem mitigar a angústia com uma oferta de representação alternativa. Isto é um princípio técnico, como pode notar, que não é arbitrário nem parte de uma especulação teórica sobre como é feito o psiquismo, é um princípio metodológico da técnica. Como este há vários outros. A alguns nos referiremos adiante, mas, para uma visão mais abrangente da técnica, é melhor recorrer diretamente ao livro, senão haveria de reescrevê-lo aqui.

Com relação às teorias psicanalíticas, o raciocínio é semelhante. Uma teoria só vale a título de elemento interpretativo, ou seja, deve servir para a montagem de interpretações, caso contrário, o método não terá o que dizer sobre ela; mas, como *interpretante*, não cabe à teoria estabelecida produzir interpretações, pois seria autodemonstrável, como vimos. Concebo, por conseqüência, que as teorias válidas numa análise têm de provir da própria análise, sendo uma espécie de ampla construção interpretativa que aos poucos se vai sedimentando, enquanto transcorre o processo analítico. Em certos momentos, como é natural, o analista descobre coisas já bem conhecidas, teorias tradicionais; fica feliz com isso decerto, pois constata que sua experiência é partilhada; pode beneficiar-se das sugestões adicionais que elas propiciam, mas deverá guardar-se de operar teoricamente, de ir da teoria à clínica. Nosso caminho tem de ser, de acordo com o método psicanalítico de ruptura de campo, clínico-teórico, chegar à teoria, nunca vir dela. Assim, o estatuto mesmo da teoria modifica-se. Ela passa a significar a forma do homem em análise, do sujeito metodológico da Psicanálise, a teoria é a descrição de como o método constitui um sujeito particular, a que, por isso mesmo, chamo *Homem Psicanalítico*. De novo, para compreender inteiramente o estilo da revisão teórica lá proposta, cabe ler a terceira parte de *Andaimes do Real*.

Por fim, a última parte do livro que há tantos anos comecei a escrever e que há pouco reescrevi, para torná-lo mais compreensível e atualizado, trata do problema da tautologia da interpretação e do estatuto do inconsciente, mas a isso já nos referimos há pouco, assim como à razão de ter esse tema ficado para o fim daquele escrito. Esta pequena descrição de meu livro sobre o método da Psicanálise deve servir-lhe, espero, para compreender o espírito do que vem à frente, tanto nesta introdução, quanto nos quatro ensaios seguintes.

3

A Teoria dos Campos nasceu de uma crise da Psicanálise. Chega a ser difícil aceitar que uma ciência assim nova, praticamente criatura deste século, tenha ao mesmo tempo se expandido tanto, criado uma subcultura de terapeutas, clientes e pesquisadores, influenciado tão fortemente a literatura, a filosofia e os costumes de nossa civilização, enquanto sua prática se vai mostrando repetitiva e dogmática, seu ensino, banalizado, e sua produção teórica, muito limitada, glosando incansavelmente os mesmos temas. Seria uma invenção de curto fôlego, uma dessas modas científicas que, passado seu século, já estão sobre a mesa de dissecção do historiador, curioso em decifrar as razões do êxito passageiro? Não me parece o caso. A forma psicanalítica de enfocar o fenômeno humano não será tão facilmente despojada de interesse; é bem provável que após um curto período de descrédito, quando se impuser a evidência de que parte das teorias em voga assemelha-se mais a uma ficção barroca do que a um conjunto de proposições científicas, a força de seu método sobreviva à fragilidade do uso escolástico atual. Talvez ela sofra por ser demasiado forte e não demasiado fraca, tão forte que nós analistas não a conseguimos manejar adequadamente e ficamos a repetir modelos já assegurados, só de raro em raro ensaiando uma psicanálise original em área nova. Como a escolástica medieval, herdeira insegura da tradição filosófica clássica, o movimento psicanalítico atual vive do estudo de Freud — como se estudavam Platão e Aristóteles na Idade Média — e de círculos fechados de ensino, nossas *scholæ*, que difundem o estilo psicanalítico de um mestre que o reinterpretou, via de regra descurando da exploração completa do objeto que nos desafia, a psique humana, em suas múltiplas ocorrências.

O objetivo da Teoria dos Campos é, por conta disso, tentar separar doutrina e método, liberando este último para sua vocação heurística, que está longe de se esgotar. Como fiz notar há pouco, a introdução da idéia de campo, com suas conseqüências radicais com respeito ao método, técnica e teoria, serve inicialmente de resposta a um problema de fundamento: a questão da tautologia das interpretações. Mas, quase que de imediato, a reflexão acerca dos fundamentos do método psicanalítico teve uma derivação clínica significativa, configurando uma autêntica proposta para a prática psicanalítica. Não creio que seja difícil entender este movimento. O estilo de interpretação que sucumbe à tautologia é, por este fato mesmo, de escasso alcance terapêutico. Esse tipo de interpretação não é um instrumento de descoberta, senão uma declaração explicativa que se faz ao paciente: o analista que passa a acreditar na existência concreta das instâncias e mecanismos psíquicos que a teoria descreve, projeta-os em seu analisando, por tal razão, explica o cliente para ele mesmo. Já uma interpretação sadia, vale dizer, não-tautológica, separa doutrina e método, empregando-o como puro instrumento de descoberta. O analista não profere sentenças interpretativas de feitio teórico, mas nem por isso deixa de interpretar; o processo interpretativo converte-se numa série de pequenos estímulos, de variações emocionais, de reversões de posição do sujeito ou de sentido do discurso, que provocam a ruptura do campo dos pressupostos lógico-emocionais que determinavam as representações dominantes do paciente. Como qualquer explorador, ele se vale dos mapas estabelecidos apenas para chegar ao local inexplorado; lá, vê o que há para ver e tem de desenhar seus próprios mapas.

Na verdade, mesmo operando a partir de teorias e interpretações de feitio tautológico, os analistas nunca deixam completamente de produzir rupturas de campo também, ao retraduzirem o material para um registro distinto do original, o que justifica o efeito terapêutico que qualquer forma de análise cumpre. A Teoria dos Campos apenas propõe que se saiba o que se está fazendo em essência, para praticá-lo com maior concentração.

Naturalmente, a posição das teorias psicanalíticas modifica-se também, a partir desta reflexão. No começo, disse-lhe que a Teoria dos Campos é principalmente um instrumento de comunicação. Pois bem, como não podemos mais crer que o inconsciente seja um simples conjunto de mecanismos e conteúdos conhecidos, mas campos a espera de ruptura, as disputas entre sistemas teóricos opostos relativizam-se sobremaneira. A verdade não está aqui nem lá. Campos distintos pedem distintas teorias, a maior parte das quais terá de ser ainda criada pelo próprio analista com seu paciente; no entanto, todas as formulações teóricas conhecidas podem ser invocadas em socorro da análise, como campos teóricos que também se rompem e se recompõem ao longo do tratamento. O objeto da teorização psicanalítica não se considera ser a constituição de um modelo de psiquismo concreto, mas uma condição especial do sujeito humano, em que as representações entram em crise, por força da aplicação do método, e deixam ver os campos que as determinam. Se me faço claro, o que as teorias psicanalíticas descrevem não é a verdade interna da mente, no sentido comum do termo, mas também não é algo falso. Essa máquina psíquica, feita de pulsões e canais de descarga, de mecanismos fixos e de objetos definidos, provavelmente não existe; nesse sentido, nossa teoria seria falsa. A questão, porém, é que, por outro lado, isso não é o que a teoria diz, embora comumente pense que o diga. Se a depuramos por meio da Teoria dos Campos, ela passa a afirmar que certas relações, submetidas à interpretação analítica, mostram configurações de campo equivalentes aos chamados mecanismos de defesa, por exemplo. Logo, se a teoria só se pode justificar metodologicamente, temos de entendê-la como o estudo do objeto do método, do interpretável, e nunca como descrição de um cérebro metafórico.

Essa constituição metodológica do objeto, o Homem Psicanalítico, reconstitui-se a cada psicanálise, seja esta um tratamento psicoterápico ou um ensaio exploratório do real humano; portanto, as teorias têm sua validade intrínseca também relativizada, pois, descrevendo um sujeito em crise, elas mesmas devem entrar em crise a cada análise, para mostrar sua apropriação ao campo descoberto. Diferentes teorias podem entrar em diálogo, compondo figuras adequadas ao novo recorte do objeto. Assim, não se misturam as teorias de sistemas discrepantes, o que seria deplorável, mas o analista procura construir prototeorias que concebam os campos que surgem à vista e destas progride em direção à teoria mais geral, quando encontrará similitudes com certas formulações, de uma ou de outra escola, que lhe podem ser úteis para ampliar seu próprio mapa.

Esse caminho clínico-teórico afeta, como é evidente, a própria maneira de formar-se o psicanalista. Será preciso que ele tenha um conhecimento mais diversificado e menos dogmático, vindo a conhecer, dentro do possível, os vários modelos do domínio teórico da Psicanálise. Perde-se com isso a segurança que a fé mais ou menos cega em certo autor ou professor propiciava; mas, em contrapartida, ganha-se em criatividade, pois agora fica notório que a parte mais importante da formação teórica de um psicanalista consiste na experiência de criar teorias por conta própria. A única maneira de conhecer o valor e os limites da teoria psicanalítica é ter experimentado criar alguma, posto que não se possa exigir do iniciante proficiência na matéria. A meta não será produzir gênios teóricos, mas simplesmente fazer com que o estudante de Psicanálise saiba em que consiste uma teoria, que bases ou que falta de bases empíricas a sustentam, como é o processo de generalização, que tipo de indução se pratica, enfim, qual o *sentido de construção* que toda teoria possui e que só a experiência de teorizar revela. Numa palavra, para a Teoria dos Campos, o verdadeiro eixo de comunicação entre as teorias conflitantes da Psicanálise é seu sentido de construção. Entre si, usualmente só se comunicam por rupturas; mas todas partilham o sentido de construção, selo de sua proveniência do método interpretativo; quando não, são ilegítimas. Por fim, devem mostrar sua utilidade como interpretantes, isto é, servir à interpretação e operar metodologicamente na ruptura de campo. A formação, por conseguinte, há de ser formação para o método, o conhecimento da doutrina psicanalítica servindo para localizar o candidato, provê-lo de uma forma psicanalítica de pensamento e capacidade de mover-se à vontade na selva de opções teóricas dos sistemas das escolas atuais.

Talvez o ponto onde melhor se mostre a liberação do método psicanalítico, característico da Teoria dos Campos, seja na ampliação temática de nosso horizonte. Como se propõe que cada trabalho interpretativo comece pela raiz, não nos pesa qualquer limitação de aplicabilidade da Psicanálise. O Homem Psicanalítico — a crise de representação do sujeito que propicia a emergência de seu campo — está por toda a parte onde esteja o homem. O real inteiro estará a nossa disposição, desde que o saibamos explorar devidamente. Um dos pilares centrais dessa concepção é o reconhecimento de que muito pouco da psique humana foi investigado pela Psicanálise: a maior parte dos sentimentos nunca foi tematizada por nossa disciplina, a psicopatologia individual e social espera ainda que uma autêntica nosologia psicanalítica venha a se criar, os campos do quotidiano só às vezes têm recebido a atenção dos analistas, mesmo a região dos mitos e da literatura, que sempre apaixonou a Psicanálise, pede um tratamento que lhe faça justiça, pois não se concebe como uns poucos esquemas interpretativos possam ser aí repetitivamente aplicados — é preciso antes aprender dos mitos e histórias, do que pretender elucidá-los esquematicamente, não nos esquecendo que deles provém boa parte dos nossos esquemas. Neste livro, você acompanhará algumas tentativas de ampliação temática da Psicanálise, procurando-a onde não parece estar, mas onde um método livre do peso doutrinário pode muito bem vir a descobri-la.

4

Será, quem sabe, o maior dos esforços contrapor-se à força do hábito: toda desabituação é uma violência para nosso espírito. Se a

Teoria dos Campos vier a produzir algum efeito, terá sido precisamente esse, razão pela qual não lhe auguro rápida popularidade. Comecemos pela idéia de relação. Cresceu dentro da prática analítica um sentido particular para a relação humana que se limita quase só a ódio e amor ou a suas variações: ciúme e inveja, solidão e dependência, agressão e erotismo, reconhecimento e necessidade de ser reconhecido. É como se relação fosse sempre contato individual e emoção, variações sentimentais. Essa acepção restrita não só contradiz a própria doutrina psicanalítica, que começa por negar a indivisibilidade do indivíduo e sua unidade coerente, como inviabiliza o estudo psicanalítico de penetrar no âmbito mais amplo das relações sociais. Relações de produção são relações, afinal — mas para interpretar sua dimensão psíquica não se pode usar o arsenal de esquemas costumeiros da terapia —, como o são as relações de significação e as diversas maneiras de estruturação da subjetividade, qualquer que seja sua encarnação concreta. Todo movimento humano é uma relação, na medida em que se possa representar; toda ocorrência psíquica posta ultrapassa sua interioridade e dirige-se ao real humano, tal transcendência é condição de representabilidade, não há representação sem diálogo, ainda que potencial ou imaginário: a representação subsume um reflexo. Assim, a relação analítica não pode ficar confinada numa espécie de drama passional, que pode mesmo ser induzido por pseudo-interpretações que incrementam o valor afetivo das vivências, como o faria um amplificador de aparelho de som, ao transformar pequenos incidentes negligenciáveis de consultório em índices de violento ataque contra o analista ou em tentativa de sedução; relação analítica, se queremos reter o nome, será a presença transferencial de todo o real humano no espaço da análise.

Analogamente, o conceito de campo designa a ordem de determinação das relações. Ele sofre de uma irrepresentabilidade posicional: as relações de um campo são representativas dele, mas nunca o representam, no sentido de elucidarem as próprias regras. *Stricto sensu*, a reflexão sobre o campo é impossível na psicanálise; para o paciente como para o analista, é necessária uma ruptura de campo, assim como a translação para novo campo. O campo não é anterior, interior ou exterior com respeito ao ato psíquico, é o próprio ato, enquanto determinação intrínseca de sentido. O campo está presente numa memória ou numa palavra, numa ação individual ou coletiva, da mesma forma em que as proporções geométricas estão presentes numa mesa, por exemplo — desmanchando a mesa não as encontramos, nem encontramos o campo desmanchando a relação. Isto é, o campo não tem existência concreta. Como surge por ruptura, e posto que dê sentido comum a várias relações aparentemente desligadas — uma boa maneira de perguntar-se pelo campo é pensar: "se meu paciente mudou de assunto, de que assunto continua a falar, que não mudou" —, a nomeação de um campo quase sempre o reduz, pois nomeamos uma relação paradigmática que comporta, não sua estrutura de produção psíquica. Além disso, a determinação de distintos campos, quando pode ser apreendida, é ainda um campo: nada mais há a descobrir, os campos não têm fundo.

Quando se procura refletir sobre o estado mais geral dos campos, facilmente somos apanhados por paradoxos práticos. Enquanto operação de descoberta, o limite geral dos campos é o Campo Psicanalítico, que nada mais significa senão o próprio método da Psicanálise em sua operatividade. A regra desse campo mais geral é a ruptura de campo: todos os campos nele ocorrrentes tendem a se desestruturar, embora, na prática clínica, só muito pouco disso venha a ocorrer. Do Campo Psicanalítico, enquanto limite operacional, muito pouco se pode dizer. Sua primeira particularização que admite alguma expressão menos abstrata é o campo transferencial. Transferência é um conceito ambíguo; de um lado, indica o fenômeno repetitivo que provê nossa vida anímica desse caráter especial de retorno a formas e vivências anteriores; de outro, tal como a empregam os analistas em seu trabalho, a transferência é uma forma de escuta que privilegia a equivocidade da palavra sobre seu valor denotativo intencional: desfocamos nossa atenção daquilo que o paciente quis dizer, para encarar seriamente o que disse sem querer. Ademais, transferência é a medida em que um sentido possível já é eficaz: o dito é feito, na transferência. O campo de semelhante escuta — o campo transferencial — afeta a totalidade do diálogo analítico a tal ponto que toda representação acaba por indicar principalmente suas alternativas, num jogo sem fim de emergências de possíveis. Essa é a razão de os fenômenos transferenciais serem singularmente favorecidos na situação analítica.

A noção de campo transferencial, ao mesmo tempo em que explica a eficácia clínica de nosso trabalho interpretativo e que possibilita interpretações eficazes de outras condições do homem — já que mesmo um texto escrito pode ser lido nesse campo, por exemplo —, põe à mostra uma das características mais enigmáticas de nosso método: sua espessura ontológica. Como você deve ter notado, transferência é, simultaneamente, tanto uma propriedade psíquica — a propósito, anterior à invenção da Psicanálise — quanto uma forma de apreensão do discurso que, se é verdade que antecede nossa prática e se pode realizar fora dela, é também, sem sombra de dúvida, uma operação do analista, um ato organizado que é parte essencial de um método entre outros. Claro, sempre se pode concluir que a Psicanálise ganhou a forma que tem por corresponder a uma propriedade psíquica natural do homem; mas o contrário não deixa de ser correto, ou seja, que tal visão do psiquismo é fruto da operação de um método preciso e precisamente datado. Essas possibilidades não se excluem; escolher uma delas seria muito parecido ao problema do ovo e da galinha, colocaria nosso pensamento numa rota de infinita regressão às origens, já que poderíamos, em princípio, rastrear o método psicanalítico até sua inserção em formas espontâneas do diálogo humano. A Teoria dos Campos não resolve o problema, antes propõe um convívio produtivo das duas hipóteses. Reunimos método e objeto, na unidade operacional que é o Homem Psicanalítico. Este é nosso objeto, de forma parecida com que se diz *objeto físico*, entendendo por isso simultaneamente uma certa qualidade das coisas e o reflexo do método da física sobre elas. O Homem Psicanalítico é a crise das representações do sujeito que corresponde à ruptura de campo, é o método encarnado em sujeito, ou o sujeito enquanto operação de desvelamento de seus campos.

Porém, se nos perguntamos pelo campo produtor mais geral que se pode conceber, nossa resposta ainda teria de ser um tanto misteriosa. Pois o campo mais geral, que a todos engloba e produz, deve ser o próprio real humano. Nessa acepção, real não se confunde com materialidade, não é o universo físico, mas a constituição mais ampla do sentido humano, isso que nos produz e onde fazemos sentido. O real é irrepresentável, como qualquer campo; sua representação consensual mais extensa, embora ainda restrita a cada cultura e a cada grupo ou indivíduo, é a realidade. Realidade, portanto, é representação: é criação ativa do sujeito (individual ou social), é produto do diálogo e é tudo o que podemos conceber como existente. Ao tentar conceber a interioridade do sujeito, não obstante, devemos pensar numa espécie de seqüestro, por meio do qual uma parte do real é *interiorizado*, isto é, diferencia-se em subjetividade. A isso chamamos *desejo*: à determinação interior da consciência que lhe dá forma emocional, que a move em direção ao real humano. O desejo, pois, é ainda o real, porém diferenciado e subjetivado; sua representação mais geral é a identidade. Realidade e identidade, por conseguinte, são idéias gêmeas; identidade designa a representação como indicativa do sujeito para si mesmo, realidade designa a representação como indicativa do mundo que toca a cada sujeito, coletividade ou indivíduo. Em si mesmas, ambas as representações não se poderiam diferenciar uma da outra, identidade e realidade são modos opostos da mesma representação: a cada momento sou onde estou, naquilo que percebo, lembro, anseio. A distinção radical entre tipos de representação de realidade e de identidade é fruto de uma ilusão teórica, não um dado psíquico.

A coesão entre identidade e realidade garante a eficácia e a permanência de minhas representações. No entanto, tal coesão de princípio deve ser assegurada ativamente no transcurso da vida mental. À função que garante as representações chamamos *crença*. À crença, assim como às noções de real e realidade, de desejo e identidade, retornaremos diversas vezes nos textos que se seguem. Por ora, basta que você retenha a conexão harmônica entre esses diversos conceitos, fruto da distinção entre relação e campo: desejo e real são campos, identidade e realidade relações, ambos concebidos em sua máxima extensão. Crença é uma função, embora se possa falar do *campo da crença*; é uma função essencialíssima para a operação psicanalítica, pois todo trabalho interpretativo transcorre num desafio constante à crença, já que a ela não apetecem em nada os possíveis, as alternativas representacionais, como é fácil depreender de seu projeto de asseguramento da representação. Todo possível denuncia um descompasso entre desejo e real, ao desvincular identidade de realidade numa representação. Cabe dizer que o desejo é uma contradição interna do real, cuja representação plena a crença procura eliminar.

5

O pequeno arsenal de conceitos que acabamos de revisar faz parte do léxico da Teoria dos Campos e serve para que você compreenda melhor o veículo de nossa viagem. Serve, principalmente, para desabituá-lo da rotina psicanalítica, como disse há pouco. Todos nós temos a tendência a pensar que as idéias nos vêm em forma natural, que as coisas são assim porque o são, quando, na verdade, trabalhamos com operadores conceituais, mesmo se cogitamos em algo tão amplo e natural como a realidade ou o sujeito humano. Aliás, uma das melhores maneiras de sustentar nossos conceitos *à outrance* é acreditar que não existem. Na prática analítica, as pessoas ostentam mesmo certo orgulho de não usar conceitos. É muito freqüente escutar um terapeuta reclamando: "tudo isso é muito teórico para mim, eu funciono melhor com minha intuição emocional". Entretanto, quando lhe pedimos que nos conte o que sua intuição emocional revelou, ele nos apresenta a versão simplificada de alguma teoria muito conhecida. Que milagre é esse? Seriam nossas teorias tão verdadeiras que a simples intuição emocional revela algo idêntico às mesmas? Se fosse assim, por que razão haveria desacordos tão radicais entre os analistas? A verdade é bem diferente. De tanto ouvir uma forma de interpretação, acabamos por imitá-la e, ainda mais, acreditamos que a estamos intuindo: cria-se em nós uma falsa vivência de naturalidade. Ora, a intuição, no caso das ciências, é quase sempre o conceito que se esqueceu. Ao tratar com o paciente, é até bom que o esqueçamos, ou que pelo menos não tentemos recordar os conceitos, só para ver se tudo anda de acordo com o livro. O grande perigo está em esquecer que se procurou esquecer e passar a crer numa revelação espontânea, ignorando sua origem. A verdade é que quando um analista recusa a teoria, seu trabalho torna-se extremamente teórico, e no pior sentido; o contato emocional com o paciente se enfraquece e ele repete cegamente o que lhe foi ensinado, pois nada há de mais repetitivo debaixo do sol do que um conceito que se naturalizou: este volta e volta, porque transvestiu-se em *intuição emocional*.

A Teoria dos Campos pede que a clínica seja praticada de maneira artística: não acreditamos que a enunciação de conceitos teóricos, disfarçados de interpretação, possa ser muito eficaz. Interpretação, você sabe, é ruptura de campo, não é um enunciado, uma frase, uma explicação. Mas, para trabalhar criativamente, é preciso antes conhecer com exatidão em que consistem nossos conceitos básicos, mesmo em se tratando de conceitos tão amplos como o de real e realidade. Senão estaremos fazendo como o adolescente que decide escrever criativamente sem estudar a gramática. Claro que ele segue algumas regras gramaticais, mas segue-as sem saber que segue e, quando as tenta violar, tampouco sabe com que está rompendo: o resultado todos conhecem, é pura repetição de cacoetes. Do analista, espera-se que alguma hora deixe a adolescência profissional e comece a pensar de forma autônoma; para tanto, há de compreender e criticar o que aprendeu e aprender mais do que aquilo que já se sabe, se possível. Então sua clínica torna-se mais livre e menos livresca — pois nenhum livro influencia tanto como aquele que não se leu —, bastam-lhe meios muito discretos para o trabalho interpretativo, pois ele saberá tocar as cordas da alma do paciente, valendo-se da inteligência emocional de sua própria.

A arte da interpretação, como qualquer outra arte, demanda técnica. Grassa em nosso mundo intelectual uma visão equivocada da técnica, que contagia o psicanalista, talvez um pouco menos que outros profissionais, mas com resultados tão graves em seu caso, a ponto de levá-lo às vezes a abominar até o próprio termo *técnica*. É que técnica tornou-se sinônimo de técnicas de reprodução, quando não de linhas de montagem. Técnica parece ser um jeito de fazer sem pensar, um substituto da reflexão e da criatividade. Para a Teoria dos Campos, no entanto, a prática analítica — antípoda exato das linhas de montagem — envolve uma técnica que não se confunde com formas típicas de sentença interpretativa, com conselhos de bom senso sobre o que dizer a um paciente nem com algum tipo de código dos direitos do consumidor. Em particular, a confusão entre ética e técnica constitui um dos equívocos mais sérios na concepção de nosso trabalho: por não ter o que dizer sobre o que é a interpretação, tendemos a enfatizar aquilo que deveria ser em prejuízo do que de fato é, transformando nossa reflexão técnica num exercício de paranóia sistemática ou, no mínimo, numa técnica de evitação do melindre ideológico: o paciente não pode ser diagnosticado, pois seria um *juízo moral*; se lhe abro ou fecho a porta, devo saber que impressão lhe pode isso causar; é preciso que pague em dinheiro, que pague diretamente ao analista, ou que calcule ele mesmo o quanto deve, para sentir-se responsável; deve deitar sem que se lhe diga, para decidir por si etc. Temos aí um código moral ritualizado e perfeitamente prescindível. A técnica não é um catálogo de boas maneiras analíticas, a técnica é o saber sobre o instrumento; o nível em que se comunica com a ética é muito mais profundo e importa num juízo global da ação terapêutica em sua inserção social.

Em nosso caso, o instrumento é a interpretação. Assim, de início, uma teoria da técnica deve dizer que é a interpretação, no sentido geral do ato psicanalítico que todos os analistas compartem.

Definindo interpretação pela ruptura de campo, superamos o problema posto pelo fato de que alguns analistas julgam não dar interpretações; de fato, alguns quase não fornecem sentenças interpretativas, no que andam bem, pois a declaração do porquê de certo material associativo não constitui em absoluto a essência do interpretar. Pequenos movimentos, não raro feitos de silêncio ou de frases gramaticalmente incompletas, simples intersecções de palavras, são meios eficazes para a condução do processo de ruptura de campo. Uma análise, por princípio, deveria parecer o menos possível com o estereótipo convencional da psicanálise; nada daquele pequeno hiato pigarreado que promove a palavra do analista à categoria de revelação é realmente necessário, por exemplo; talvez o problema maior do *suposto saber* seja que o paciente geralmente o supõe quando seu analista está seguro de o possuir. Não é preciso também parecer neutro ou tolerante, nem intolerante e severo; de modo geral, ousaria acrescentar que nem mesmo é preciso parecer. Por definição, onde haja o encaminhamento da relação ao campo, opera a interpretação.

O estudo técnico da posição do intérprete psicanalítico também não nos leva a um repertório de regras a seguir, mas à verificação dos movimentos efetivos que um analista realiza. Tomemos, como exemplo único, o mais fundamental desses movimentos, que já faculta uma distinção primeira entre dois momentos conjugados: *deixar que surja*, para *tomar em consideração*. Verifica-se que, no processo interpretativo, o estado inicial é uma sorte de passividade receptiva em que o terapeuta busca principalmente não se deixar capturar prematuramente pelo balé de sentidos possíveis que se lhe oferece. É uma recusa decidida a emprestar significação ao que ainda não se definiu, à espera de que a aura emocional que cerca o discurso o conduza naturalmente ao lugar de onde pode ter uma visão unitária, embora dubitativa, da emergência de um sentido. Nem é preciso que o sentido se dê plenamente, basta uma promessa, que talvez não se realize. A atitude correspondente a deixar que surja — em nítida oposição a atribuir significados — equivale aproximadamente à maleabilidade expectante de um passo de dança de salão, quando todo nosso corpo aguarda uma pequena tensão, uma entrega ou um sinal de movimento do parceiro que já é o começo do passo seguinte: é preciso saber dançar, conhecer o ritmo e, no entanto, todo esse saber refaz-se muscularmente a cada passo. Importante é que, quando surge o que não se previa e nem se compreende ainda, uma concentração especial tome conta da atenção analítica, que se transforma agora em decidida retenção da aura de significação emergente: negamo-nos em absoluto a permitir que escape o presente ponto de vista, até que ele tenha declarado a que veio. A conversa quotidiana é demasiado apressada, não se toma em consideração o que surge inesperadamente, antes nos esforçamos por ignorar as perturbações da ordem do discurso. O analista, contrariamente, esforça-se por manter em consideração aquilo que se anuncia, resistindo à tentação de dispersar-se em novos dados, ou mesmo na exploração de segmentos porventura mais claros do conjunto que se começa a delinear. Tomar em consideração, complemento e seqüência do deixar que surja, é uma receptividade ativa e equânime à totalidade fugidia do sentido alcançado, mas nem por isso menos decidida e teimosa: o paciente que mude de assunto, se conseguir.

Temos aí uma amostra de teoria da técnica, no que concerne à atenção analítica. Como você pode verificar, ela não parte de uma teoria arbitrária do que é mais importante na vida mental, não sendo tampouco um conselho, mas uma constatação; mesmo assim é algo que se pode fazer melhor ou pior e que se pode aprender a fazer. Este é o estilo e a posição que julgo adequados para a constituição de uma teoria da técnica que tome na devida conta o método e sua encarnação na atitude analítica. Cabe ao analista manter sua acuidade intelectual, enquanto se deixa nortear pela aragem mais leve dos movimentos emocionais da sessão. Numa analogia que tendo a repetir, é como se operasse com o rigor de um filósofo a meditar algum complexo problema, enquanto se deixa conduzir flutuantemente sobre as ondas afetivas do material: sofista e surfista, ao mesmo tempo.

O problema central que se lhe depara pode ser compreendido a partir de uma experiência de ruptura de campo. Um paciente sente-se extremamente desconfortável deitado, retorce-se e teme ser atacado por serpentes que se ocultam sob o divã; de tempos em tempos precisa levantar-se, caso contrário, teme, soltará um grito. Depois de muito trabalho analítico, dá-se conta, estarrecido, que tem estado desde sempre em franca luta corporal consigo mesmo. Talvez não fosse sequer difícil ter-lhe explicado isso logo nas primeiras sessões; no entanto, de que valeria? Quem lutava com quem, a quem dirigir-se? Alguns anos são precisos para deixar que surja, no caso, deixar que surja o interlocutor que pode reconhecer seu antagonista; agora que surgiu, devemos tomá-lo em consideração, não lhe permitindo esquecer-se de si e muito menos do outro. O analisando está momentaneamente privado de representação eficaz, por se ter rompido o campo, que responde pelas condições mesmas de eficácia representacional. Queixa-se, com razão, que esteve a dormir desde a adolescência e que o processo de despertar psicanalítico é muito doloroso. É que nesta análise a expectativa de trânsito relacionada à ruptura desse campo fundamental coincide com a própria extensão do tratamento; outros campos romperam-se e se romperão mais depressa, sempre trazendo, no entanto, algum grau de desorientação parcial de identidade.

O campo rompido expõe suas regras constitutivas. De que maneira, porém? Elas não se mostram abertamente, senão em raras ocasiões. O mais comum é que a busca de novo campo para as representações faça o paciente mergulhar em si mesmo, experimentando e rejeitando diversas formas de ser. Há uma aceleração do *tempo* do processo analítico e uma circulação mais veloz de processos emocionais. Denomina-se isso *vórtice*. Como o redemoinho que aspira a água da pia que se destampou, sucessivas identificações fazem girar as representações, não só encaminhando o cliente a formas mais básicas de ser, quanto, o que é ainda mais significativo, produzindo um acavalamento de campos periféricos àquele que se rompeu, os quais se compõem fugazmente, gerando representações aberrantes, comparáveis às que se descrevem nos fenômenos de borda de uma lente. Tais distorções — que são capazes de fazer com que o mais comportado dos obsessivos passe por instantes de desorganização quase-psicótica, com uma solução de tipo psicopático, por exemplo — revelam muito da estrutura interna do paciente, são como o decalque em negativo de seu desejo, expresso na resistência oposta a uma representação. Do psicanalista espera-se, portanto, que aumente sua atenção à periferia do vórtice e que evite uma interferência mais ativa nessa etapa do processo interpretativo. Tal cuidado de não-interferência atenta torna-se mais difícil quando o movimento de vórtice é lento; rupturas instantâneas, de forte impacto emocional exigem menos do analista que aquelas muito lentas, onde as aberrações se dão quase imperceptivelmente, como (assim o descrevia uma cliente) "uma luz branca que, ao girar bem, bem devagar, vai atraindo e dá vertigens". Com o analisando antes mencionado, será indispensável que sejamos duplamente pacientes e atentos, pois a recombinação de campos, ganhando expressão motora, transforma-o fisicamente numa representação composta dos dois que batalham: há que contar com as repercussões orgânicas e de organização de vida decorrentes de certas recomposições particularmente aberrantes.

De forma análoga, é possível descrever outras propriedades da atenção analítica. A imersão do analista no material do paciente, a especificidade exigível de sua apreensão de sentidos, a densidade variável com que se tem de dirigir a áreas distintas do material — já que excessiva densidade perfura o tecido das significações em certos momentos e excessiva frouxidão deixa escaparem pontos nodais de concentração, tais como as aberrações representacionais que acabamos de mencionar. Em nosso exemplo, o risco maior é o de fixar o interlocutor analítico, isto é, escolher a *vítima* e defendê-la do *algoz*, considerando-o como uma perturbação ou doença a eliminar, para que se libere a *parte sadia*; ao contrário, a prática mostra ser mais útil para este paciente — afinal ele é um só — que o analista reaja prontamente aos menores sinais de interferência sádica na cadeia de pensamento, concentrando sua atenção em estereotipias verbais e de tom de voz, para dirigir-se ao sujeito adequado. Para isso, nesse caso, requer-se uma boa dose de imersão, um empréstimo de alma, pode-se dizer, e maior concentração do que a usual, pois não se trata tanto de não perder fragmentos emocionais periféricos ao tema da sessão, que seria o problema com pacientes que flutuam em nuvens de sentidos frouxos, quanto de detectar precocemente alterações substanciais do campo. Em suma, em vez de propor um caminho prefixado teoricamente e válido para todos os pacientes, a Teoria dos Campos concentra-se em investigar as condições de boa execução do ato interpretativo em cada análise. As propriedades gerais do instrumento metodológico de que dispomos, a interpretação, devem ser cuidadosamente mapeadas para que se atinja uma teoria da técnica de alcance suficiente para nortear o analista.

O que talvez chame sua atenção, nesse panorama reduzido da contribuição da Teoria dos Campos à técnica psicanalítica, pode ser a ausência de qualquer especificação dos temas a interpretar. De que devemos falar numa análise? Nossa posição é de que isso não pode ser predeterminado, de forma alguma. A análise constrói-se a si mesma também como teoria. As regras evidenciadas pela ruptura de campo vão compor, ao longo do tempo, um saber diagnóstico a respeito do paciente, até do homem em geral, porém sempre limitado à condição de descoberta. É certo que os campos são o inconsciente, mas é certíssimo que desconhecemos *a priori* de que inconsciente se trata: estamos sempre na posição de quem cria a teoria de que se serve. Certa feita, quando começava a discutir o caso que ilustra esta seção num simpósio internacional, fui brindado com uma dissertação interessante, mas gratuita, acerca da relação que meu paciente devia ter entretido com a mãe em fantasia, durante seus primeiros anos de vida. Ora, relações primárias só se esclarecem com anos de trabalho interpretativo que possibilitam o levantamento pontual da amnésia da primeira infância e ainda assim seu valor é o de iluminar um momento transferencial bem determinado. Ocorre porém que, naquele período analítico, reeditava-se a forma muito peculiar com que ele havia reagido ao falecimento do pai: um certo tipo de náusea. É compreensível que tendo os clientes, no geral, um pai e uma mãe, haja sempre boa margem de acerto aleatório quando se tenta adivinhar qual das duas figuras prepondera transferencialmente num segmento analítico; por esse motivo convém evitar a roleta edipiana, nós não queremos acertar na sorte e errar com uma probabilidade de 50% é sempre embaraçoso.

A produção teórica inerente ao trabalho interpretativo consiste na extensão do segundo aspecto que há pouco vimos ser característico da atenção psicanalítica: o tomar em consideração. Ela atravessa toda a análise, em sentido longitudinal, e engloba a totalidade do saber nela produzido. Na medida em que o paciente resiste diferentemente à ruptura de campos diferentes, sustentando formas de representação axiais para sua organização psíquica, é como se se fosse inscrevendo negativamente um desenho na superfície da análise. Ponto por ponto esse desenho corresponde à matriz organizadora de suas relações: ao desejo. Pode-se esperar, com nosso paciente, que sua análise esclareça a natureza da oscilação entre torpor e conflito corporal, e sua relação com uma dolorosa sensação de inautenticidade que o acomete no contato humano, precisamente os pontos que geram mais resistência quando tocados; daí está a nascer uma prototeoria, que seria demasiado expor aqui, mas que é ditada pela própria resistência diferencial, ao atrair para nossa consideração os temas evitados: na análise, a fuga é o caminho mais seguro para se chegar ao lugar onde se deseja, embora lá ninguém queira ir em sã consciência.

Em princípio, por conseguinte, o limite da produção de saber de uma análise é simplesmente a constituição do desejo: tomado na devida consideração, habita-se e teoriza-se. Na prática, porém, existem dois fatores que alteram esse limite. O primeiro é a vocação comunitária da teoria, sua tendência intrínseca a extrapolar o singular, a generalizar-se e a ser comunicada. Os processos analíticos entram constantemente em diálogo através dessa dimensão: conhecimento é produzido, intercambiado e codificado em expressões comunicáveis. Ora, em segundo lugar, o próprio resultado desse diálogo entre as análises, a teoria codificada, sendo como é o instrumento de formação de cada analista — de sua formação teórica —, limita a extensão das operações de ruptura de campo. Portanto, há um limite teórico, mais estreito que o do desejo, a restringir o Campo Psicanalítico. Também há, com toda certeza, os limites pessoais de cada analista. Vem daí que o campo metodológico em que o desejo se pode revelar, embora ilimitado em tese, aparece em cada análise particular representado por um preposto, o *campo-limite* do analista. Se este for amplo o bastante para que vários setores da personalidade do cliente sejam por ele atraídos, a análise pode se dar de maneira satisfatória, uma vez que a atração do Campo Psicanalítico — sua tendência a gerar ruptura de campo, que se exprime pela força da transferência — sempre se propaga ao campo-limite. Somente uma restrição extrema impossibilitaria a análise, quando, por exemplo, o analista está prisioneiro de um sistema fechado: de uma linguagem demasiado empobrecida e de esquemas interpretativos fixos. Ainda assim é surpreendente a vitalidade de nosso método, que produz resultados aceitáveis, mesmo em condições de execução paupérrimas.

O método responde pelo fazer, a técnica pelo bem fazer. Dos recursos técnicos da análise, provavelmente nenhum ganhou tanto espaço no desenvolvimento pós-freudiano como o do manejo da transferência. Com o tempo, interpretar transferencialmente para a maioria dos analistas passou a significar uma espécie de vasto sistema de tradução: o que o paciente diz de sua vida fora da sessão exprime as relações presentes. Este uso não me parece equivocado, conquanto deva ser submetido a um criterioso processo de depuração, que o Livro I de *Andaimes do Real* tenta realizar. Às opiniões ali emitidas, gostaria apenas de acrescentar mais uma. Um dos fatores de estreitamento do campo-limite das análises decorre do uso indiscriminado dessa forma de tradução. Ela sempre é possível, nem mesmo é difícil de fazer, porém que sentido válido possui? O risco maior que vejo em tal movimento de aspiração da vida pela análise vem de uma execução mais ou menos automática que engendra algo assim como uma máquina interpretativa, oferecendo a tradução simultânea de qualquer comunicação do paciente. Nesse caso — e aí está a gravidade — a vida converte-se em alegoria da análise, tudo o que se faz no quotidiano é por causa de seu *sentido analítico*, ou pelo menos o analisando acaba por se convencer disso.

O relato que alguém nos apresenta durante a análise deve conjugar-se com a história interna do tratamento e com as demais referências de sua vida, inclusive a infantil, sem perder a identidade e autonomia. É preciso evitar a interpretação que iguala os dois níveis separados, que os torna automaticamente equivalentes. A interpretação viva mantém a tensão dos planos a que se dirige, é como uma indecisão duplamente cortante: tanto problematiza a sessão, se se trata dos planos do fora e do dentro, como cria um sentido de interrogação aguda sobre o mundo externo à sessão, a vida quotidiana do analisando, assim renovando sua capacidade de tomar em consideração o próprio desejo. Os dois planos ficam lado a lado, atraem-se fortemente, a ponto de partes de um serem tra-gados pelo outro e de pontes de sentido cobrirem a distância que os separa; mas sua distinção não se pode perder. De modo geral, entre o texto literário e o sentido que se lhe atribui, entre o sonho e o chamado conteúdo latente, entre o dentro e o fora da sessão, entre o físico e o psíquico, é como se a interpretação viva agudizasse a reciprocidade e pusesse em crise as relações internas de cada plano, pela atração do outro, que opera sobre ele como se fora uma teoria interpretativa, sem permitir, todavia, que um se sobreponha ao outro ou que o engula. Em cada par que a interpretação vincula, o ponto de partida e o de chegada enriquecem-se, engravidam de sentidos, atraem-se e denunciam seu parentesco, diferença ou quase iden-tidade, mas não se perdem um no outro. Já a interpretação automática produz absorção: uma ordem de significação encontra na outra seu sentido explicativo, e aquela se torna pouco mais do que um reflexo desta.

Um paciente médico, em certa sessão, queixa-se de sua hipocondria e das confusões, entre cômicas e terríveis, que a consulta a inúmeros colegas envolve. Já quase ao fim do tempo, conta dos ciúmes da esposa que declaradamente seleciona as mulheres com que ele não a deve trair; prescrição arriscada, pois, na mesma ordem dada, implica também o reino completo daquelas que lhe são permissíveis. Aponta-lhe o analista a similaridade: a mulher sofre de uma hipocondria conjugal, ele de suspeitas amorosas acerca dos órgãos internos. Essa contraposição é instantaneamente efetiva: do tensionamento de ambos os planos, ciúme e hipocondria, surgem iluminações recíprocas, os dois planos parecem coalescer, mas mantêm sua independência, e iluminam também a posição do analista face ao drama duplo. No futuro desta análise, talvez venha se tornar lugar-comum a identificação dos dois campos comparados; a interpretação envelhecerá, perderá o fio, talvez toda sessão seja vista, então, como uma extensão do ciúme ou da hipocondria, ou estes como reação transferencial. Paciência, pensaremos noutra coisa, se isso acontecer.

6

O exemplar de microscopia clínica que fecha o item anterior testemunha um dos movimentos típicos de toda a interpretação psicanalítica eficaz: produz efeitos de entrecruzamento de campos. Esse efeito opera como o equivalente psíquico de uma interferência magnética; não implica propriamente fusão, contágio ou contato material, dá-se, digamos, a meia distância entre o isolamento e a comunidade. Nesse sentido, o processo é característico da sociedade contemporânea. A literatura moderna espelha freqüentemente esse efeito, os destinos cruzam-se e, por assim dizer, comentam-se, sem que efetivamente as pessoas compartam suas vidas de maneira mais próxima do que por estarem mergulhadas na mesma história geral e implacável. Pense-se na *Montanha Mágica*, esse enredo paradigmático. Os destinos cruzam-se num espaço destacado e alienado, num desvão da história; quando a história os alcança, sob a forma da Grande Guerra, é como uma imensa vassourada, aniquila todos os pequenos projetos, todos os sonhos e rituais, todos os encontros e desencontros.

Uma das questões fundamentais que se costumam dirigir à Psicanálise é a de sua relação com a historicidade. A questão reparte-se em dois quesitos: o primeiro é de cunho teórico e refere-se a certos pressupostos da doutrina freudiana, como o de atemporalidade do inconsciente, ou com mais razão estende-se à forma geral das construções teóricas, que parecem dialogar mais com o tempo filogenético ou, no máximo, com o tempo antropológico, que com o tempo histórico, ao postularem uma estrutura psíquica quase imutável para o homem; a segunda é de cunho prático e interroga a clínica psicanalítica, para saber se não é também ela uma espécie de desvão da história, uma pequena *Montanha Mágica*. Mesmo que formuladas às vezes em tom panfletário, são estas inegavelmente boas questões. Sob o prisma da Teoria dos Campos a resposta é de certa maneira ambígua.

Em primeiro lugar, como estamos vendo e ainda veremos melhor, a Psicanálise é, pelo menos, proporcional a sua época. Onde o destino dos sujeitos parece operar mais por contraponto que por contato, onde falham os projetos comuns imediatos e o consentimento direto do sujeito cede passo à determinação dos meios de comunicação de massa e ideologias, uma disciplina da desmistificação, que procura influir por meio da imantação recíproca dos planos de vida, da crítica das ilusões e do acolhimento integral dos desencontros entre desejo e real, não pode ser considerada fora de propósito. Outra característica marcante de nosso tempo é a insegurança das posições relativas dos sujeitos; as posições mais simples e naturais — familiaridade, colaboração, superioridade, desafio direto — esvaíram-se numa sociedade extremamente complexa; de novo, há que reconhecer a propriedade da Psicanálise a seu mundo, uma vez que o saber transferencial faz uso dos jogos posicionais que entretêm as subjetividades. Por outro lado, se chegarmos a recuperar para nossa disciplina uma noção apropriada de real, quem sabe possamos colaborar no esclarecimento de sua constituição enquanto *real psíquico*. O sistema conceitual de nossa teoria da representação, que envolve a redefinição de noções tais como real e realidade, desejo e identidade, mais a função da crença, não tem, é claro, a louca intenção de se fazer passar por uma filosofia genuína; tão-só concretiza o sentido pelo qual a Psicanálise pode estudar o mundo humano, isto é, traduz o estatuto de real compatível com nossa ciência e define a posição do real no processo analítico. Concretizar o método num objeto adequado não constitui peculiaridade da Psicanálise; no fundo, todas as disciplinas recriam o real que espelha as propriedades de seu método: se tal reinvenção é produtiva, o novo recorte é declarado útil e enriquece o universo em que vivemos, se não, sepulta-se a pretensa forma de saber. Uma sadia noção de real, que supere o realismo ingênuo, parece-me ser o conceito central ausente da teorização psicanalítica e, por conseguinte, o instrumento para que esta se possa defrontar com o dilema da historicidade; por exemplo, acrescentando à idéia quase geológica de inconsciente filogenético a flexibilidade do conceito de campos.

Aqui porém, nesta introdução, é mais interessante esboçar um reconhecimento prévio do momento e do mundo em que se insere a Psicanálise, que os ensaios à frente procurarão desenvolver, do que nos perdermos num projeto programático para nossa disciplina. Espiemos discretamente certa peculiaridade de nosso tempo que justifica a conveniência do divã sair a passeio. Em 1925, T. S. Eliot escreveu estes versos famosos: "Assim expira o mundo/ Não com uma explosão, mas com um suspiro." Em que gênero de suspiro pensaria o poeta não nos cabe adivinhar, nem podemos perguntar-lhe. É próprio da poesia, da grande poesia, ser um receptáculo para o tempo, suas imagens são como copos onde a história verte bebidas diferentes, distintos conteúdos encontram perfeita acolhida e forma adequada na mesma imagem poética: as razões de nosso suspiro podem diferir ligeiramente daquelas do poeta, mesmo assim seu suspiro é o nosso. Posto ser um pouco mais que história, a representação poética é também fruto e sintoma de seu tempo; por outro lado, o fundamento daquele imenso suspiro final só pode ser a espécie de vazio a que alude o título do poema eliotiano: o oco, os *Hollow Men*, o tédio da mesmidade vácua. Todas as épocas choraram sua própria vacuidade, a ausência de grandes desafios, a pequenez dos sentimentos: já Confúcio lamentava viver numa época menor. É antes certa posição do homem em face de sua existência quotidiana o motor de tal lamento, do que um sinal dos tempos. Ou melhor, o tempo do *tedium vitæ* não é privativo de hoje ou de ontem, é o tempo de olhar-se ao espelho que medeia entre as gerações e é, por outro lado, a recusa do próprio elemento entediante que tanto forma o recheio da vida miúda quanto é condição da lenta criação. Os psicanalistas lamentam não terem sido contemporâneos de Freud, mas com isso apenas confessam sua parca propensão a realizar o longo esforço freudiano de enveredar pelas entranhas da alma humana, praticamente tão desconhecida hoje quanto então.

Todavia, existe certa forma de vacuidade característica de nosso tempo, a dar razão ao suspiro escatológico de Eliot; e dessa bebida, vertida por nossa história na taça de sua figura poética, não escaparemos de beber, mesmo porque ela constitui o lado avesso ou o negativo da grandeza desta época. Concentremo-nos, pois, em compreender essa negatividade — afecção da psique cultural que, se ocorresse no indivíduo, teríamos todas as razões para diagnosticar uma neurose, a rigor defesa neurótica contra uma desrealização delirante —, já que compete à Psicanálise responder a ela. Sua expressão primordial é uma espécie de desconformidade com o tempo. Os parâmetros da vida tornam-se mais flexíveis, eliminando a resignação passiva aos fatos da vida; a medicina prolonga nossa existência e, em princípio, nada nos impede de imaginar que a pudesse eternizar: é possível que amanhã se encontre a cura para a doença de que morremos hoje. Multiplicam-se as oportunidades de prazer e de conhecimento, os interesses e os recursos para os satisfazer. As inovações tecnológicas crescem em ritmo muito mais acelerado que nossa capacidade de utilizá-las. Somos encharcados de informações diárias, sem a possibilidade de ajuizar devidamente sua procedência ou verdade. De golpe, parece que o mundo ganhou feição humana, no entanto é como se o homem tivesse sendo posto à margem de si mesmo. O universo tecnológico é incompreensível para o cidadão médio. A proliferação de informações acaba por evidenciar o caráter fabricado da opinião pública. Podemos escolher pelo voto nossos governantes, quase sempre pelo menos, porém se uma pesquisa de opinião antecipa o resultado da eleição, para que mesmo hei de votar? A menos que a pesquisa em si seja também um instrumento de indução do voto. Um estado de incredulidade vai-se infiltrando no sujeito cultural, quando observa que suas idéias são produzidas e veiculadas em massa; ele crê mais facilmente, mas sua crença não lhe sustenta a identidade: afinal a crença não cria suas representações, mas as sustenta no tempo, a mutabilidade é sua inimiga. Em meio à riqueza acelerada e plana com que desfilam as imagens do mundo que nos cerca, como numa tela da televisão, claudica o sentido de interioridade que alimenta a experiência do quotidiano e lhe dá sentido, é como se a vida diária que nos toca fosse uma, bem..., uma perda de tempo. Sintomaticamente desaparecem as ocupações domésticas e as artes menores — do fiar até o tricotar, do entalhe em madeira até a mecânica amadora, e sobretudo a culinária tradicional — que rechearam por milênios o tédio criativo.

À medida que a civilização ocidental esparrama-se pelo mundo inteiro, aniquilando diferenças, a necessidade do homem de se poder imaginar diverso de si próprio tem perdido seu suporte na geografia fantástica. Para onde fugir? Em meio às promessas ilimitadas, somos assim, quotidianos e ocos, virados para fora: nosso dia começa por lavarmos os restos dos sonhos diante do espelho, por um café da manhã pobre em colesterol, e segue, através do trabaSlho e do lazer programado, sempre igual, até o mais longo dos suspiros, o curto ato de amor partilhado e a longa fantasia privada com que embalamos nosso sono. Quem nos dera estar na China... de Confúcio. A China, Índia, a África, dói dizê-lo, com outro poeta de igual estatura: "não há mais". São nomes dos lugares onde você espera diferir de si, onde seria potencialmente aquilo que bem poderia ter sido, caso não houvesse escolhido ser apenas quem é. Se não mudamos nossa cara, podemos ao menos distanciar o espelho matinal, projetá-lo para o outro lado do mundo. E é assim que, munidos de um pingo de coragem e inesgotável arrogância, tomamos a decisão de viajar. Quem sabe quem me encontrarei do outro lado do mundo, em que antípodas de mim passarei as férias de julho?

Tudo o que não sou nem possuo — cultura requintada, prazeres exóticos, panoramas fantásticos, amores surpreendentes — aguarda-me lá. Na verdade, *lá* é feito exatamente disso, dos restos culturalmente instrumentados daquilo a que chama a Psicanálise *eu-ideal*. Faço as malas e, ao fazê-las, cometo meu primeiro equívoco, pois coloco nelas aquilo de que, a rigor, pretendia escapar. É que o temor à perda de identidade suplanta em força meu projeto de transformação. Não é fato que hesitamos todos ao fechar as malas? Que teremos esquecido? A resposta não é difícil, esquecemos de guardar o propósito de esquecer-nos, e cuidadosamente revisamos tudo para assegurarmo-nos uma vez mais de estar levando os símbolos identitários do quotidiano, mais necessários lá do que aqui — pois não é lá o lugar do esquecimento do quotidiano? Já reparou em como, no começo de uma análise, nas entrevistas iniciais especialmente, nossos pacientes sentem uma necessidade extrema de detalhar seus problemas, com que receio pensam estar omitindo elementos importantes? É que, queiramos ou não, análise é viagem e se pensa você que os problemas são enumerados só para que se lhes encontre remédio, engana-se redondamente; bem mais importante é o temor a perder os problemas e a mesmidade perder-se com eles, por isso revistam-se os bolsos da alma para ver se o passaporte e os *traveller's* cheques lá estão, antes de deitar no divã.

O turismo é sem dúvida a figura de retórica essencial de nossa época. Se desejamos compreender a clínica psicanalítica, temos de o tomar em consideração, ainda que nos repugne tal imagem *impoética*. Que é pois o turismo? Veremos ainda que é a substância do suspiro de Eliot ou, como se diz num dos ensaios seguintes, é um *dar as costas ao real*, epitomizado pela clássica fotografia em que o sujeito aparece sorrindo à frente de algum monumento da civilização, para convencer-se depois de que o contemplou. Mas não nos apressemos: vagabundear é tão melhor do que seguir o roteiro convencional da agência de turismo! Tente ler os textos deste livro sem pressa de chegar ao fim, pois eu que os escrevi posso garantir que, como em tudo na vida, o fim não é melhor do que o começo ou o meio; assevero-lhe isso como turista experimentado, analista mediano e aprendiz de escritor. Pois bem, comecemos do começo, do motivo da viagem.

Havíamos, se bem me lembro, deixado nosso homem às voltas com o circuito de seu dia. Ele passa por um sentimento vago de insuficiência a que Eliot chamou de "oco" ou, no mesmo poema, de "elmo cheio de nada". Esta última imagem desperta alguma atenção. Elmo é o emblema do guerreiro; embora, no contexto, possa tratar-se também de uma generosa perífrase para chamar-nos de cabeça-oca. Talvez as duas interpretações convirjam: o que falta ao circuito do dia comum, e o torna oco, pode bem ser o que se concentra no espírito épico. Usam-se facilmente expressões como a *batalha do dia-a-dia*, mas é raro que pensemos em como nossa vida está constituída de pequenas batalhas. O homem que se barbeia não é nada pacato, luta simultaneamente contra o tempo e contra os fios, no limite de cortar-se e perder mais tempo estancando o sangue. Sua mulher sofre de um tempo diverso: olha-se ao mesmo espelho, mas vê principalmente as rugas na face, crateras temporais que se vão inexoravelmente aprofundando, inscrevendo em sua fisionomia os traços dos desenganos que a tornam cada vez mais parecida com sua vida. São duas batalhas diferentes, o barbear-se e o retocar-se, ambas porém travadas contra o tempo e, o que mais nos interessa aqui, sem que o batalhador possa chamar a si as glórias de ser guerreiro. Por isso se entedia.

Ou pense na figura literária de maior sucesso do último pós-guerra: James Bond. Todo intelectual o leu com prazer culpado. Quando John Gardner, escritor competente, tentou continuar a série, pareceu-me que qualquer coisa não andava certo — e não penso que a sensação se devesse exclusivamente àquela identificação aos originais, tão comum ao homem que transpõe sua vida para os tesouros possuídos: não sou um bom habitante das memórias, não coleciono e tenho mesmo certo gosto por imitações. Não, é que falta ao segundo Bond o que só em comparação podemos desentranhar do primeiro: um mágico equilíbrio dialético entre aventura e quotidiano. O Bond de Fleming é um turista disfarçado, um guerreiro cujo campo de batalha é na verdade a representação esponencialmente engrandecida do quotidiano miúdo do homem da metrópole. Bond é uma espécie de turista-herói. Que significa isso? Que sua cabeça é talvez mais oca, mas que seu elmo é perfeitamente visível. Ele está em constante movimento, viaja por *Cidades Fascinantes*[2], come e bebe enormemente,

---

2. Título da tradução brasileira de *Thrilling Cities*, livro de viagens de Ian Fleming.

do bom e do melhor, voa daqui para lá, namora e até trabalha às vezes. No entanto, quando se olha mais de perto, absolutamente todas as coisas boas de que desfruta não passam da representação mais pueril do luxo. Suas refeições provocariam o riso de qualquer *gourmet* mediano, seu conhecimento de vinhos parece provir da leitura da revista *Playboy*, os lugares maravilhosos lembram o sonho do turista novato. Por isso ele é grande. *Bond = comum*[3], esta a etimologia que, numa brincadeira irônica de desvendar sua personagem, nos propõe o excelente Fleming, no episódio heráldico de *A Serviço Secreto de Sua Majestade*. Suas aventuras temerárias não são outra coisa senão a mais inteligente e rudimentar glorificação do circuito do quotidiano, projeto a esse título comparável talvez, embora às avessas, ao certamente menos lido *Ulisses* de Joyce.

Mais exatamente, suas aventuras são a projeção megalomaníaca da vida do consumidor médio. Fleming substitui os objetos por marcas: Bond não olha pela janelinha do avião durante uma tempestade, olha pelo *plexiglas* do *Trident* da *BEA*, e viva a diferença. À guerra do dia-a-dia restitui-se seu guerreiro perdido, e todos nós convertemo-nos em heróis com ele, as marcas e patentes revelam-se símbolos de nobreza, os pequenos hábitos envergonhados ganham proporção de cantar de gesta. Antes de partir para certo jantar no Blades, onde irá desmascarar o terrível Sir Hugo Drax, mira-se criticamente ao espelho e conclui que não será preciso "sacrificar um preconceito de vida inteira, barbeando-se duas vezes no mesmo dia"! Daí para a frente o caminho interpretativo está desimpedido e o leitor poderá segui-lo na medida de sua vontade e de seu vício por subliteratura genial. Os vilões não seriam competidores de trabalho ou concorrentes da empresa? Os comparsas não seriam os amigos do clube? As garotas devem representar mulheres de sonho, porém aplainadas e idealizadas na proporção da própria potência. O mundo é um *play-ground* num *shopping center*. Claro, claro, isso ademais já cai na interpretação alegórica. O interessante é que o elemento de tédio ou oco, essência indesejável do circuito quotidiano que o turismo tenta superar, é vencido aqui pela reinfusão do elemento faltante — o guerreiro: glorificação dos elementos da vida comum. Numa palavra, pelo acréscimo inteligente do *epos*, ainda que banal

---

3. Pode ser que aí esteja um dos pontos fracos da recriação de Gardner, pois ele é por demais escrupuloso na seleção de marcas, pretende ser realista, e produz uma catarata de especificações, completamente fora do repertório do gosto comum.

e preconceituoso, Fleming inventou literariamente o turismo do dia-a-dia do consumidor.

O turista James Bond, viajando pelo mundo afora, engana-nos por mostrar suas cartas abertas: ele fuma sessenta cigarros por dia, feitos sob encomenda por Morlands, de Grosvenor Street, personalizados por três aros dourados; onde já se viu um agente secreto que deixa em cada cinzeiro marcas tão inconfudíveis e bem mais conspícuas que as impressões digitais? Só lhe falta usar um crachá de espião. Não, a espionagem apenas arma o enredo e dá ensejo às peripécias, mas o motor do fascínio é a exaltação do quotidiano, que põe em relevo o paralelismo entre os dois mundos, o do turista e o do espião. Na espionagem de verdade nada é fascinante, sendo esse o mais sórdido dos mundos: o mísero ofício dos denunciantes e bisbilhoteiros — moscas enxameando a miséria alheia —, ubíquos e inúteis como só os turistas sabem ser. Quase nada há de importante para descobrir que realmente esteja escondido. O segredo de Estado decaiu de seu antigo esplendor, armas e projetos sigilosos internaram-se em programas de computador e os alvos estratégicos globalizaram-se ao ponto de que a restrição das áreas de segurança se tornou mero ritual, como o que proíbe fotografar aeroportos, num mundo rodeado de satélites de observação. A guerra para valer é basicamente industrial e comercial, enquanto a outra converteu-se em atração de TV; parafraseando o velho Clausewitz, pode-se dizer que a política econômica é hoje a continuação da guerra por outros meios, mais eficazes. Um autor realmente aficionado à espionagem atual, como John Le Carré, procura desmascarar o jogo dos Serviços de Inteligência, que só existem uns para os outros, como engrenagens lubrificadas de relojoaria, cujo eixo final não move ponteiro algum. Para constatar os efeitos da superpopulação que, ao que tudo indica, vitimará nosso mundo, um reverendo anglicano do século XVIII foi o bastante. O fato de que o socialismo foi projetado para melhorar as relações sociais e não para vencer uma guerra econômica em escala planetária, bem como a miscelânea étnica e a arbitrariedade geográfica das fronteiras do leste europeu, nunca escaparam a qualquer pessoa de bom senso; porém, dificilmente o mais arguto dos espiões seria capaz de antecipar, há uns anos, o efusivo festival de demolição suicida que tomaria conta das elites soviéticas, onde, como disse alguém, cada qual parecia querer reivindicar para si a honra de ser o primeiro a gritar: "foi-se o martelo". Nem se requer um cientista político, e talvez seja até melhor dispensar sua opinião especializada, mas parcial, para constatar a flagrante manifestação da lei de simetria especular que representa o ressurgimento islâmico: em que pese o juízo escandalizado que se lhe faz de selvageria e fanatismo religioso, é óbvio que constitui a réplica exata e a denúncia do fanatismo laico, porém ainda mais selvagem, da política internacional conduzida pelas democracias do ocidente. Já o grande segredo militar de um país como o Brasil não será o de estar em guerra sem saber?

O espião, portanto, não vê muito mais do que o turista e se vê não o consegue interpretar; espiões e turistas carregam sua *Weltanschauung* através do mundo, como o caramujo que leva a carapaça — decerto não na cabeça, mas nas costas —, prontos a lá se enfurnarem diante da menor variação dos objetivos sociais costumeiros. Com isso explicitam reciprocamente sua posição. O segredo que ambos perseguem é patente, eles mesmo o exemplificam a contento; bastaria que se enxergassem corretamente para constatar que são os agentes de propagação do mal contra que lutam. Espionagem é a crença na existência de espiões, que produz seu inútil diálogo; turismo é a crença no lugar turístico, na alteridade do mesmo, que esparrama a mesmice de que se pretende evadir: o turista aplaina em turismo a terra onde pisa. Ambos acreditam que o elemento importante é um pequeno detalhe escondido nalguma parte e reviram o mundo para o descobrir, depois o inventam e fabricam um fantástico negócio de caça ao tesouro; todavia, o que há de significativo está bem à vista, na superfície e por toda parte, bastando aceitar sua evidência. O turismo sintetiza várias propriedades de nosso mundo, por essa razão, faz contraponto à figura central deste livro, é o deuteragonista, o coadjuvante e também o antagonista da figura central, a Psicanálise.

De início, é evidente que o turismo é um passatempo. Sua relação com o tempo é a passagem incólume, o não se deixar tocar. Ele busca uma saída para o quotidiano e a encontra na variedade e na exceção, nega sua desconformidade com a vida, procurando lugares que o distraiam, mas em essência vive ainda o tempo que buscou negar: as férias pertencem à ordem do tempo do trabalho diário, enquanto exceção consentida, sua duração está ligada a ele, não ao tempo do local visitado. Assim, alguém visita a Ásia em trinta dias e crê ter conhecido alguma coisa. Ora, um mês pode ser o tempo para conhecer a Ásia, mesmo um só dia talvez trouxesse conhecimento, desde que fosse um dia asiático; a questão é que o mês que lá se passa é ainda e apenas o mês surrupiado ao trabalho, aquele tempo que justifica haver trabalhado tanto para juntar o dinheiro da viagem. É como se, ao viajar, estivéssemos sob uma redoma de tempo deslocado do quotidiano de origem. Sem dúvida, portanto, o turismo denuncia a desconformidade com o tempo vital que afeta o homem contemporâneo. Ele não sente ser um elo de uma série histórica, é como se vivesse à beira da escatologia, do fim dos tempos, sua vida pode ser a coroação negativa da história humana.

Talvez o fato de ter contemplado de perto a possibilidade de aniquilamento nuclear tenha contribuído para esse sentimento escatológico, talvez o desmoronamento dos ideais sociais, que sucederam e ocuparam o lugar das religiões, tenha colaborado para agudizá-lo; porém, algo mais parece estar em jogo. Nosso tempo caracteriza-se justamente por uma equalização jamais concebida de padrões culturais, de sonhos e de metas. Desaparecem as culturas, deixando em seu lugar uma forma média dominante, representada pelo que se poderia chamar de *civilização dos meios*. O objetivo máximo de nossa estrutura social, seu *summum bonus*, é a produção de meios eficazes; tamanho foi o crescimento do sistema de instrumentos sociais para a consecução de qualquer fim, que se perdeu a idéia mesma de finalidade social; toda questão pode ser respondida por uma espécie de protelamento: quando tivermos os meios, pensaremos então em que fazer com eles, com isso, os meios vão ditando seus próprios fins. Pondo em conexão a totalidade dos meios produtivos, não só fica homogênea a condição humana em torno do planeta — as diferenças flagrantes residindo sobretudo na quantidade de meios disponíveis, não em distintos objetivos sociais —, como se desencadeia a progressiva transformação de fins em meios. O sentido da existência de uma língua, por exemplo, parece haver encolhido à sua função de puro instrumento de tradução e, por conseqüência, de auxiliar na dominação econômica e cultural. O ensino tão difundido do *inglês instrumental* é indicativo de tal tendência. O turista dá testemunho dessa função homogeneizadora, ao aprender uma ou duas línguas *universais*, na justa medida em que lhe servirão para pedir comida e informar-se da direção a seguir numa visita.

Além de exprimir o projeto de homogeneização universal, o turismo é um de seus agentes mais eficazes. A invasão turística suprime diferenças culturais, aniquila de fato certas culturas — uma viagem ao Nepal, país até muito recentemente fechado aos estrangeiros, pode ilustrar a evidência do fato, sem que seja preciso embrenhar-se na selva amazônica — e impõe padrões profundamente cínicos aos grupos locais. Nesse sentido o turismo tanto exprime quanto executa a ordem que ele encarna. Simbolicamente, mas com extrema pujança simbólica, o 9 de novembro de 1989, data da queda do muro de Berlim, marcou uma corrida fantástica ao mercado de curiosidades; vendiam-se uniformes e emblemas soviéticos, de duvidosa autenticidade, nas cercanias da Porta de Brandenburgo, e, ainda mais caracteristicamente, fragmentos do próprio muro — a 1 marco a peça comum, ou 2 marcos se embalada em caixa plástica, com garantia e uma foto no verso; se preferir, barras de ferro foram providenciadas para que você possa quebrar seu próprio pedaço de muro, não se cobra por isso. Não nos conseguimos furtar à fantasia de que ondas encapeladas de turistas derruíram o próprio muro, engolfaram o dique que as continha e agora o devoram, gulosamente. "O que não fizeram os bárbaros, fizeram os Barberini..."[4]

O gosto turístico, com efeito, transforma a face do mundo. Tudo o que custou à ciência culinária milênios de paciente experimentação, sucumbe ao paladar pasteurizado do turismo contemporâneo. Primeiro, o turista educa-se para sê-lo; quer dizer, aprende a gostar de *fast food*, para depois exigi-la por toda parte; mas aprende também a exigir comida requintada — que, na prática, lhe servem antes requentada —, vinhos finos, restaurantes de luxo. Na verdade, meu caro, apreciar um vinho é aprendizado para uma vida; mas não se preocupe, você não terá de apreciar o vinho, apenas pagar por ele e guardar a carta para mostrá-la aos amigos. A serviço do turismo requintado, ocorreu, aliás, uma massacrante simplificação da enologia; como nosso patrono Bond já antecipava, uma pequena lista de vinhos emblemáticos passou a ocupar o imaginário gastronômico — meia dúzia de *premiers grands crus* bordeleses, citados por quem nunca os viu, dois ou três borgonhas muito notórios e, naturalmente, o champanha, misturam-se democraticamente com marcas difundidas, mas perfeitamente ordinárias, no espírito do consumidor.

Esse efeito não se limita à culinária, claro. Há também listas de lugares prestigiosos a conhecer, que percorremos sem a mínima

---

4. Conta-se que os bárbaros invasores ficaram tão maravilhados pelo friso do Panteon de Roma que não o ousaram tocar. Séculos depois, porém, ele foi derretido por ordem de um papa, da família Barberini, para a confecção das colunas espiraladas de bronze que sustentam o pálio do altar-mor da igreja de São Pedro, no Vaticano, conhecido como *Baldachino di San Pietro*. Daí circular entre os romanos o seguinte dito: "O que não fizeram os bárbaros, fizeram os Barberini..."

idéia de por que os deveríamos apreciar. De forma análoga, automóveis, roupas, aparelhos eletrônicos convertem-se de objetos de uso em sinais de prestígio. Esse movimento corresponde a uma efetiva dessubstancialização da vida quotidiana. É compreensível. Como o conjunto dos bens converteu-se em meios, a rigor não há muita diferença entre instrumentos melhores ou piores: um vulgar radinho de pilha é tão apto a reproduzir música ambiente como um sistema digital sofisticado, a menos que se tenha alguma educação musical e gosto definido. Assim, a diferenciação tem de ser exterior ao gosto do sujeito: alguém ou alguma coisa devem informar-lhe que disso ele deve gostar e não daquilo. Assim, as marcas de status substituem o prazer que escapa ao cidadão médio. À medida que este padrão de valor se universaliza, atingindo até mesmo a escolha de nacionalidade — que passaporte devo ter, que língua falar, que história privilegiar? —, prepondera o sentido emblemático sobre a substância: podemos dizer, sem medo do paradoxo, que a heráldica há de ser a verdadeira ciência social deste final de século.

Pois bem, este é o momento da Psicanálise. A um mundo carente de substância, ela responde com inteira adequação, não por pretender reinfundir-lhe a substância perdida, mas por especializar-se em lidar com representações. A Psicanálise é uma heráldica desalienante, que busca compreender o sentido dos símbolos convencionais da subjetividade, não para endossá-los, é o que se espera, mas para promover uma crítica desmistificadora de seu valor. Ela também se situa a meio caminho da história. Não ambiciona reintegrar o indivíduo na história ideal — a construção de um mundo racional e mais justo, segundo um projeto comunitariamente partilhado —, porém ajuda a desfazer a fantasia do indivíduo autônomo: o Homem Psicanalítico, como sabemos, é uma crise ambulante de identidade e realidade. Ela não sonha em reintroduzir o primado da natureza, pois reconhece que a natureza, em sua expressão mais ingênua, é hoje um produto da cultura — as modas ecológicas são garantia bastante disso —, mas constata que a cultura é também um produto psíquico natural, contrabalançando a situação. Por fim, concebendo o real como um análogo da psique, pode contribuir à crítica de suas ilusões e equívocos.

Sob o vértice estritamente psíquico, o fato mesmo de havermos aceitado os confrontos ideológicos como realidade sem alternativas representa uma curiosa opção mental. A existência de formas parciais de pensamento, comprometidas com interesses de grupos ou classes, não é invenção recente. Todavia, a aceitação de ser esta a única forma de pensar o mundo já significa algo diferente. É como se o psiquismo renunciasse explicitamente a sua unidade sintética e, fazendo da necessidade virtude, centrasse sua questão na forma mais eficaz de instrumentar o conflito das partes. A propaganda ideológica, que leva, por exemplo, a idealizar a livre competição liberalista, mesmo nos países que são vitimados por ela, corresponde ponto por ponto a um mecanismo conhecido de formação de sintomas — identificação com o agressor, no caso. De modo mais geral, a própria idéia de propaganda, com seu corolário evidente, de inexistência de critérios objetivos para aquilatar a conveniência relativa de produtos diferentes, ou ainda melhor, com a proibição implícita de que estes critérios sejam utilizados e divulgados, equivale também a certa classe de sintomas psicóticos, em que se impugna a prova de realidade; nesse âmbito, a instituição de mecanismos de proteção ao consumidor corresponderia, na psicopatologia, à defesa obsessiva contra a desrealização — imagine o rebuliço que importaria passar do sintoma social ao ato eficaz e substituir a instituição da propaganda por uma descrição acurada dos produtos concorrentes, com vantagens e desvantagens refletidas objetivamente no preço relativo!

Ora, a Teoria dos Campos não deseja interpretar o social com base na psicologia ou na psicopatologia individual. Ao contrário, afirma que a psique não é individual e, portanto, que a investigação psíquica deve procurar cobrir a totalidade do sujeito em questão, mesmo que, como aqui, se limite apenas a esboçar a visão de um fragmento do real que nos cabe elucidar e sob um só aspecto: o da negatividade turística. Com isso, o psicanalista pode ocupar sua posição de investigador da psique humana sem incidir no primarismo de separar indivíduo e sociedade para depois os confundir, usando esquemas individuais para interpretar o social. O campo da psique do real, sendo o nascedouro da Psicanálise, não é um reino ao qual nos possamos dirigir como turistas; embora sempre um tanto o sejamos. Não há escapatória para esta condição; ela se infiltrou na medula óssea do corpo de nossa mente coletiva: é um campo prevalente. Mas sempre é possível refugiar-se na autocrítica pessoal e, com sorte, romper o campo. A isso estão dirigidos os ensaios deste livro: à constituição de um *antiturismo* psicanalítico da cultura. Isso posto, convido-o a prestar um minuto de silêncio, defronte a minha caixinha do muro de Berlim — autenticada, de 2 marcos! —, refletindo na transiência dos mais terríveis símbolos de nossa história, submersos por vagas de câmeras japonesas. E concluamos, com alguma filosofia: para o turismo caminha a humanidade, pois ele representa a via final comum da entropia social.

7

Num livro de Georges Perec[5] são descritos diversos modos de emprego da vida. Um dos mais perfeitos é o de Bartlebooth, um inglês rico que, aos 25 anos de idade, desinteressado de juntar posses, de constituir família e de trabalhar, resolve criar para si a obra de arte absoluta. Dos 25 aos 35, aprende com paciência a difícil arte da aquarela, ainda que sem o menor jeito para a pintura. Dos 35 aos 55, percorre metodicamente 500 portos, à volta do planeta, pintando quinzenalmente aquarelas, as quais são enviadas a um artesão, que as cola em madeira e recorta, fabricando 500 *puzzles* personalizados, de 750 peças cada um. Dos 55 aos 75, propõe-se a resolvê-los, no mesmo ritmo de um a cada duas semanas; à medida que os monta, vão a um restaurador que os destaca da madeira, por sutil processo, recompondo a pintura. Recuperadas, planeja ele, as aquarelas deverão ser enviadas aos portos de origem, exatos vinte anos após terem sido elaboradas, para serem mergulhadas numa solução detergente a fim de remover toda a tinta, restando do circuito completo apenas o papel em branco original.

O analista dedica-se à sua formação básica até os 35 anos aproximadamente. Depois, por mais 40 anos ajuda a montar os quebra-cabeças criados pelos pacientes; morre o analista e morrem seus analisandos um pouco mais tarde: que restou? Não, meu amigo, não desista ainda. Essa história poderia ser contada de outra forma. Um homem dedica sua vida a decifrar destinos e a ajudar os semelhantes a viverem mais felizes; ao morrer, deixa uma obra, amigos, família, discípulos, um mundo ligeiramente mais humano. Ou, se preferir, a história é a seguinte: as pessoas agitam-se e trabalham, divertem-se e

---

5. Georges Perec, *La Vie, Mode d'Emploi*, Paris, Hachette, 1978.

procriam, todas votadas à morte, todas querendo sobreviver a si mesmas. Os *puzzles* montados logo se esquecem, no entanto; por isso, algumas dentre elas especializam-se na própria estrutura do quebra-cabeças da vida e adquirem uma consciência clara do destino geral; dentre essas pessoas, mas não em último lugar, estão os analistas — pode ser que de alguns sobre até mais do que sobra da média.

Se você está começando sua carreira como terapeuta, e de certa maneira todos nós a estamos sempre recomeçando, escolha a história que lhe convier, pois todas são igualmente verídicas e há muitas outras versões possíveis da vida humana em geral e da dos analistas em particular. Vale notar que, pese nossa profissão especializar-se na vida, na vida psíquica, uma consideração sobre o destino humano como esta dificilmente pode determinar a forma do trabalho que executamos. No máximo, serve para animar ou desanimar, porém as características da ação psicanalítica decorrem de um método, não de uma filosofia de vida. Contudo, nossa forma de viver não é tampouco indiferente ao método a que servimos. Alguma coisa se pode esperar de um psicanalista.

Turistas somos todos, como já se viu. Porém, podemos chegar a viajantes e, com alguma sorte, a viagem converte-se em aventura e mesmo em exploração. Primeiro, as viagens pelo mundo geográfico. Para quem vive do trabalho — e não confiaria muito num analista que praticasse a profissão por *hobby*, como mero charadista — e trabalha entre quatro paredes, parece sensato que conheça o mundo. É bom viajar. O mundo possui uma variedade intrínseca de estilos de vida que nos podem ajudar a abandonar, ou relativizar ao menos, nossas totalitárias certezas a respeito da mente humana. A gente acreditará menos nas quatro ou cinco fórmulas que julga explicarem o destino da psique, quando a descobre em tantas formas, sob tantos sóis — nos velhos entrepostos da Liga Anseática no cais de Bergen, sob um sol lunar; numa floresta de corais submersos, no grande atol de Rangiroa, na Polinésia, onde o sol se decompõe em raios perquiridores; em Santarém, na embocadura do Tocantins, sob um sol líquido escaldante, que se precipita no Amazonas, liquefazendo também nosso olhar que segue a revoada das garças em busca do pouso costumeiro. Mas cuidado! Cada uma dessas descrições é turística e superficial, mesmo a submarina. Seria preciso que você também palpasse os diferentes pulsos do tempo de cada lugar e pudesse reconhecer o *rosto* da história local. O mundo esconde-se dentro dele mesmo, há uma introversão das coisas que convida a deslizar na superfície o turista atento ao espetáculo: o espetáculo esconde o real.

Nosso método, quando se converte em olhar, é implacável. Faz com que vejamos fora todas as faces que podemos ter e que efetivamente temos, esquecidas. Viajar é uma propedêutica de meus possíveis — ou é turismo. A bocarra de certa moréia no passo de Rangiroa ensina-me mais sobre a voracidade dos pacientes do que muito da obra kleiniana, principalmente porque ela nada está pretende devorar quando projeta as mandíbulas ameaçadoras, sou eu que, projetivamente, a vejo assim: ela está apenas respirando. A barbatana em crescente assustador, à flor d'água, em Fernando de Noronha, diz-me tudo sobre a paranóia, se nado calmamente o golfinho, que não é um tubarão, virá brincar de pegador. Uma baixada em pista alpina instrui-me sobre a interpretação, se fujo com meu peso para a montanha, num movimento instintivo de proteção, disparo pendente abaixo, se me jogo para frente decidido, os esquis facilmente se juntam e a curva sai natural e equilibrada: a boa execução não é intuitiva, consegue-se a naturalidade por seu oposto, dá-se contra a corrente e é fruto de treinamento. Isso para não falar das pessoas que se encontra por aí, viajando, o que daria um livro de técnica e outro de teoria psicanalítica do olhar. Talvez, por essa razão, pelo excesso do mundo ao olhar psicanalítico, apaixonamo-nos pela arqueologia desde Freud. Nas ruínas está o suco de gente, depurado por milênios, incompreensível mas essencial, por se ter reduzido à forma pura daquilo que se transmite entre as gerações e que define o homem, sempre diferentemente o mesmo. Visitemos uma ruína, se possível sem conforto, sem turistas e em plagas remotas, se ainda as há, e teremos um espelho; não tentemos entender depressa nem renunciemos a compreender, algo se vai impor, deixemos que surja para tomá-lo em consideração.

Se sobrar tempo, vamos ler. Se não sobrar, paciência, é melhor pôr de parte o que atrapalhava a leitura, caso se pretenda vir a ser analista. Não acredite nem por um instante que um analista se faz só pela análise ou que nasce feito, que é só questão de personalidade, de tolerância à frustração, de sensibilidade emocional ou de capacidade de contato. Bobagem, um analista também se faz lendo e, veremos depois, escrevendo. O resto, sensibilidade, inteligência, intuição, são precondições indisputáveis, é fato; uma boa análise pessoal não se dispensa; mas ler, isso a gente consegue aprender com algum esforço. É costume discutir a diferença entre um psicanalista e os terapeutas. Não há diferença: o analista é um terapeuta que se aprimora em certo método, o qual, aliás, os outros também usam em maior ou menor medida. Se diferença houver, será a seguinte: o psicanalista é um explorador da cultura, para quem não há limite entre livros e vida e a quem a cultura se oferece como um continente para a expedição etnográfica —, em que, a propósito, nos engajamos de início como carregadores. Nossa disciplina é herdeira da literatura, que foi a primeira arte psicológica verdadeiramente séria e que ainda hoje desvela mais do que nós sonhamos descobrir. Ao ler, é bom que tentemos descobrir a Psicanálise por meio da literatura; compreender psicanaliticamente o texto literário com uns poucos esquemas equivale a investigar o funcionamento celular com um binóculo, ou melhor, digamo-lo cruamente, seria como partir para o safári etnográfico armado de um fuzil de caça.

Você é herdeiro de Freud, já lhe disseram. Pois bem, não entre em pânico. Dizem que Noé descobriu o vinho, logo após o dilúvio, quando já ninguém mais suportava tanta água. Isso foi uma tacada de gênio, é preciso reconhecer. Depois de inventado, já não se o podia inventar novamente. Nem por isso os homens descansaram; além do gênio, por sorte, existe lugar para o homem de bom gosto. Este, certo dia perdido nos tempos, ao bebericar uma taça de *Sumério premier cru* ou de *Aqueu réserve*, que sei eu, deve ter pensado assim: "é perfeito, porém falta-lhe uma preparação do paladar, uma certa pungência apetitosa que o tanino venha secar de chofre e o gosto terroso arredondar maciamente". E disse: "faça-se o queijo!" Este não era já um gênio talvez, era apenas um homem de bom gosto; descobriu a forma certa para completar a invenção inigualável. Em nosso passeio pela Psicanálise, não a tentaremos inventar, que inventada está, mas degustá-la como se fosse pela primeira vez, recriando combinações livremente dentro da peculiaridade do tema estudado. Não nos pesa a descendência de um gênio se estamos dispostos a explorar psicanálises possíveis; aliás, essa história de gênio pra cá e pra lá pode até ser um engodo que a gente se prega para desobrigar-se do trabalho duro da invenção constante. Quase tudo é-nos permissível, salvo o mau gosto. Existem boas e más combinações. O homem de bom gosto empenha-se em buscar o sentido profundo das formas existentes em sua área, penetra-as até a raiz onde está guardada sua vitalidade e experimenta comedidamente recombinar seus elementos mais fortes; diante da corrupção formal, faz como o autor do *Satiricon*, ironiza. De Petrônio — por via das dúvidas, depois de se ter feito abrir os pulsos por seu médico —, conta-se que escreveu a Nero:

"Continua a matar, mas por favor não cantes!" É preciso respeitar em nossa profissão um pouco da sábia humanidade do *Árbitro*, desse amor ao permanente que se disfarça, por modéstia, em estética hedonista. As modas passam depressa, a proporção é duradoura.

É que a Psicanálise sobreviveu à intolerância e à perseguição, mas pode ser ferida de morte pelo mau gosto. O mau gosto exprime-se primeiro numa certa ostentação da postura analítica: sem dúvida, alguém deve ter cara de analista num consultório, e é a secretária, nunca o próprio. Há, em seguida, um jeito cabotino de falar *em psicanálise* que devemos temer e evitar: jargões de sentido duvidoso, *idéias próprias* que, na verdade, são idênticas às da média, mas que o sujeito alega ser produto do contato privilegiado com o inconsciente, bisar sem descanso os dois ou três autores do grupo etc. etc. Nesse caminho, a gente pode acabar se tornando um colecionador de banalidades, já pensou? Colecionavam-se antigüidades nos consultórios, depois tapetes persas, depois quadros; de maneira análoga, também se colecionam citações — de Sófocles e Shakespeare —, assim como exemplares da última moda psicanalítica *prête-à-porter* vinda de Paris ou de Londres. O bom gosto exige, pelo menos, uma pequena surpresa em cada trabalho clínico, um enraizamento no estrato originário da alma singular de certo paciente, o aprimoramento de algum conceito que, polido, mostra ter outro sentido, ligeiramente diverso do costumeiro. O problema é ainda a cultura e a falta de cultura. A perfeita ignorância é razoavelmente inócua; o diabo, porém, é que é raro encontrar-se em estado puro, logo um micróbio cultural desprevenido infecta o caldo de incultura e prolifera a cepa do lugar-comum.

Já a educação do gosto psicanalítico vem da clínica, suponho. Quando Freud fez ver que relações afetivas cegas geravam uma falsa razão, que se conhece como *racionalização* ou *intelectualização*, logo essa idéia forte transformou-se em seu contrário e sobreveio a confusão entre racionalidade e racionalização: começamos a afirmar que a operação intelectual é uma forma de racionalização, quando é obviamente seu oposto. A verdadeira oposição não é entre emoção e intelecto, mas entre qualidades distintas de emoção; a afetividade bruta distancia e gera racionalizações, enquanto a proximidade é fruto maduro da inteligência emocional. Mas se queremos acusar um colega, dizemos que é muito intelectual, implicando nisso que não tem sensibilidade e é mau clínico. Nada mais distante da verdade, clinicar é uma delicada operação intelectual — ainda que se jure o contrário —, nutrida por extensa leitura, psicanalítica e não-psicanalítica, que refina a sensibilidade, a serviço da compreensão emocional do outro. Num consultório psicanalítico cruzam-se os destinos humanos. O analista, como o mago antigo, faz muito pouco, por isso é eficaz. Na teia de destinos, pousa de leve suas patas afetivas, fala raramente, mas com eficiência — mesmo o silêncio analítico é poderoso, só o quebramos com razão, mas se o empregamos é com parcimônia. É paciente e sabe que não sabe, mas não se jacta disso; sabe que não sabe por ignorância, não por sabedoria afetada. Em meio ao entrecruzar de destinos humanos, a Teoria dos Campos é, antes de tudo, uma teoria do desconhecimento; admite que 70% da terra psíquica ainda está coberta pelo oceano de nossa ignorância, e não quer que ele cresça ainda mais com o olvido daquilo que já se lucrou em discernimento. Mas tampouco aceita repetir, o bom gosto exige que explore novas constituições psíquicas. Batalha para que a lógica das emoções tenha seus delicados teoremas elucidados um passo a mais. Razão significa proporção, nela há bom gosto. Na clínica, portanto, é feio ser irracional.

8

A questão do bom gosto, como forma de ser necessária e complementar, embora mais discreta que a da criação genial, vincula-se ao problema da escrita. Literatura e Psicanálise mantêm uma relação estreita e multidimensional; um fato pelo menos é evidente, com o advento da Psicanálise um amplo setor da invenção literária não se vê mais obrigado a disfarçar-se em ficção. Todo analista deve escrever, porque o trânsito pela palavra escrita obriga-o a pensar organizadamente; porém, como fazê-lo? Há uma porção de obstáculos e nem todos se devem à incultura; só uma parte, a incultura ativa, que se opõe à palavra escrita, ao pensamento ordenado e à convivência com o conjunto das artes e ciências, reivindicando para o psicanalista um isolamento nas-císico e anti-intelectual. Escreve-se muito na Psicanálise. Tanto se escreve que salta à vista desarmada a desproporção notória entre quantidade e conteúdo; são raros os trabalhos que dizem algo de novo, pois nos tem faltado ânimo para explorar com decisão as várias províncias de nosso domínio; em geral, os textos incidem nos mesmos assuntos e usam esquemas muito batidos. Talvez valha a pena pensar um pouco aqui sobre a forma que toma entre nós a resistência à escrita, mormente porque ela se manifesta de maneira contraditória numa pletora de textos, não na ausência de produção.

Inelutavelmente, o problema da escrita psicanalítica defronta-se com a obra freudiana. Nunca é demais recordar que Freud escrevia muito bem, não apenas com propriedade estilística, mas estrategicamente bem: a escrita freudiana é parte integrante do pensamento psicanalítico, ela resume a forma preferencial do argumento da Psicanálise e ajusta-se a seu método com perfeição. Não é absurdo formular assim: psicanálise é a forma estilística da escrita de Freud. Ela está quase inteira no jogo de provas e contra-argumentação a que convida o leitor, com que o prende e conduz. Freud devia saber que a resistência é indispensável para o desvelamento do desejo, mesmo que se trate de resistência induzida. Não é de todo infreqüente que ele crie um falso escândalo no espírito do leitor, para resolvê-lo no parágrafo seguinte, como a garantir que o alarma — induzido — não tinha razão de ser; sabe-se que o estranhamento superado predispõe à convicção, mas pode servir também como um princípio de autoquestionamento. Hoje, temos de encarar o fato de que se perdeu o jeito de escrever psicanálise: produzem-se um sem-fim de trabalhos, artigos de revista, coletâneas de artigos que se reúnem em livros, um número menor, porém ainda significativo, de livros planejados para serem livros, mas, estilisticamente falando, são antes textos sobre a Psicanálise que textos psicanalíticos, há pouquíssimos escritos em que a psicanálise seja o estilo. Por outro lado, quando se tenta deliberadamente escrever psicanálise, costumam sair obscuridades formais. Alguma coisa foi perdida, que é preciso recuperar.

Os obstáculos para a constituição de um estilo de escrita adequado às exigências do método da Psicanálise são de tal monta que podem requerer o trabalho combinado de toda uma geração de psicanalistas para superá-los. O problema vem da forma de produção psicanalítica dominante, que parece hesitar diante da exploração plena de seu objeto. A forma acadêmica, adotada pela maior parte das disciplinas — que consta de um panorama do estado atual de certa questão e revisão de contribuições anteriores, explicitação dos procedimentos técnicos e do material do trabalho presente, conclusões, proposta de generalização e de pesquisas futuras —, estilo que se usa com razoável sucesso nas ciências naturais e em certa parcela das ciências humanas (o que em inglês se chama um *paper*, mas caberia chamar também de *escrita automática*), tem pouca utilidade na Psicanálise, pois requer alguma sorte de acordo oficial sobre os limites do objeto da ciência em causa e de seus problemas pertinentes, além de certeza consensual, ainda que putativa, a respeito dos fundamentos da disciplina. Mas cada um dos raros trabalhos psicanalíticos que penetram decididamente em seu objeto, a psique, tende a problematizar os fundamentos da Psicanálise; nesse sentido estamos mais próximos da Literatura e da Filosofia do que da Física ou mesmo da Sociologia.

A falta de um modelo simples como o do *paper*, mesmo levando em conta sua extrema limitação, reflete-se no aprendizado; exige-se algo que não se sabe ensinar. Entre nós, o principiante é convidado a escrever pequenos relatórios de leitura teórica e de análises sob supervisão. O exame cuidadoso dessa produção inicial pode revelar os germes dos problemas ou dos êxitos futuros. Os trabalhos teóricos geralmente se limitam a ser resumos de texto de um dos autores familiares do grupo, isto é, daqueles que identificam a família analítica considerada legítima; valem, portanto, como provas de adequação ao grupo de formação. Para que o estudante pudesse desenvolver uma escrita teórica, no entanto, seria necessário que os cursos começassem por ensinar como se fabrica teoria, qual sua estrutura de produção. Está aí, em botão, o desvio cujo fruto maduro será o fetichismo teórico-técnico das escolas: aprende-se a crer e a imitar, mais que a produzir e a criticar. Os relatórios clínicos, em nosso meio, são potencialmente mais promissores, uma vez que o contato com o material vivo poderia resultar em certo grau de desestabilização do dogmatismo infundido. Infelizmente, a exigência de partir de um sistema escolástico para chegar à escuta clínica também os constrange, no mais das vezes, a adotar um perfil muito estrito: algum material de sessões, para ilustrar a trajetória da dupla analítica e alguma citação teórica familiar, em geral prescindível. São textos que se filiam ao gênero narrativo, mais precisamente ao relato de uma peregrinação iniciática.

Os trabalhos do estágio seguinte — nos grupos oficiais, passagem a membro efetivo, noutros grupos, o equivalente à proficiência — são, em geral, um pouco mais livres, porém ainda se centram em mostrar o crescimento pessoal; habitualmente exibem um analista que, defrontado com um caso difícil, vence com galhardia desafios extremos, socorrendo-se não mais dos textos básicos e sim das novidades teóricas em moda. Esses escritos aparentam-se agora ao gênero épico. Numa terceira fase — aquisição do status de analista didata, ou seu equivalente de mestria, sob diferentes nomes, noutros meios —, o quadro já se modificou consideravelmente e mostra-nos não raro um autor desiludido de poder criar originalmente, vazando sua descrença num texto sapiencial-advertente, cujo estilo remonta ao gosto bíblico. Narra-se um material muito mais comum, procurando ressaltar a extrema dificuldade de analisar mesmo o paciente quase normal, medita-se sobre a impotência humana em suas várias formas — de pensar, de sentir, de saber, de interpretar. Em poucas palavras, o autor já prefigura sua condição de mestre, mas sabe que falhou em criar, portanto desilude os companheiros de o tentarem, conformando-se em ditar sua apologia da resignação melancólica. Se somos todos iguais em incapacidade, se somos *humanos*, a pretensão de superar a mediania não passa de vaidade e *onipotência*.

Este circuito, que vai da adequação à resignação, é responsável pelo intenso mal-estar que acomete certos grupos psicanalíticos. Revoltamo-nos contra a imitação, envergonhamo-nos dos jargões, mas não conseguimos romper o círculo vicioso do escolasticismo, que se sustenta em relações transferenciais fortíssimas. Como conseqüência, a escrita, onde o sintoma da repetição eclode, converte-se num estímulo aversivo. Em particular, há um desfavorecimento da produção escrita original. Argumentamos que para dizer algo de novo na Psicanálise seria preciso ser um gênio. Não é verdade, como já vimos, basta algum bom gosto e o desejo de ir às origens de alguma questão. Outro argumento contra a escrita afirma que a experiência analítica é intransmissível, etérea ou inefável. A idéia tem algum interesse, uma vez que todo ato ou acontecimento, a rigor, é distinto da descrição que dele podemos fazer. Mas isso nada significa, pois o texto clínico não pretende ser igual à análise do paciente, porém comunicá-la, como comunicaria qualquer outra ocorrência humana. Procure descrever um simples espirro — desde a cócega interior, passando pelo hausto de indecisão (quando a inspiração contém-se, angustiosamente, num insustentável hiato temporal que procura um pretexto para romper-se: "olha pro sol", diziam as mães...), até a generosa detonação da musculatura toráxica, que se compensa antepondo educadamente a mão à boca e ao nariz — e verá que os movimentos espirituais e físicos nele envolvidos são tão impossíveis de mimetizar por escrito, como aqueles da sessão analítica. Aliás, acabamos de ver que a Psicanálise nasceu como a forma estilística desse tipo de comunicação, em Freud; logo, posto que assista alguma razão geral para desconfiar do poder da palavra em transmitir cabalmente o sentido emocional, o último lugar em que isso se poderia invocar como argumento contra a escrita é nossa disciplina.

Passemos, todavia, a formas resistenciais mais esforçadas e honestas. A literatura que comumente decorre da formação analítica sucumbe, junto com a clínica correspondente, ao duplo fetichismo da técnica e da teoria. Não é uma escrita falsa, apenas lhe falta o fio e a criatividade do descobrimento. Fetiche teórico é o objeto conceitual que se confunde com fato psíquico; este já é nosso conhecido, não há que o explicar novamente; a literatura produzida por tal desvio consiste, em geral, na reiteração de teorias conhecidas, em forma dogmática — pois crê tratar de fatos intuídos, não de conceitos —, das quais se focaliza alguma particularidade, residindo nessa pormenorização a contribuição pessoal do autor. Digamos que esse estilo equivale ao trabalho paciente e meritório, embora um tanto vão, do arquiteto que detalha a decoração de interiores de certa casa de praia que se projetou construir na Atlântida: a planta original pode ser funcional e inteligente, valendo como modelo, mas o detalhamento já é exagero, pois situa-se em terreno hipotético e de duvidoso acesso. É assim a média dos trabalhos escolásticos: recombinam ou destrincham os detalhes de formulações cujas bases, submersas na infância remota ou na constituição ontológica do inconsciente, são, no mínimo, indemonstráveis. Já o fetiche técnico, aparentado ao anterior, deriva da crença na operatividade de certos procedimentos especiais, procedentes do sistema teórico da escola. A mesma crítica se lhe pode aplicar, com o agravante de que esse gênero de texto descamba para o moralismo ingênuo, sempre que sustenta a prioridade do *setting* analítico sobre a interpretação. A ênfase na moldura do processo psicanalítico leva à constante correção do paciente, que tem de ser de fato paciente para suportá-la. Segundo diferentes códigos, o analisando deve pensar em vez de fazer, lembrar e não repetir, desejar curar-se ou não, ser pontual e obediente, ou rebelde em termos, restringir os órgãos dos sentidos, falar ou chorar, rir só raramente, dar a mão ou nem sorrir na entrada etc; receita equivalente sendo prescrita para o analista. É que, por falta de melhor solo e quando se reificam, nossas teorias caminham fatalmente para a vala comum da moralidade. É claro que a escrita que procede desse viés combinado, o fetichismo teórico-técnico, só se pode filiar ao gênero catecismo.

Como reação natural ao estilo acima descrito, muitos analistas experientes decidem mandar às favas teoria e técnica e sustentar-se exclusivamente na intuição emocional. O resultado poderia ser mais interessante, caso não fosse a intuição, como já notamos, um conceito que se ignora. Isso posto, tal tipo de escrita tende a esconder a própria ingenuidade, exprimindo-se numa linguagem obscura ou muito vaga, e recusando qualquer forma de diálogo esclarecedor sobre seus pressupostos. Não fora isso, o recurso à intuição seria até bem-vindo, como forma literária, pois ao menos se aproxima do objeto da Psicanálise, mesmo que na contramão.

Por fim, há três estilos de outra hierarquia, que uma pessoa de bom gosto pode freqüentar com proveito e prazer. Neles se concentra, em proporção diversa, criatividade clínica, cultura psicanalítica e invenção teórica. Não são ainda a escrita psicanalítica que se requer, porque cada qual padece de uma falácia típica; mas não estaria sendo justo se os colocasse no mesmo plano das formas anteriores, pois eles constituem parte substancial de nossa melhor literatura. Para dar-lhes nome, chamando-os segundo seu recurso a uma figura de pensamento típica, discutiremos brevemente: o *comentário*, a *construção* e a *metáfora*.

Ao melhor do gênero *comentário* pertence um seleto grupo de escritos que explora a obra de Freud em tom de crítica filosófica. Estes são genuinamente úteis para o leitor, mas não resolvem o problema da escrita psicanalítica. A falácia que os afeta consiste simplesmente em que, ao contrário do fetichismo teórico e de sua confusão entre teoria e fato psíquico, tais textos distanciam-se em demasia do objeto mesmo da Psicanálise, da psique, que se confunde em geral com a obra de Freud. Ora, se a Psicanálise fosse o mesmo que a doutrina de Freud, seria só uma escola psicológica — como o cubismo na pintura, tendo por patrono seu Picasso, por exemplo —, e representaria escasso interesse como ciência autônoma. Isto é, para esse gênero de literatura psicanalítica, porque já o é autenticamente, a Psicanálise é posta entre parênteses, como um domínio do saber que deve mostrar lógica interna, mas que não parece suscetível de experiência concreta. Daí que se dirija preferencialmente aos trabalhos freudianos da metapsicologia. O comentário crítico ignora o método e trata a teoria como puro domínio conjetural, passível de uma aproximação erudita, mas incapaz de produzir novas descobertas, efeitos terapêuticos, de comprovar-se e diferenciar-se heuristicamente noutras psicanálises. O *scholar* consegue organizar as partes, mostrar a organização lógica do tecido teórico, revelar contradições e, o que é sumamente importante, trava uma discussão produtiva com os demais, coisa rara em nossa disciplina; falha apenas por situar-se fora do tempo analítico, perdendo de vista o sentido geral da exploração da alma humana. Ao dissecar a Psicanálise, é como se falasse do passado, de um passado atemporal, porque não o declara morto ou superado, mas constantemente realizado em conceito. Com respeito ao método, a erudição psicanalítica semelha as fotografias de uma dança: nem mil fotogramas acoplados fazem ouvir a música.

Outro estilo de escrita facilmente reconhecível pelo leitor é o que se baseia na *construção*: construção teórica e, como contrapartida, construção histórica de material clínico. Aqui o objeto está presente, mas o método ainda está à margem. São textos que expõem alguma sorte de história clínica, de organização psíquica ou de conceito, com propriedade e justiça, porém causando-nos uma estranha impressão de completude, de coerência e de explicabilidade. Não procedem segundo os ditames interpretativos, não vão do fragmento à ruptura e à nova organização, mas apresentam seu caso como o faria um advogado. Se você já viu um filme americano de tribunal, entende o que digo; de repente, vemos os pedaços de uma história serem costurados com perícia consumada, os motivos alinharem-se a serviço da prova, os meios possíveis do crime serem evidenciados e a gente se diz: "se eu quisesse matá-lo, teria feito exatamente assim, como o mordomo". Nos filmes, a essa altura, o réu confessa — para não perder a chance de parecer inteligente, suponho. É que a construção possui uma coerência que escapa à descoberta. Assim apresentado, um paciente torna-se figura de ficção, que pode, a propósito, ser de boa qualidade, e a teoria soa muito convincente: é que tal gênero especializa-se em plausibilidade, por isso é bom, por isso é mau. A ele pertencem nossas mais completas criações teóricas, que só pecam por irem paulatinamente apoiando, num dado modelo, adições e deduções que carecem de base autônoma: por fim, o conjunto semelha um castelo de cartas, em meio ao vendaval da clínica.

Curiosamente, combinando a construção do causídico com o comentário erudito, não sem alguma justiça poética, tem-se aplicado este tratamento ao próprio Freud, donde resultam fantásticas reconstruções teórico-biográficas de nosso pai e fundador. Bem feito para ele; só não queria ouvir os comentários que deve dirigir da tumba aos comentaristas de seus sonhos, atos falhos, neurose e ocorrências triviais, que tratam a Psicanálise como extensão teórica do inconsciente literário que nos legou: Freud era impiedosamente irônico quando vivo, não creio que a morte lhe tenha aplacado o mau gênio.

A terceira figura de pensamento criadora de um estilo de escrita é o que se poderia chamar de *metáfora*. Funciona como um *tal qual*... Toma-se uma história, um mito, um acontecimento qualquer e, por via metafórica, extrapola-se-lhe o cânon para que explique quase tudo. Não me refiro, claro está, às metáforas consensuais dos sistemas escolásticos, pois nestas o discípulo crê para valer. É algo mais delicado e de outra hierarquia. Um episódio de vida, por exemplo, pode tornar-se metaforicamente o modelo da vida inteira de um paciente, através de um jogo de reflexos, que primeiro ilustram, depois explicam e por fim condenam a vida a ser repetição de um fragmento seu. Uma história mitológica cresce até tornar-se matriz da mente humana em geral. Um acontecimento social é sempre tão paradigmático da sociedade em que ocorre a ponto de justificar o julgamento ideológico mais severo. A história de uma cidade, algum episódio revolucionário, até mesmo um incidente casual de rua podem diagnosticar certa época. A proliferação por via metafórica usa o método psicanalítico no começo, pois rompe o campo da ocorrência limitada e a liberta enquanto modelo crítico, porém falha em seguida, por não se inclinar ao indispensável trabalho com as diferenças produtivas; em vez de operar pela negação do modelo, como é de bom uso na Psicanálise, tenta esgotá-lo por extensão e este nunca se diferencia de si mesmo. Em que pesem seus defeitos, este estranho procedimento de escrita é responsável por muitos dos grandes textos psicanalíticos, por boa quantidade de respeitáveis análises ideológicas e, em geral, por alguns dos mais sólidos trabalhos críticos dentro das chamadas ciências humanas. Dá-se que, fora da Psicanálise, as réplicas a um trabalho dessa ordem matizam o pensamento e evidenciam as diferenças pertinentes; porém, na Psicanálise, réplica e tréplica não se consideram procedimentos dignos e a metáfora crescente pode vir a enlouquecer de solidão, vira alegoria.

Haverá uma solução melhor? No momento não, é questão de ensaiar e corrigir-se, à espera de que a evidenciação paulatina do método e o próprio desenvolvimento de psicanálises possíveis criem condições para uma escrita mais eficaz. Freud, para quem a Psicanálise era pura exploração da psique, legou-nos um modelo de alta eficácia, sobretudo em suas narrativas clínicas. Uma psicanálise freudiana, clínica, teórica, cultural, constitui por si mesma uma história emocionante. Diversos autores têm-se preocupado, depois dele, com a conjunção entre produção teórica e estilo de escrita. Alguns poucos tentam romper com o espírito de construção de sistemas fechados, reaproximando-se da criação livre. Idealmente, para superar a penúria estilística, seria melhor evitar as falácias apontadas, mas combinando os três estilos, por vezes se alcança bom rendimento, pois a dimensão metafórica fertiliza a erudição, que a contém em seu arroubo, gerando construções parciais dignas de crédito. Falta-nos, porém, a perfeita fusão entre método e estilo, que ainda é quase só apanágio do texto freudiano. Como aperfeiçoar-se na difícil arte de produzir efeito psicanalítico por meio da escrita? A Teoria dos Campos propõe que se tente, com meios relativos, transmitir pequenas prototeorias, observações singulares, mapeamentos parciais de campos inéditos, psicanálises experimentais. Destarte, foi ela feita sob medida para nós que não somos gênios, leitor e colega, mas que não nos envergonhamos de realizar o tremendo esforço que requer dizer metade da metade do que esperávamos ser capazes de comunicar — e nada das fantasias inefáveis —, sem a ambição de enunciar a verdade da mente nem a verdade do mestre, sem querer seguir uma escola e ganhar reconhecimento dentro dela, mas por necessidade e prazer, não pelo lucro: que escrever não paga a pena e ainda por cima a gasta. Mesmo conhecendo minhas limitações, não deixarei, portanto, de tentar.

9

Os quatro ensaios que o levarão agora a passeio pelo mundo e pela Psicanálise foram escritos em épocas diferentes, mas obedecendo ao mesmo propósito: fixar a forma da Teoria dos Campos, embora antecedessem a invenção do nome. Constituem, por isso, experimentos de método e de escrita, de aberturas conceituais e de exploração da psique, além de terem o valor acessório, vistos agora em conjunto, de testemunharem uma maneira de viajar pelo mundo da cultura, ilustrando uma certa forma de olhar. O fato mesmo de não se apoiarem em material clínico convencional permitiu-me manifestar alguns pontos de vista com inteira liberdade, ainda quando não estava suficientemente seguro deles, certo de não causar mal algum com isso aos colegas terapeutas e organizar aos poucos meu próprio pensamento. Têm para mim, portanto, certo sentido autobiográfico, que provavelmente não interessará a mais ninguém. O que talvez interesse o leitor, por outro lado, é compreender por meio deles a Teoria dos Campos: a que contexto histórico da Psicanálise e a que problemas procura responder, quais instrumentos privilegia e, grosso modo, em que consiste. Estas questões foram tocadas rapidamente na introdução até agora, a fim de oferecer um pouco de ordem e sistema ao leitor. Para terminar — um vez que os preparativos de uma viagem não devem ser mais longos que a viagem —, gostaria de acrescentar algumas palavras sobre os próprios ensaios: sobre método e escrita, sobre os temas e a organização do livro.

O método psicanalítico tem, para mim, um sentido muito preciso e, quem sabe, um tantinho heterodoxo. Você já percebeu que não confundo método com teoria ou com técnica, nem com as estratégias concretas de pensamento de nossa disciplina. Contrastando em absoluto com a forma pela qual encaro qualquer outro tema — constituição da psique, posição das teorias, fenômenos estudados etc. —, reservo para a questão central do método psicanalítico uma posição monista e essencialista, que condenaria sem hesitação se a visse aplicada a outro elemento do saber psicanalítico. Duvido da veracidade de muitas das teorias e de algumas formulações sobre o inconsciente; não me parece que tenhamos instrumentos seguros para o estudo da primeira infância e, no que tange à psicopatologia, parece-me que uma nosografia psicanalítica melhor que a disponível ainda está por ser criada; desconfio profundamente também das metáforas fixas da Psicanálise que explicam a vida psíquica, modelos construídos a partir da infância, da relação mãe-bebê, de obscuros objetos internos, de fórmulas da subjetividade: como já o afirmei mais de uma vez, a Teoria dos Campos é uma teoria do desconhecimento admitido.

No entanto, paradoxalmente talvez, confio no método. Por método, entendo a forma intrínseca de nosso saber, que é também a forma de sua aquisição e eficácia clínica. Ele é um dos caminhos preferenciais da psique: uma forma de pensar cientificamente na busca de conhecimento, mas também uma forma de ser do sujeito humano. Goza por isso de certa existência autônoma e apossa-se do psicanalista para fazê-lo produzir. É uma das formas do real; da mesma maneira como se pode conceber o mundo físico, pode-se conceber o mundo psicanalítico, o mundo em forma de Psicanálise. Claro está que não lhe sugiro deleitarmo-nos com uma hipótese metafísica; deus algum teve a bondade de doar o método psicanalítico aos homens, da maneira um tanto intrusiva como os deuses gregos os presentearam com o cavalo e a oliveira, ou com as artes da tecelagem e do plantio. Nem mesmo nosso fundador, Freud, fez o papel de Netuno ou de Atenas, diga-se de passagem; ele pôs o método em ação e deu-lhe emprego científico, não o inventou, permitiu que algo que sempre existira como uma das formas do pensamento — na literatura, na filosofia, no pensamento comum — ingressasse no rol dos procedimentos científicos, instrumentado numa série de operações técnicas de investigação e terapia.

A razão maior de ter optado por essa visão monolítica do método, que reconheço ser algo antiquada, é a própria desconfiança com respeito a tudo o mais. A essencialização do método evidencia a relatividade dos meios e achados da Psicanálise. Estes são legítimos, noutras palavras, quando se referem à constituição ontológico-metodológica que denomino Homem Psicanalítico, e este nada mais é que o método em forma de gente. O exercício da Psicanálise, que não saberia por si sustentar as provas empíricas convencionais da ciência experimental contemporânea, produz, não obstante, efeitos mais que evidentes no sujeito individual e na análise da cultura. Ele os produz, porque a Psicanálise comparte com o sujeito uma dimensão comum, há um estrato do ser humano que se comporta de forma psicanalítica, o Homem Psicanalítico está sustentado por uma espinha dorsal metodológica, se é cabível dizê-lo assim. O grande enigma propulsor dessa peculiar visão do método é nada menos que a pouco conhecida razão pela qual a psicanálise funciona bem, ao fim e ao cabo, apesar da tautologia da interpretação, da insuficiência de base empírica e da metaforização hipotética de suas teorias.

Dito isso, e havia que o dizer, você pode entender agora porque preferi ensaiar esses experimentos primeiro fora do consultório, para só depois escrever algo como a *Arte da Interpretação*[6]: queria estar

---

6. Fabio Herrmann, *Clínica Psicanalítica: A Arte da Interpretação*, São Paulo, Editora Brasiliense, 1991.

seguro da proposta e não creio que algum equívoco de procedimento fosse prejudicar grandemente o Rajastão ou a obra literária de Gogol. Excesso de meticulosidade? É bem possível, amigo leitor. Mas ao percorrer os textos seguintes, talvez o possa perdoar. A imagem que propõem do homem é bastante perturbadora para não sermos cautelosos. O Homem Psicanalítico não possui um lugar concreto e oculto a que possa chamar seu inconsciente — ou sua verdade interna, de modo geral. É um jogo de representações sem versão original, uma crise de realidade e identidade em movimento. Seu inconsciente não é mais do que uma forma impregnada nos atos psíquicos: não ocupam um lugar psíquico especial os campos em ruptura e suas regras de constituição. A interpretação é concebida como um processo que se autodevora de direito: a ruptura dos campos permite que se criem prototeorias, mas estas não se podem deter e consolidar, se recebem crédito pessoal e fé pública, logo se transmutam em mitos, explicam a psique, não mais a descobrem. Concebe-se o real como produção de sentido e a realidade, como representação. O Homem Psicanalítico sofre de um desnorteamento sistemático, interpretável, mas não compreensível, por isso talvez represente tão bem nossa época insubstancial e pouco crível. Isso tudo vimos na introdução e poremos em prática nos ensaios. Então esta visão crítica com respeito a nossa disciplina e a insegurança ontológica que propomos ser a regra de seu objeto metodológico poderão reverter-se em positividade, talvez aprendamos algo de útil sobre a Psicanálise e sobre seu homem.

A Psicanálise sempre se interessou por mitos, lendas, histórias e costumes ditos primitivos. Pensava ver neles a origem de processos adultos mais desenvolvidos, que padeciam de resíduos e reminiscências das condições parcialmente superadas. Não nego este valor da psicanálise dos mitos nem deixo de usá-la como testemunha de origem, embora raramente. Creio, porém, que há outro interesse maior no mundo mítico, para a Psicanálise; é que nossa época sofre de certa incredibilidade fundamental; trans-portamo-nos para o universo tecnológico tão aceleradamente que o sujeito está hoje em situação parecida à do primitivo que imagina distante. Habita um mundo que escassamente compreende e, se não é o trovão nem a tempestade que lhe perturbam a estabilidade representacional, isso se dá porque, por outro lado, já não vive num mundo de trovoadas naturais, mas habita a automação, a realidade digital e a representação ideológica, induzida com eficácia, mas sem controle racional. Em suma, somos neoprimitivos no mundo que criamos e que nos recria à sua imagem dessemelhante. O terror à natureza do homem das cavernas não era resultado de sua precariedade, mas do desenvolvimento de instrumentos psíquicos, de que os animais carecem, que enriqueceram o universo ao reconhecer seu sentido humano, a começar pela dupla consciência do eu e da morte, exprimindo a nova riqueza por uma antropomorfização indiscriminada. O surto evolutivo deste século revela mais mundo humano do que podemos metabolizar, desorienta-nos como a nossos ancestrais esse novo transbordamento da constituição psíquica, que nos devolve uma imagem irreconhecível e ameaça-nos com aniquilação tecnológica. Por isso escrevo sobre lendas e mitos, por sentir-me habitante de uma lenda que ainda há de ser contada e talvez descrida no futuro.

Também por isso, os textos seguintes experimentam a escrita psicanalítica. É certo que não dispomos de uma, como há pouco ainda se viu, e que convém a nós, analistas, reinventá-la para nosso uso. Mas o problema é mais urgente e relevante do que faria supor a mera conveniência de um grupo profissional que se quer intercomunicar, pois a sociedade também necessita da linguagem psicanalítica para compreender-se ou, pelo menos, para se ver refletida em sua incompreensibilidade. Assim, ao mesmo tempo em que procuro expor nosso método ao influxo proveniente de formas distintas da psique, para que mostre seus desdobramentos graças ao impacto recebido, busco submeter também nossa linguagem à mesma experiência. Histórias, mitos e lendas sabem como se exprimir, nós psicanalistas é que perdemos o dom. Readquirir uma escrita eficaz significa primeiramente, a meu ver, abandonar certos vícios bem entranhados, tais como as três falácias estilísticas que antes discutimos. Tento minimizar o efeito de *comentário*, evitando, sempre que possível, retirar-me para a posição de exterioridade, implicada na multiplicação de referências teóricas; prefiro ficar na aplicação direta do método e no interior de seu objeto. Renuncio ao estilo de *construção*, não dando crédito demasiado à plausibilidade que proporcionam minhas próprias interpretações: talvez não acredite ingenuamente nas lendas lidas ou escutadas, mas ainda acredito mais nelas do que na psicanálise convencional das lendas e nos sistemas explicativos que esta outorga. Por fim, se tendo a incorrer em generalização metafórica, espero ao menos ter controlado minha imaginação, para não inventar um complexo de Hotu Matu'a, uma psicose de Aksenti Ivanovitch e, quanto à tentação alegórica, procuro temperá-la com seu antídoto específico que é a crítica. Quanto ao viés escolástico, posso com toda consciência considerar-me imune, pois nessa cumbuca nunca meti a mão.

Mas a recuperação estilística não se resume a purgar defeitos. O lado positivo desse experimento de escrita encontra-se representado pela tentativa de entrar nas histórias e recontá-las interpretativamente. Creio que a Psicanálise só se escreve com eficácia deixando que as histórias, dos pacientes ou da cultura, falem por meio dela. Isso Freud fez com suas histórias clínicas, por exemplo. Escrever psicanálise é permitir que o objeto a invente continuamente, cabe a nós, antes de tudo, escutar e retransmitir o que as histórias comunicam psicanaliticamente. Nisso pode ajudar a condição de estrangeiro nas paragens estudadas, de estrangeiro em terras distantes e de um tanto estrangeiro — quiçá turista, Deus me perdoe! — nas terras da cultura. A gente não se iluda, sabe que só entende uma parte, mas conforma-se em recontar o tanto que entendeu — exatamente como seria de bom-tom fazer quando se analisa um cliente, terra tão estranha quanto as que mais o são.

Com isso, prepare as malas. Primeiro vamos para *lá*. Depois veremos em que tempo estamos, lá chegando. *Lá e o Tempo*, aliás, foi o título provisório deste livro. Lá, porque vamos para fora do terreno conhecido, fora da psicanálise habitual, fora de nosso quotidiano e fora do consultório. Afinar-se ao lugar novo e aos conceitos inabituais demanda que nos ponhamos numa espécie de sincronia, acertando nosso espírito a um tempo que já não é o nosso: toda análise é também um experimento temporal, como se verá. Pois o lugar de direito da Psicanálise é fora da psicanálise, fora do sistema de conhecimentos estabelecidos, na exploração da psique, onde quer que ela se entremostre relutante. Lá encontraremos outros tempos e neles, quem sabe, cheguemos a pensar outra vez. Cada uma das histórias seguintes ajuda a pensar a Psicanálise num de seus aspectos fundamentais. Elas nos proporcionam metáforas eficazes, porque ainda não ofuscadas pelo hábito. Ante o olhar psicanalítico, revelam uma faceta de seu sentido próprio, mas, ao fazê-lo, tensionam o instrumento que a elas se aplica e revelam também desse modo uma faceta nova da Psicanálise. Como já vimos, os dois planos que a interpretação aproxima devem manter sua autonomia e atrair-se até que cada qual dê de si o que pode dar. A

Psicanálise extrai psique das histórias, provando sua utilidade em operar fora do reino tradicional do paciente em terapia; as histórias viram-se do avesso e iluminam a Psicanálise, transformam-se em teoria metafórica, segundo a tradição iniciada com a lenda de Édipo.

Este livro está dividido em duas partes, *Clínica* e *Teoria*, cada qual comportando, por sua vez, duas subdivisões: a *Clínica* abrange a *Sessão Psicanalítica* e o *Processo Psicanalítico*; a *Teoria*, divide-se em *Metapsicologia* e *Psicopatologia*. Cada seção abre lugar para um ensaio, inspirado por alguma história, e procura esclarecer uma das dimensões da Psicanálise. Na *Sessão Psicanalítica* aprenderemos, de uma lenda indiana, o que significa um momento de análise e descobriremos o papel do *rosto*, síntese conceitual daquilo que a interpretação revela ao sujeito acerca de sua identidade. Mas o *Processo Psicanalítico* transcorre no tempo, em estranho tempo, e isso nos ensinará a *Terra de Hotu Matu'a*, onde talvez consigamos alguma luz sobre o *porquê*, que é o próprio Homem Psicanalítico; ao longo desse texto estaremos em análise, você e eu, investigando o sentido do inconsciente, do *quê*, e do caminho pelo qual se manifesta, o *por*, na transmissão da forma humana, através do tempo e entre as gerações. Então, com boa seqüência, pois é assim que se faz na Psicanálise, poderemos passar da *Clínica* à *Teoria*. Tentaremos entender como Homero inventou nosso mundo, ao impor o primado da representação precisa e transparente, e como este mundo inventou a Psicanálise, que se dedica a elucidar o sujeito da representação; estaremos pois às voltas com os dilemas da *Metapsicologia*, à qual esperamos acrescentar algo: a função da crença, o papel defensivo da representação e a própria noção de objeto metodológico, o Homem Psicanalítico. Por último, na *Psicopatologia*, leremos juntos um conto em que Gogol parece querer ensinar a arte de bem enlouquecer, para descobrirmos talvez que vem a ser um louco, qual descaminho da representação o constitui e em que consiste o *limiar delirante*, conceito com que avançaremos um passo no caminho da tão necessária nosologia psicanalítica das psicoses. Em suma, viajaremos pelo mundo da Psicanálise, que é apenas o mundo real, porém mirado com a estranheza e o espanto característicos de nosso método; propelido pelo método, o divã abre a porta do consultório e sai a passeio, enquanto nós, a bordo dele, vamos descobrindo a Psicanálise que brota de onde não parecia estar.

PRIMEIRA PARTE
A Clínica

Da Sessão Psicanalítica

A RANI DE CHITTOR:

O ROSTO[7]

1

Conta-se isso no Rajastão[8]. Como compreendê-lo aqui, onde nunca houve dezenas de principados em guerra permanente, onde os ventos

---

[7]. Este capítulo reúne o trabalho que lhe dá o nome — *A Rani de Chittor: O Rosto*, apresentado ao Colóquio França-Brasil, Paris, julho de 1989, e ao 37º Congresso da Associação Psicanalítica Internacional, em Buenos Aires, agosto de 1991 — e trechos de *O Mito para o Psicanalista*, trabalho apresentado ao Simpósio Internacional de Mitos, Cuzco, abril de 1989.

[8]. O Hindustão é uma Itália de proporções asiáticas. Os Himalaia pelos Alpes, as planícies de Bengala pelas da Lombardia, o Decão pelos Apeninos e a ilha do Ceilão pela ilha da Sicília. A mesma rica variedade nos produtos do solo e o mesmo desmembramento da configuração política. Como a Itália tem sido comprimida, de tempos em tempos, pela espada do conquistador em diferentes massas nacionais, assim encontramos o Hindustão, quando livre da pressão do maometano, do mongol, ou do bretão, dissolvido entre tantos estados independentes e conflitantes quantas são suas cidades ou até vilarejos. K. Marx, *The British Rule in India*, artigo publicado em *New York Tribune*, 25 de junho de 1853, in *The Portable Marx*, edição e introdução de E. Kamenka, New York, Penguin Books, 1983.

de monção não trazem inundações anuais, onde em cada morro inexiste um forte e uma lenda? Para nós sobrará apenas o espírito da lenda; mas talvez seja isso mesmo a psicanálise: distância e contração da história, como a que da pele leva ao coração, como a que dos azares do corpo leva à permanência idêntica do rosto. Escutem-me pois com o coração e quem sabe contemplarão seu rosto, compreenderão o que é um rosto — no caso, o rosto de Padmini, rani da cidade fortificada de Chittor.

Era muito bela Padmini, diz a história. Sabemos também que o reino de Mewar, de que Chittor foi a capital, era tido como grande e poderoso pelos padrões locais, não muito exigentes, já que podia impor tributo aos feudos vizinhos, também minúsculos e aguerridos. Com as invasões muçulmanas, porém, e a instalação do sultanato de Delhi, esses indianos do norte passaram a contar com a cobiça de um reino de verdade. Que cobiçava o sultão de Delhi? Queria de início estar seguro em suas fronteiras, mas havia de ambicionar igualmente a posse das terras, plantações e riquezas do Raj. Séculos depois, os ingleses fariam o mesmo, somente que de forma mais cruel e menos civilizada. Akbar, o unificador do império mogol, conseguiu persuadir os *rajput* — literalmente filhos de príncipes -- a aderirem a sua administração, conferindo-lhes cargos importantes no governo central; não me consta que qualquer marajá tivesse sido jamais designado ministro em Londres.

Chittor é linda, mesmo hoje em ruínas. Entre templos e cenotáfios, onde agora brincam acrobáticas famílias de macacos e passeiam chusmas de turistas irrequietos, fotografando o que não sabem ver, eleva-se a Torre da Vitória, a Vijay Stambh, uma pilha de quase quarenta metros de estatuária contínua, cercando a escada estreita que se sobe no escuro, para de tempos em tempos ser-se ofuscado por um sol de deserto, que parece explodir por entre as curvas esculpidas. Há também alguns pequenos palácios, dois dos quais nos interessam. Defrontam-se estes: um maior, o outro menor, cercado por um pequeno lago. Parte de nossa história passar-se-á nestes palácios, ou melhor, estará relacionada com sua geometria visual. Mas um rosto não será também, axiomaticamente, uma questão de óptica geométrica, quem sabe a mais importante de quantas haja; ou mesmo, mais ousadamente digamos, a origem verdadeira da estrutura de permanência abstrata dos seres materiais notáveis, cuja idealidade é condição para a invenção da geometria? Um rosto é idealidade, é imagem; muda a cara, fica o rosto. Ou, com mais rigor, só há um rosto quando a cara material se vai transformando, pois um rosto é o que resta de idêntico. Idêntico a quê? Idêntico à alma, é claro, àquilo que não existe mas há, ao inconsciente, se preferem.

Dizia-lhes portanto que era muito bela a rani de Chittor. Ninguém me soube explicar como era, naturalmente, mas faço dela uma imagem leve e esguia como a Torre da Vitória, sensualmente curva, como a estatuária mewar, plácida como o laguinho em que se havia de refletir. Uma imagem que é só reflexo — já se verá por quê, mas com certa retidão aguda como o som de seu título *rani*. Numa palavra, para mim, Padmini tinha o rosto de Chittor. Talvez o tivesse também para o sultão de Delhi que, em 1303, abalou-se com seu exército a cercar a cidadela, exigindo que lhe permitissem conhecer a beldade. Que desejava Allaudin Khalji? Queria a ela e queria a cidade dela, com toda certeza. É, com efeito, curioso quantas lendas atribuem os cercos de cidadelas ao desejo de conquistar uma linda dama. Cidades fortificadas inelutavelmente estão cercadas de lendas como de exércitos, pode ser que exprimindo uma verdade profunda: o que rodeamos de muralhas guarda um valor transcendente, que incita o cerco conquistador, mas isso não é senão a mulher que o tabu do incesto traz amuralhada. Exprimem os povos assim um saber inequívoco, quando identificam cidade e mulher: o que se embeleza, se ama e protege é o que se há de conquistar — a guerra: um assédio amoroso. Na parede mesma de meu consultório pende uma velha reprodução em cobre cujo original, se de fato o é, encontrei por acaso na seção de marfins do museu Benaki, em Atenas. Representa a conquista de uma cidadela, defendida por damas gentis, cercada por cavaleiros que as combatem, porém com maços de flores, em lugar de lanças e flechas, sob uma chuva de rosas, por pez fervente. Cônscio quiçá dessa equação simbólica, o rana Rattan Singh, esposo de Padmini, propôs um trato ao sultão invasor. Ele poderia ver sem ver, contemplar o semblante da rani num espelho e a segura distância, e assim elevar a tensão do desejo para sonhar por toda a vida com o reflexo arredio.

Desavisado talvez estavas, rana, a respeito de sultões, bem podemos censurar-te; com efeito, o incremento de desejo reforça a repressão nos homens, a entrevisão do objeto distancia-os, até aí entendeste a psique humana; mas seria humano um sultão? Pequenos feudos convivem, guerreiam, aliam-se, são como homens em sociedade; já o sultanato, por modesto que seja, como o de Delhi, tem vocação imperial, desconhece iguais, à semelhança do capitalismo absoluto. Para o império não há sociedade horizontal, o horizonte é só terreno de expansão e as riquezas alheias existem exclusivamente para a coleta — o grande museu de tudo é, por direito, uma invenção imperial. O sultão, dizia eu, não era humano, não conhecia iguais ou repressão, por isso, traiçoeiramente aceitou o trato. Horror! Aceitou para trair a regra da visão desejante interditada. Como veremos, sultão, império e capitalismo não pertencem à raça dos homens; crêem-se deuses, sendo pois o monstro.

Allaudin foi introduzido polidamente num quarto de elevado pé-direito. Numa das paredes, estreita janela gradeada dá para o palacete do lago, a uns cinqüenta metros de distância e uma dezena de metros abaixo. Guardas impediam-no de chegar à janela, figurando a repressão que, ao contrário do que se pensa vulgarmente, não bloqueia o objeto, mas impede o acesso a um ponto de vista direto. Na parede oposta, bem alto, ainda há um espelho; pondo-se de costas para a janela, vê-se nele refletidos os degraus da escadaria do palacete a mergulhar no lago, porém se a gente se volta, olhando direto pela janela, o ângulo de visão descortina apenas o teto do edifício fronteiro e as montanhas distantes. De costas pois para a moldura visual do objeto, foi dado ao sultão vislumbrar ao espelho, no quarto escurecido, o retângulo barrado da janela, as cabeças da guarda palaciana, portando talvez cimitarras e *katars* nas mãos ameaçadoramente levantadas, uma nesga de lago refletindo o céu azul, os degraus mais baixos da escadaria do palácio do lago e, sentada nos degraus, a rani: o rosto descoberto, pensativo, oferecido a contragosto, temerosa provavelmente, por ser mais sábia que o marido, menos confiante nos tratos dos homens porque mulher, pudica enfim, como só o sabiam ser as bravas damas muradas nos montes às portas do deserto. Isto é, o sultão viu Padmini no espelho. Ou julgou vê-la, pois com a qualidade dos espelhos da época, ele não poderia estar realmente seguro se a beldade entrevista era a rani, uma escrava disfarçada ou talvez um barbudo soldado de turbante. Quer dizer, o sultão assistiu como pôde, como nós, à cena primária.

Cena primária, cada história tem a sua. Cópulas paternas raramente são visíveis e quando o são constituem no máximo fonte de inspiração, geralmente aversiva. Os deuses hindus copulam livremente e não se escondem, antes cobrem os templos com suas sinuosidades acopladas. Já o sultão, muçulmano que era, estava proibido de cultuar a forma humana. Ora, o olhar proibido que vê e não vê, que cultua a imagem impossível, é o órgão desta cena. Primária é a cena que cria um reflexo em fuga constante; a repulsão atraente da figura humana, que se perpetua numa cena imaginária dotada de máximo fascínio, fica como resto da operação, assim como sobra da cena primária a sobrevalorização erótica dos órgãos do sentidos. Em nossa história, da visão.

Comportando-se com lógica sultanesca, Allaudin se deixa conduzir pelo rana aos majestosos portões da fortaleza, onde seus soldados estão de tocaia e seqüestram o anfitrião. Completa-se portanto a cena, com toda a lógica perversa, uma vez que a violação da mais sagrada das leis, a de hospitalidade, coroa o crime hediondo de traição. A convivência entre os homens exige uma política de recuos cautelares. Na raiz de cada gesto de nosso rito de aproximação está contida uma teoria da distância correta que os parceiros devem respeitar. Ao dar as mãos, mostramos que não levamos facas, ao beijar, que não mordemos. Consiste a hospitalidade em oferecer tudo para que nada seja tomado; de novo a inibição específica produzida pela tentação maior. O rana havia oferecido um rosto ao sultão — que fosse ou não o da rani não importa muito, porque um rosto é apenas a imagem essencial do desejo. O rosto da rani, que seria hipoteticamente o rosto de Chittor, instruiria o sultão acerca da forma de seu desejo, a contemplação do rosto é a matriz de uma operação de conhecimento que exclui penetração e posse. O sultão ascenderia à humanidade plena, se se retirasse para sonhar com aquilo que mal viu, desgostoso, talvez para sempre, dos pálidos corpos femininos de seu harém, que haviam de perder a enganadora substância amável diante da recordação de um só momento sublime de satisfação condicional. Renunciando ao corpo, chega-se à face essencial do corpo, que é o rosto. Ao invés disso, por ser um monstro do poder, ele se apodera daquele que possuía a rani de corpo inteiro.

A história segue, entretanto, fatídica como todas as lições de vida que o sujeito se recusa a aprender. Desesperada, recolheu-se a rani a meditar um estratagema que salvasse o marido. Enviou às tropas que cercavam a fortaleza emissários anunciando que pretendia entregar-se com todas as suas damas. De fato, ao cair da tarde, que é a hora melhor para tais empresas, quando o lusco-fusco engana o olhar e atenua as diferenças, saiu de Chittor uma comitiva de palanquins acortinados, cada qual carregado por quatro portadores. Em meio ao acampamento muçulmano, dele saltaram não as damas prometidas, mas a fina-flor dos soldados mewares, armados até os dentes, enquanto os portadores retiravam também das vestes adagas ocultas e acometiam o inimigo. Assim libertaram o rana prisioneiro; todavia, na aventura Chittor perdeu, diz a história, sete mil de seus soldados — imagine-se o número de palanquins, a força dos carregadores e a fantasia luxuriante dos muçulmanos que aceitaram o engodo, crendo receber milhares de damas da corte de uma cidadezinha provinciana. Assim porém me contaram e só o posso repetir.

O sítio, claro está, acirrou-se com a fúria do sultão. Privados de seus melhores defensores, ameaçados por falta d'água (teriam bebido todo o lago, talvez) e de alimentos, a situação tornou-se desesperada para os sitiados. Render-se era impensável, pois seriam passados todos a fio de espada ou coisa pior. Enviaram então as crianças a um lugar seguro; não nos importa como, se estavam de todo cercados. As mulheres, encabeçadas por Padmini, acenderam a imensa pira comunal de Mahasadi Chowk, e lançaram-se nela com suas roupas matrimoniais, na cerimônia de johar ou suicídio coletivo. Os homens assistiram impassíveis à auto-imolação. Em seguida, vestiram túnicas de luto, de cor açafrão, ungiram as testas com as sagradas cinzas das esposas, abriram as portas da cidade e lançaram-se num ataque suicida contra as hostes inimigas, perecendo todos. Esta foi a primeira queda de Chittor.

Que nos ensina sobre isso a psicanálise? Oh, nada ensina a psicanálise das lendas, a psicanálise é se tanto uma forma de aprender das histórias com certa sensibilidade e um pouco de inteligência: não há uma teoria de Chittor, um complexo de rani, uma perversão sultanesca a retirar da lenda. Para aprender aqui é preciso primeiro esquecer nossos sofisticados pretextos teóricos, voltar a ser simplesmente humanos e, ao menos por um instante, deplorar com tristeza a estupidez de tantas mortes, de tanta bestialidade imperial, tantos momentos de amor que se perderam, tantos crepúsculos nas montanhas sem olhos para os admirar, tantos gestos corriqueiros de amizade que o destino ceifou. Um pouco de luto decente nos torna outra vez humanos e só os homens chegam a ser analistas. Recon-quistada nossa humanidade, entre as pedras imaginárias de Chittor, podemos agora pensar e aprender. Se fosse humano o sultão, que teria aprendido? Que se aprende numa sessão de análise? Sabendo olhar e ouvir, alguma coisa. Somos agora o sultão, porém humanizado. Vemos ao espelho primeiro um brilho ofuscante na penumbra do quarto, depois divisamos a janela mágica, aberta para a luz do dia, e devemos humildemente reconhecer nela o verdadeiro objeto de nossa busca: não o objeto do desejo que nos arrastou até este quarto, mas o ponto de vista onde o desejo é ativado, sua via específica de atração, que é o máximo que nos oferece uma experiência psicanalítica. A forma pela qual o desejo humano faz-se presente é sempre fisionômica, quer dizer, é uma cena estruturalmente idêntica ao movimento anímico que ele excita: ninguém chega a ver seu desejo diretamente, nem o objeto vale por si, contemplar a cena em que o objeto se vislumbra é contemplar as entranhas da alma na única posição em que estas se deixam ver. Vemos em seguida os guardas diante da janela e reconhecemos a duras penas que, embora pela força os pudéssemos dominar — ou pela traição como em nossa história —, eles sempre estarão presentes, crescente de cimitarra e triângulo de *katar* interpostos entre nossa consciência que mira e o lugar da realização plena do desejo. O histérico talvez se paralise ante a visão maravilhosa e aterradora e se torne indiferente às mulheres, daí por diante; o obsessivo inventará uma complicada manobra pela qual se poderia dar a realização perfeita e morrerá reproduzindo um certo quarto na cabeça; o perverso possivelmente se apaixone pelos próprios guardas.

E o analisando? Este fará qualquer coisa, segundo sua opção nosográfica, mas também atentará para a constituição da cena. Afinal, lá fora há uma rani na escadaria, concreta ou não. O amor e a curiosidade intensificam-se, mas não nos lançamos contra os guardas nem tentamos romper as barras da janela. Vemos um rosto e nos contentamos, contentes embora insatisfeitos. Este rosto no espelho é eterno, é ao mesmo tempo Padmini e Chittor, no que têm ambos de perene. Mas é também algo mais que, a meu juízo, pode ser mais precioso até que a imagem objetal de nosso desejo. O sultão anda para trás e para frente. Alguns passos atrás, junto aos guardas, vê-se também refletido no espelho e diz: este sou eu. Avança de novo cauteloso, querendo aprender por estar humanizando-se, e já não mais se vê, mas vê Padmini imóvel à espera da conclusão da experiência de humanização. "Se me vejo a cara não vejo a rani!" — concluirá assombrado diante da primeira lição de óptica geométrica psicanalítica. Se vejo a rani, não vejo quem a vê — "fantástico!" Terá então aprendido alguma coisa: o eclipse de sua cara de carne deixa visível a cena possível de seu desejo, vale dizer, seu próprio rosto perene. Pois a cena que vê não é outra coisa senão o rosto de seu desejo, este mesmo rosto que buscava ao procurar análise. Uma dama, guardas armados, um senhor gentil que o conduz, o rana analista que procurou para que lhe indicasse o caminho, tudo centrado na janela analítica; "ora, isto sou eu", há de se dizer, "sem tirar nem pôr". Por fim, meio curado por reconhecer-se, talvez possa completar a análise, reparando no espelho. Dirá então o sultão que abdica do império absoluto: "não é este senhor gentil meu analista, ele está aí em cima e é apenas um espelho, não se zanga, não proíbe, não acaricia, nem mesmo conduz, reflete. Movo-me e me descubro diferente cada vez que me perco no reflexo de meu desejo". E já estará indo embora, quando um último detalhe vai despertar-lhe ainda a atenção. Na verdade, existe um outro espelho cercando o objeto, tornando-o deleitável. O lago que reflete o céu azul e a rani contra ele, último elemento a descobrir, que sempre esteve ali, antes do sultão, antes de Padmini, antes mesmo de Chittor. Antes da análise começar, já a função terapêutica era uma disposição natural do espírito, uma espécie de faculdade heurística presente em todo sujeito humano, circundando o objeto de seu desejo, e convidando a que se instaure uma situação artificial, a sessão psicanalítica, para a duplicar, como o espelho duplica o lago e nele se inspira. Para certos homens a atração transferencial do lago da alma intersubjetiva será suficiente para que reconheçam o próprio rosto, outros precisam de análise formal.

2

Em 1567, Chittor foi destruída, pelo imperador mogol Akbar. O então rana mewar, Udai Singh II, teve de retirar-se para as montanhas e ravinas de Aravalli, com seus nobres e guerreiros. Perto dali, há o lago Pichola.

É uma pérola o lago Pichola; ou melhor, não é uma pérola, é um lago, quer dizer: um espelho e um rosto. Em meio ao lago, ergue-se hoje um palácio transformado em hotel, o Jag Niwas, rebatizado com pouca imaginação, mas surpreendente objetividade, Lake Palace Hotel — fantasia barroca de um príncipe que desejava entreter principescamente seus convivas. Quando põe-se o sol, é possível realizar uma volta turística de barco pelo lago, ao som de música local, tudo convencionalmente exótico. O sol, que se filtrava agudo pelas cortinas de pedra que rendam cada janela do hotel, inscrevendo em nossos rostos arabescos inesperados, lentamente se fascina por seu próprio reflexo e mergulha nas águas calmas. Ao redor, às margens do lago, Udaipur, a cidade de Udai, parece querer inclinar-se para dentro d'água, fascinada também ela pelo outro sol, aquele que o lago aprisionou. Nas muitas escadarias que dão para as águas, banham-se mulheres, despindo e depois enrolando artisticamente seus saris. Nessa tarde acabei de ouvir a história, o que talvez não seja sem importância para a reflexão que faço.

Pois aqui sou turista. Turismo é quando se transforma a vida em espetáculo, numa espécie de transe narcísico, querendo que tudo se preste a um quadro de vulgar beleza. Queremos ver rapidamente, para poder passar à beleza seguinte. Deseja o turista que natureza e cultura mostrem seu rosto sem regatear e bem depressa: é ele quem corre e regateia nas compras. Como não pode ver — o turismo é uma variedade de cegueira por excesso de visibilidade — ele se faz fotografar, caracteristicamente de costas para o objeto estético, de forma a aparecer sua cara, num esgar convencional de felicidade, e o monumento visitado ao fundo. Chegando em casa, dirá: "como tudo era belo, vejam que feliz eu estava!" E pensará talvez: "como é belo meu rosto, nesse palácio que me hospedou". Ser turista é dar as costas ao real.

Cego e tolo, portanto, tentava eu imaginar o grande Udai Singh II a cavalgar por uma manhã, já distante mais de quatro séculos, pesaroso pela perda de Chittor. O sol havia de ser devolvido pelo lago Pichola, como ainda hoje o é, prenhe da beleza com que o crepúsculo o ornara. Aos poucos deixaria o lago para iluminar a cavalgada do rana Udai, que caçava e sonhava. De repente, conta a lenda, um coelho cruza-lhe o caminho em disparada. O rana atira sua lança e o transpassa na carreira, proeza magnífica. Mas é provável que só parte de sua alma estivesse nisso, o resto haveria de estar sonhando, em busca de seu rosto perdido, da perdida Chittor. Ele, não nós turistas, havia de gozar o verdadeiro espetáculo de Udaipur, a cidade ainda não fundada, o rosto que buscava. Ao transpassar o coelho terá pensado: "este é o momento certo, agudo como uma lança". Perto, um sábio meditava. Apeia-se então o rana, conta ao sábio sua desdita e pergunta-lhe onde deve construir sua nova capital. Responde o sábio, como os sábios costumam responder (frisou-me o narrador): "onde senão aqui, meu senhor, aqui onde seu destino o levou a formular a pergunta?" E lá, aqui, o rana Udai edificou a cidade de seu nome.

A resposta do sábio, pode-se chamar, com rigor técnico, interpretação. Nada acrescenta, tão-somente desvenda; da estrutura da questão faz saltar a resposta. Udai não sabia que sabia, agora sabe. Assinala-se para o analista o momento da interpretação por uma espécie de agudização circunstancial do tempo analítico, que nada parece ter a ver com o tema dominante do paciente; tal é o coelho lançado em plena carreira. O analista diria para si: "atenção, é aqui que surgirá algo de que nada sei ainda". Assim disposto, reconhecendo a agudeza perfurante do momento azado, tentará compreender a questão formulada pelo desejo, menos oferecendo uma resposta do que explorando a constituição do desejo questionador. O choque de ver-se apreendido noutro campo, denunciada uma resposta onde só parecia haver pergunta (onde?), há de primeiro confundir paciente ou príncipe. "Onde mesmo?" — perguntarão. Depois, vendo que a pergunta é imprópria, pois que a resposta já se deu, dirão de si para consigo: "aqui mesmo, é claro" — claro *insight* —, "aqui onde desejo". Deseja o paciente-príncipe uma capital, vale dizer, deseja Chittor, o rosto de Padmini, as raízes da cultura mewar. Este outro lago é o lugar certo para terminar a história que num lago começara; a mulher que se esfumou na pira, tornando-se sati, vive como um rosto potencial a ser reencarnado em nova cidade sinuosa, diferente, a mesma-outra.

Assim se concebe a cura analítica. Os hindus do Rajastão cultuam as mulheres que se imolam, chamam-nas *sati* e dedicam-lhes painéis onde inscrevem mãos, comemorativas de seu sacrifício. De forma análoga, o objeto buscado na análise não pode ser o original, senão na medida em que este se esfumou, tornou-se sati. Mas aí bifurcam-se as possibilidades: ou guarda-se a memória na parede do cenotáfio — mãos ausentes, cuidado perdido e chorado —, e pode ser que o sujeito se lance num ataque suicida contra o mundo, no que se chama *furor melancólico*; ou constrói-se nova capital, ampliada e menos defendida, mais rica, porém reproduzindo o mesmo rosto. A função terapêutica, espontânea ou articialmente reproduzida num tratamento — lago ou espelho — transforma a perda original em criação, redundando numa vida ampliada, diversa, mais rica em matizes; contudo, em essência, fisionomicamente idêntica ao objeto perdido e às margens da própria função terapêutica, cuja eficácia permanece reconhecível no quotidiano adulto.

3

A lenda de Padmini, rani de Chittor, ensina-nos o que é uma sessão analítica: um experimento de humanização. Pode dar certo ou não.

Por sorte, na clínica habitual, temos a sessão seguinte, recurso que faltava ao infeliz rana e seu impaciente sultão. Porém, ainda que sem a crucialidade aflitiva do experimento que o quarto do espelho testemunhou, toda sessão possui em comum com ele ser uma espécie de encruzilhada; idealmente, em cada momento da análise o sujeito da experiência está diante de um reflexo nublado de sua forma interior, que é possível aceitar ou não. À forma do desejo, espelhada precariamente num dado passo do jogo psicanalítico e cuja aquisição completa é tarefa de uma vida inteira, aí incluída uma possível análise, temos chamado *rosto*.

Que é pois um rosto? De um lado, existe a interioridade inacessível do sujeito, seu corpo. O corpo físico, do ponto de vista da Psicanálise, é antes de mais nada o corpo da alma, isto é, o fluxo de determinações que nutre constantemente nossa forma de ser espiritual e que é, em sentido próprio, o inconsciente. De outro lado, fica a superfície das representações, que é tudo o que o sujeito pode saber de si e do mundo. As representações vestem o corpo do desejo, a interioridade, e até certo ponto indicam sua forma, tal como uma roupa que, ao cobri-lo, exibe a forma do corpo material. No entanto, para que se conheça mais exatamente a forma de um corpo — de um corpo humano invisível, digamos —, haveria de ser indispensável trocar de roupa, para que a diferença mesma entre o preenchimento de vestes diversas pudesse determinar certas constâncias corporais; no caso do corpo material, a extensão das pernas, o volume dos quadris, a potência do tórax; no caso do corpo psíquico, a matriz simbólica que gera nossa forma emocional, onde se incluem pulsões e mecanismos de defesa, em linguagem tradicional. O corpo, portanto, permanece, mas é inacessível, a *veste* — chamemos assim o conjunto das auto-representações do sujeito —, esta muda e só por mudar indica a forma do corpo. Em essência, a análise procura descobrir o corpo por meio de trocas de veste, ou melhor, pelo trânsito relutante entre auto-representações possíveis, esboçar junto com o paciente o desenho de seu desejo inconsciente.

Esse par de conceitos — corpo e veste —, que estão discutidos no Livro I de *Andaimes do Real*[9], pedem que se lhes acrescente uma espécie de complemento ou noção intermediária que, lá mesmo é sugerido, deveria ser o de rosto. O motivo é simples. A veste, as representações, é sempre conhecida, mas raramente reconhecida como sendo a forma

---

9. *Andaimes do Real: O Método da Psicanálise*, pág. 258 e ss.

do sujeito. Este muda continuamente suas representações, de acordo com as condições cambiantes de realidade; além disso, em si mesma, a veste representacional só negativamente deixa ver a forma do corpo psíquico, numa certa constância das próprias mudanças, como ficou dito acima. Já o corpo inconsciente da psique permanece para sempre inacessível ao conhecimento direto. Não haverá pois uma dimensão de autoconhecimento mais positiva e constante, um lugar onde possa entrever a forma geral e o sentido de minha vida psíquica; ou tudo é mutação e obscuridade? Esse lugar existe, porém está, por assim dizer, disfarçado posicionalmente: meu desejo aparece-me ordinariamente como um objeto desejado e fugidio, como se fosse um reflexo externo de mim ou uma miragem sempre a atrair-me para fora. Corrigindo ligeiramente a idéia platônica de que o sujeito apetece o que lhe falta, pode-se dizer, ao que parece, que buscamos o que somos e, por isso, não temos.

Daí nasce a noção de rosto. O rosto é a forma de minha história pessoal, algum dia acabarei talvez por conhecê-la, mas apenas quando se completar e na medida de sua razoável completude, já que o ponto de vista absoluto e correto é a rigor inalcançável: implicaria que pudesse contemplar minha vida a certa distância e após a morte — quem sabe fosse mais seguro esperar alguns anos depois da morte, como fazem os biógrafos prudentes, quando a cessação dos efeitos imediatos de uma vida permite julgar com equanimidade. Na prática, tenho sempre um sentido histórico de minha existência, mesmo sem precisar morrer para tanto. Há algo que me distingue fisionomicamente e que posso *reconhecer*, no duplo sentido de distinguir e sentir-me reconhecido por isso. O reconhecimento de meu rosto — da forma total de meu desejo historicamente inscrito na vida — está sempre a meu alcance, como nos ensina nossa lenda, sob o aspecto de outro rosto buscado, de uma forma que fascina. Sob o prisma temporal, como se viu, essa forma é uma antecipação do que minha história está a produzir: se me olho com cuidado ao espelho, talvez já possa hoje distinguir as marcas de meus sentimentos, que algum dia mostrarão o êxito ou o fracasso de minha existência. O bom humor já se mostra como uma pequena ruga sorridente orlando os lábios e o canto dos olhos que, na velhice, pode vir a fixar-se, transformando-se naquela fisionomia gentil e um tanto irônica do ancião que não crê totalmente nas intenções alheias, mas já as desculpa por antecipação. A sovinice de alguém já começa a se encarnar em suas mãos, muito antes que a artrite venha a dar-lhe o aspecto permanente de garras de ave de rapina.[10] O rosto é minha história escrita à flor da pele.

Essa essência do reconhecimento de si próprio pode ou não ser aceita. No amor de um mulher posso reconhecer-me; ou posso ambicionar possuir todas as mulheres, quem sabe também todos os homens. À fúria que nos leva ao desejo indiscriminado de posse, negando a dimensão de reconhecimento, chamamos, consoante a nossa lenda, mas também aos ensinamentos da história universal, de império. No plano social como no individual, o império é uma doença do espírito — se consideramos ser o espírito uma conjunção de condições materiais encaradas como sentido humano. Se não aceito que se tenha esfumado minha autobastância, a posse integral da mãe sublime onde sou-me em sonho ou delírio, lanço-me ao mundo como sultão, querendo possuir tudo, fascinado pela miragem que afirma que sou tudo e que tudo é meu. Nesse caso não tenho rosto, sou apetite de tudo. Uma expressão possível dessa condição terrível, já vimos, é o horizonte ilimitado do imperialismo ou a fantasia de reunir num museu todos os tesouros, os rostos todos. Do contrário, terei de descobrir meu próprio rosto, que demarcará daqui por diante os contornos limitantes do que posso possuir. Em vida, construirei uma vida que me retrate entre meus iguais e não ambicionarei demasiadamente o ser alheio, seja eu homem ou reino.

Resumindo, pode-se constatar que a aquisição de um rosto implica haver renunciado a três coisas. Renunciado a ter outro rosto qualquer: para o que é preciso pôr freio tanto à voracidade identificatória, como ao próprio superego que exige um rosto mais perfeito. Renunciado à fantasia de ser concretamente inteiro, eterno ou imutável, já que o rosto é apenas o limite indicado pelo conjunto de mutações acessíveis a um dado sujeito: para o que deve ter sido domesticado o próprio ego-ideal primitivo. Renunciado à posse de um objeto primário, porquanto o rosto é a forma que resta quando este se esfumou, levando

---

10. É curioso notar como certos estereótipos populares, que pretendem ver refletidos na forma do corpo os vícios do espírito, encontraram, bem ou mal, abrigo no pensamento psicanalítico. Criou-se uma espécie de psicossomática mágico-moral a partir deles, explicando todo tipo de doenças e traços físicos como derivados causais da emoção predominante em certo sujeito. Mesmo que isso se verifique em contados casos, não seria porventura mais plausível acreditar que, no geral, pequenos complementos conferem um ou outro sentido gestáltico à mesma ocorrência orgânica? Um toque gestáltico seria, por conseguinte, a porta de entrada da história pessoal que re-significa certa forma física: a mão artrítica tanto pode ser a do bom velho sofrido como a do usurário empedernido, um pequenino gesto as diferencia e organiza seu valor simbólico.

consigo a fantasia de completude: para tanto o narcisismo deve ser atenuado, até aceitar que o desejo questione o mundo à procura de um espelho adequado e objetos substitutivos. Um rosto não é tanto a forma manifesta da cara humana, quanto o corpo da psique em sua exterioridade essencial (que, curiosamente, corresponde àquilo que de hábito se denomina *realidade interna*). O corpo, entendido como o conjunto vital que supre todos os atos de sentido humano, possui, por assim dizer, uma vocação para a unidade distintiva, que se vai preencher mercê dos processos de identificação. Isto é o rosto: totalidade ideal distintiva do corpo da psique, que se projeta em face do mundo. O rosto não apenas vem da vida, ele é a forma total da vida. O mundo real é o corpo extenso do homem; sua representação subjetiva (a realidade) constitui, por conseguinte, a realização exterior e o reflexo do rosto humano.

Ora, como setor muito especial da realidade, a Psicanálise convida os homens para que mirem o próprio rosto no espelho de seu método. Para isso constrói uma situação concreta, artificial como o quarto do espelho, que costumamos representar pelo divã, como se fora este o símbolo do método psicanalítico. Só uma forte paixão pode contrabalançar a relutância em reconhecer o próprio rosto; tal paixão recebe o nome de transferência; aparentemente é um amor deslocado pela pessoa do analista; no fundo, porém, a paixão transferencial decorre da atração global exercida sobre o sujeito pelo conjunto de suas possibilidades de ser, por seu rosto total, que o método psicanalítico promete descobrir, razão pela qual se lhe pode chamar *paixão metodológica*. Aprendemos de Chittor que esta se dirige mais ao espelho metodológico do que ao rana-analista, pois nele só é que poderá encontrar o rosto de Padmini, o reflexo do desejo. Movidos pela paixão metodológica, os homens deitam-se no divã analítico e aceitam a regra fundamental: olhar apenas através do espelho da interpretação.

Que busca o analisando? Quem é Padmini para os homens e mulheres que acorrem ao consultório psicanalítico? O conjunto das possibilidades de ser concentra-se numa representação imaginária, a do objeto primário que tudo pode satisfazer. O objeto primário do desejo humano, todavia, não é sequer a mãe nutriz, mas é logicamente ainda anterior: um estado impossível onde o sujeito basta a si próprio, sendo-se inteiro, idênticos rosto e cara; condição imaginária, fonte de todos os sonhos de onipotência e lugar de perpétua saudade, para onde o homem deseja retornar, para ser carne com sua essência em fuga. À representação desta fuga em que me perco de mim, que é recordada sob a forma de uma espécie de encenação do mais desejado e temido, a Psicanálise costuma designar por cena primária. Nela é entrevisto e perdido o objeto primário, representante vicário da fantástica imanência autobastante do sujeito, que deve invariavelmente ser sacrificado e esfumar-se, já que não atende de fato à vocação exigida. Ao se reproduzir em qualquer situação real de vida, ou ele representa bem o desejo autobastante, mas só pode ser visto através de um espelho condicional, ou pode ser possuído de fato — num homem, numa mulher, numa situação ambicionada —, mas denuncia-se então sua falha lamentável, pois o sujeito não se pode fundir com tal objeto até nele ser-se. Sobra portanto um desejo hiante, com forma precisa, porém vazio ou descarnado, que busca espelhos para se descobrir. Vem daí que a paixão que leva o homem ao analista para um experimento de humanização — e a sociedade a civilizar-se, diga-se de passagem — seja antes de mais nada uma espécie de paixão metodológica, de amor pertinaz pelo caminho que conduz a entrever a forma da própria alma, amor investido dos fumos sagrados da paixão primeira. Senão, como explicar que os homens se façam analisar e que, mais raramente, se curem os impérios? O amor transferencial pelo analista constitui uma benévola e provisória encarnação dessa tendência, uma sorte de equívoco veraz, que o fim da análise encarregar-se-á de corrigir. Então, cura-se o analisando.

A cura psicanalítica não é simplesmente o fim do tratamento. De certa maneira, é uma dimensão impregnada em cada uma das sessões que o compõem. Consiste em admitir o próprio rosto, renunciando à tríplice fantasia de auto-suficiência, de posse do objeto e de conquista onipotente de todos os rostos. Isso sempre se dá ou não se dá, mas nunca são definitivos o êxito alcançado nem o fracasso em alcançá-lo.

O estrato da ação terapêutica da psicanálise também é retratado pela lenda que nos ocupa. No momento preciso, o analista, diga o que disser, anuncia a seu paciente que é aqui e agora o lugar de seu desejo, e cabe ao analisando reconstruí-lo uma vez mais, como o rana Udai diante do sábio meditativo. Essa reconstrução não é uma volta atrás em busca do objeto perdido, mas nova edificação de vida, no curso incerto da história pessoal, que faz com que se desprenda da nostalgia uma forma que aspira a se preencher novamente, seja pela construção de nova cidade, seja por outra qualquer ocupação menor do tempo vital. O importante, segundo nossa história, é que o movimento de cura contém os dois sentidos de reconhecimento: aceitação do rosto e o agradecimento pela diferença que o distingue e diferencia, permitindo-lhe ser entre os demais. O estado de cura procurado pela função terapêutica pode também ser dito: reconhecimento histórico.

4

Em meio às gastas pedras de Chittor, descobrimos que o reconhecimento do próprio rosto é o que se espera receber da função terapêutica. Não necessariamente a função terapêutica é exercida no ambiente formal de uma terapia; é verdade que todas as psicoterapias são exercícios dessa função, todavia a arte pode exercê-la também e a função terapêutica é uma dimensão essencial do encontro humano em geral, da conversa simples, da vida em família. Cada encontro significativo, em que o homem seja escutado plenamente e em que o cruzamento dos olhares permita um reconhecimento recíproco, no duplo sentido de reconhecer-se e estar reconhecido pela oportunidade de fazê-lo, é expressão natural da mesma função — se não é o espelho, é pelo menos o lago. É que, a rigor, o encontro humano pleno redetermina e re-significa o sentido de minha história, de modo que cabe considerar, sob o prisma de cada qual desses encontros, que minha história se converte na história desse encontro, como se fosse uma lenta preparação para o momento em que fará sentido, este sentido em particular que agora se realizou. Assim é o amor, converte uma vida em sua história de amor; assim, o trabalho compartido e a criação coletiva; de certa maneira assim são até mesmo a disputa e a peleja; essas condições fazem de minha vida a história de um acontecimento central. Ao salientar especialmente tal dimensão natural do encontro humano, as psicoterapias, e a psicanálise dentre elas, especializam-se em função terapêutica, isolam-na tanto quanto possível de outras dimensões do encontro — tais como disputa de poder, domínio, interesse de sobrevivência, busca de conforto e amor etc. O estrato purificado da função terapêutica, quando as demais dimensões recuam, é o que chamamos transferência: uma proliferação de sentidos possíveis do ato psíquico, emocionalmente disposta entre dois sujeitos.

A quem me devo mostrar reconhecido por meu reconhecimento? Aos outros, claro, ao real humano que me cerca e constitui, revestido de faces que, sendo diversas, constrangem-me a aceitar minha própria diferença. Nascendo da cultura e da comunidade humanas, meu desejo objetiva o desejo alheio, ao mesmo tempo que espera ser desejado por ele; este diálogo com o real é originário, cria o corpo inconsciente da psique, bem como permite o entrejogo de representações que a vestem e tornam-na apreensível como identidade pessoal. Entre corpo e veste, como um conceito médio, a noção de rosto sintetiza todo o reconhecimento positivo que nos é dado alcançar de nós mesmos.

Isso tudo aprendemos de uma lenda. A Teoria dos Campos debruça-se sobre histórias, mitos, textos literários, fenômenos sociais e individuais, da mesma forma que o faria com o material clínico, isto é, procura isolar uma constituição significativa, penetrar um de seus sentidos possíveis e aprender dele, esclarecendo algo do saber sobre a psique chamado Psicanálise. Vai do fato, clínico ou não, à teoria, não o contrário; recusa-se a explicar o fato com um dos esquemas prontos da teoria, mas espera descobrir constantemente psicanálises possíveis.

Esta, aqui desenvolvida, pôs em evidência o sentido do rosto humano e a estrutura da sessão analítica que o pode revelar. Para efeito de comparação e esclarecimento, seria útil cotejar nossa investigação e seu resultado com alguma noção já conhecida do leitor; pelo menos é assim que geralmente se faz. Dentro das teorias psicanalíticas comuns não é fácil buscar um correlato à idéia de rosto, porém ela parece guardar algum parentesco com certas explorações fenomenológicas sobre o encontro humano, sobre a função do olhar e da palavra, sobre a constituição e o reconhecimento da identidade. Mesmo o procedimento que temos seguido de aprender o quanto possível do objeto de estudo, sem intermediações arbitrárias, não é uma idéia estranha à Fenomenologia. Vale a pena, portanto, para que não fique a impressão de estarmos escamoteando uma referência essencial, tentar uma limitadíssima aproximação com essa área fronteiriça. Aqui é o lugar, porquanto a noção de rosto poderia talvez caber dentro de um estudo fenomenológico — ademais de fazer parte de um ensaio de psicanálise, metodologicamente generalizada pela Teoria dos Campos.

Qual vinculação poderia ser reconhecida com a Fenomenologia? Entre esta e a Teoria dos Campos como um todo, o vínculo, creio, é bem tênue. Apenas talvez no que tange à exigência de precisão no recorte fenomênico que pretendemos analisar, a fim de pôr-lhe à mostra o campo, há aqui algo da atitude fenomenológica; porém, este é requisito categórico de qualquer psicanálise séria, não só de nosso sistema crítico: toda psicanálise eficaz começa por uma boa Fenomenologia, como Freud bem exemplificou em suas investi-gações sobre as paixões humanas, nos casos clínicos, nos estudos culturais e lingüísticos etc. Também o cuidado em não atribuir sentido ao que não se pode elucidar a partir de uma intuição cla-ramente demonstrável e em não projetar substâncias fantásticas é um paralelo possível; por fim, o uso instrumental da redução e da depuração conceituais, características, porém, que já se incor-poraram, ao patrimônio científico geral, e que se deveriam ter incorporado, em especial, à ciência da psique. Se, no entanto, ambicionássemos ir um pouco mais longe, logo teríamos de admitir que a Teoria dos Campos não deriva de uma verdadeira redução transcendental, nem pode ser instrumento dela, já que lhe falta o caráter de apoditicidade inerente à autêntica operação feno-menológica, que ambiciona um grau de pura certeza inacessível à nossa investigação. Tampouco tem esta o rigor apriorístico que lhe permitisse sonhar ser acolhida por uma psicologia intencional pura: Psicanálise, afinal, não é fenomenologia do inconsciente, con-tradição nos termos, pois campo algum se entrega como fenômeno imediato para a intuição.

Isso, como parentesco geral. Para não abandonarmos sem mais aquela o cotejo com a Fenomenologia, contudo, convido-o a acompanhar-me numa experiência de aproximação mais limitada. Aproveitando o caráter aproximadamente fenomenológico da noção de rosto, tentemos operar como quem pretendesse fazer uma citação, encaixando tentativamente nosso conceito dentro dessa outra disciplina, para ver quanto ela o rejeita ou o aproveita. Citar, para a Teoria dos Campos, não se resume a lembrar uma analogia possível, é indispensável que ela faça trabalharem em colaboração e concorrência os conceitos das áreas contrapostas: a citação só pode ser uma excitação conceitual. Façamos pois o melhor possível para movimentar nossa idéia dentro dessa região afim do saber. Em suma, é ou não o rosto uma noção fenomenológica? Esse pequeno excurso por terreno alheio e pouco conhecido nosso pode tornar-se árido para o leitor psicanalítico; que seja simples e breve, portanto.

O rosto, esse estrato médio do reconhecimento do sujeito — situado entre corpo e veste, isto é, entre a imediatez inapreensível de ser um corpo e o trânsito pelas representações, como síntese fugidia dos dois pólos — corresponderia talvez, fenomenologicamente falando, à aquisição sintética da identidade, enquanto correlato simétrico da objetividade do mundo. Deixando de lado aproximações por analogia, acompanhemos, pois, o justamente célebre argumento fundador de Husserl, na *Quinta Meditação Cartesiana*[11]: a *comunidade monádica* das consciências, ou *"intersubjetividade transcendental"*[12], em que me insere o reconhecimento do eu-alheio (em seu modo *presentativo-apresentativo*) faz com que a *alteridade do outro se estenda ao mundo inteiro, como sua "Objetividade"*[13], tornando inconcebível a existência de mundos paralelos, privados, incomunicantes, e refutando a hipótese solipsista. Segundo esse texto capital, toda e qualquer objetividade é o produto de minha intuição da acessibilidade de algo ao conjunto concebível das consciências. Assim, *"apenas pode existir uma só comunidade de mônadas, a comunidade de todas as mônadas coexistentes... e um só mundo Objetivo"*[14]. Isto é, o sentido da idéia de objetividade do mundo é o produto do reconhecimento que faço dos outros homens (ou dos seres conscientes em geral), os quais se põem para mim como presenças percebidas, em primeiro lugar, sendo-lhes logo atribuído serem portadores de uma estrutura de consciência idêntica à minha. Reconhecer o psiquismo alheio, significa, por sua vez, admitir similar estrutura noemática dos objetos que se lhe oferecem, constituindo-se o mundo como objetividade partilhada, para minha consciência intencional. Isto é, para Husserl, o caráter objetivo do mundo significa primariamente sua disponibilidade às consciências dos outros sujeitos, donde o reconhecimento do outro como um igual diferente é o passo mais importante da recuperação da constituição do real, que havia sido posto cartesianamente entre parênteses pelo meditador.

Esse raciocínio diz respeito, todavia, ao eu transcendental, fruto acabado de dupla *epoché*: do mundo sensível e da própria espessura do sujeito. Não nos informa, num primeiro momento, a propósito da forma da presença do sujeito para si, antes o reduz à pura transparência; enquanto o Homem Psicanalítico é precisamente uma crise

---

11. Husserl, E. *Cartesian Meditations, An Introduction to Phenomenology*. Trad. Dorion Cairns. Haia, Martinus Nijhoff, 1977.
12. Husserl, E. *Cartesian Meditations*, op. cit., pág. 130.
13. Ibid., ibid., pág. 147.
14. Ibid., ibid., pág. 140.

da relação consigo próprio. O corpo da psique é descartado como uma espécie de preconceito realista[15] e a forma *apresentativa*, que põe o homem para si mesmo, do mesmo modo que poria o outro para mim, só haveria de ter um lugar muito posterior, se tanto, na dedução fenomenológica. Quer dizer: ao reduzir apodicticamente a interioridade determinante dos modos de apreensão, o argumento husserliano só pode reservar-lhe a posição de objeto do *cogito*, nunca a de determinante do mesmo, pois tal interioridade dinâmica haveria de minar a base intuitiva do ato de conhecimento transcendental em que se apóia toda a dedução. Mas a Psicanálise afirma, precisamente, a determinação inconsciente da consciência, conquanto deva aceitar que tal determinação só se chega a apreender como ato consciente e por meio de rupturas do sistema representacional.

Temos, portanto, algo a aprender da Fenomenologia, com certeza, mas teremos algo também a acrescentar-lhe? Imaginemos que sim, mas não muito a sério, somente como o movimento *scherzando* que se interpola no meio de um grave concerto. Suponhamos, por exemplo, que a redução da consciência determinada (como a Psicanálise a concebe) a um eu transcendental — que depois a cancela e a faz esquecida pelo meditador fenomenológico — equivalha a uma dessas comuns projeções do método sobre o objeto da ciência, que o recria para que o método funcione, reduzindo primeiro o objeto a ser um espelho do método (do método fenomenológico, no caso), mas amputando depois a integridade do objeto e olvidando, por fim, que o fez. Isso não é raro nas ciências, mesmo na cautelosíssima psicologia intencional de Husserl poderia concebivelmente ocorrer, embora não se possa garantir que com efeito ocorra.

Se por um instante aceitássemos essa hipótese, francamente herética e improvável, a noção de rosto ganharia súbita importância para o argumento fenomenológico. A síntese que faço de mim mesmo e que reconheço, fisionomicamente, como um rosto — ou seja, uma diferença dentro da comunidade dos seres dotados de psiquismo — implica de imediato o reconhecimento de que *sou um outro para os outros*, passível de ser objeto da mesma forma de intuição, por parte desses eus (por mim concebidos), que serviu de base à dupla atri-

---

15. Idéia com a qual poderíamos concordar em termos. Quando se estipula um valor substancial para o psiquismo, opera a Psicanálise de fato a partir de um preconceito realista: então temos pulsões quase palpáveis, objetos internos em conflito armado e toda sorte de antropomorfização da mente.

buição que realizei: a de psiquismo análogo e a de um mundo partilhado, logo objetivo. Por decorrência, o reconhecimento de meu rosto — diferença e identidade histórica — é um ato complexo, operado em mão dupla: por analogia a mim, o outro se me apresenta como dotado de um psiquismo[16], mas por analogia a ele apresento-me a mim mesmo dotado de uma aparência fisionômica distinta e historicamente construída, onde, analogicamente também, uma estrutura de consciência igual à do meditador apresenta-se como certeza intuitiva (embora não seja já a mesma do meditador, de meu eu transcendental). Assim, atribuo a mim, em meu percurso histórico, aos que fui e serei, aos que sou possivelmente, a faculdade psíquica intuída na meditação, como o faria a um terceiro, aprendendo aliás dos outros a realizar tal atribuição. Noutras palavras, a totalidade dos possíveis eus-mesmos, sintetizada antecipatoriamente num rosto, tem tanto direito a receber essa atribuição analógica e fundar a objetividade do mundo quanto os demais membros da comunidade de mônadas. Se é assim, a plena objetividade do mundo deve implicar também sua acessibilidade pelo *outro eu mesmo*, pelas formas possíveis, mesmo que inatuais, de minha consciência, cuja determinação cabe ao desejo e cuja apreensão se dá como um rosto a constituir historicamente: caso contrário, faltaria o mais essencial dos referentes da alteridade que objetiva o mundo — isto é, meus seres possíveis para mim. Em sua falta, criar-se-ia novo solipsismo, ou seja, a compartimentação do sujeito da meditação em cada momento de sua temporalidade e de seus modos de ser, incomunicáveis entre si.

Um rosto é, dentro dessa linha de pensamento, a difícil e arriscada aquisição da objetividade possível de minha subjetividade mundanizada: é a identidade de minha realidade. Com efeito, reconhecer-me em meu rosto significa apreender-me como presença a que *atribuo analogicamente* minha interioridade psíquica, como reflexo da mesma operação que dirijo aos demais, constituindo destarte uma auto-apresentação (sempre renovada por "*novas apresentações que se sucedem de forma sinteticamente harmônica*"[17]). É a forma de ser do *outro* que me sou, no trajeto histórico de minha vida, alguém a que me posso dirigir, procurar ou perder, sem pôr em risco a imanência essencial pela qual me habito, enquanto

---

16. *Apresentação*, no sentido husserliano, como a que, vendo-se a frente de uma casa, leva a conceber sua parte traseira, a qual não se percebe diretamente.
17. Husserl, E. *Cartesian Meditations*, op. cit., pág. 114.

centro da consciência imediata: é uma conquista, não um dado primário. Finalmente, o reconhecimento de meu rosto, sendo fonte da mesma intuição da objetividade do mundo a que o reconhecimento do outro conduz, imprime em minha realidade a mesma diferença que me define o rosto: meu rosto é o rosto do mundo, apreensível por todos, porém dentro da diferença de cada um. O conjunto dessas elucidações já se podia antecipar — em forma restrita, é claro — no enunciado de que o rosto é o ponto de fuga do objeto do desejo. A presença fugaz do outro (em sentido psicanalítico) determina que eu me reconheça limitado e diferente, habitado pelos restos das experiências de captura do objeto perfeito do fascínio, que sintetiza idealmente a plena identificação de corpo e veste, a autobastância. Passando pela reflexão fenomenológica, nosso conceito enriquece-se, ao mostrar sua função determinante da objetividade do mundo e sua alteridade *apresentável* a minha consciência, como extensão analógica de sua própria estrutura. Como contraparte, poderia igualmente oferecer à Fenomenologia uma área de exploração, quiçá interessante, com respeito à constituição fenomenológica da objetividade. Na confluência de ambas disciplinas, Psicanálise e Fenomenologia, a noção de rosto acrescenta, portanto, alguma coisa que as questiona reciprocamente e as faz trabalhar, isto é, a função de quase-objetividade da subjetividade, partilhada sob forma de identidade histórica: adquirir um rosto significa, antes de mais nada, reconhecer-me agradecidamente habitado pela história humana.

No entanto, como a forma de aquisição intuitiva da noção de rosto pela Teoria dos Campos difere essencialmente daquela da Fenomenologia — que, ainda chegando a admiti-la, não poderia fazer intervir tão cedo a idéia de desejo e de objeto do desejo —, suponho que, para a aproximação presente chegar a ter qualquer validade no domínio de uma ciência eidética, possibilidade altamente duvidosa, seria necessária uma depuração conceitual extrema. Sem o que e da forma em que aqui a apresento, merece justamente a reprimenda husserliana de não ser mais do que uma "*naïveté de nível mais alto*"[18], se comparada à visão quotidiana do mundo. Assim, tendo a duvidar da utilidade real desse gênero de aproximações, ou pelo menos que ofereçam paga suficiente ao esforço despendido pelo leitor em acompanhá-las. Levamos os

---

18. Husserl, E. *Cartesian Meditations*, op. cit., pág. 153.

conceitos a se trabalharem reciprocamente, porém de forma insegura e com certeza insuficiente para que constituísse seu trabalho uma autêntica citação.

Com efeito, a Teoria dos Campos está em diálogo constante com os conceitos psicanalíticos, bem como com os conceitos e modos de pensar de outras formas da psicologia ou das ciências humanas. A explicitação desse diálogo, no entanto, não se pode resumir à simples menção do conceito. Uma citação mínima deve, ao contrário, além de promover a circulação conceitual recíproca, reproduzir o movimento mesmo de aquisição de tais conceitos: já que a forma de aquisição preenche o sentido do conceito, por um lado, e define, por outro, seu campo próprio de validade. Por essa razão, seríamos facilmente presa de um recuo infindável, caso tentássemos correlacionar o instrumental da Teoria dos Campos, que tem a ambição de desnudar os fundamentos conceituais-metodológicos da Psicanálise, com cada qual dos conceitos aparentados, mesmo que só com aqueles da própria Psicanálise: seria preciso descer à origem do conceito tradicional, pois é com esta e não com o conceito já posto que nossa teoria crítica se relaciona e onde se abebera. O que não faz sentido em absoluto é juntar alhos com bugalhos, ou seja, a Teoria dos Campos com noções comuns da teoria psicanalítica, reificadas pelo uso.

Ainda assim, da aproximação aqui tentada algo lucrou a noção de rosto. Podemos agora compreender que o rosto é a quase objetividade de uma identidade, que se exprime por fundar a medida de identidade contida na realidade objetiva. Ademais, aprendemos que a projeção analógica da atribuição de consciência alheia requer um suporte de passagem, o qual, psicanaliticamente falando, é o reconhecimento do próprio rosto, condição para que diferença e identidade entre os homens possam conviver harmonicamente.

5

Nas *Meditações Cartesianas*, Husserl nega hipoteticamente o mundo, para em seguida recuperá-lo através da análise do pensamento; Descartes, como é notório, já o havia feito antes, recusando os dados sensíveis, mas com o cuidado de guardar o *cogito* e a idéia de Deus no bolso de seu colete filosófico. Que fazem ambos? Destroem e reconstroem o mundo — ainda que só enquanto possibilidade de conhecimento — usando o pensamento. Esse movimento duplo de desconstrução e reconstrução do mundo, de distintas maneiras, percorre a história da meditação filosófica, ao que parece; é uma das operações mais comuns do filósofo. Surge uma questão interessante, embora talvez irrespondível: o mundo reconstruído será idêntico àquele que se negou? Uma característica com certeza foi-lhe acrescentada; agora já é um mundo com dimensões humanas, porquanto procede de nosso pensamento e nele cabe.

A seu modo, as ciências e a tecnologia fazem o mesmo: desmancham a percepção comum ou natural, para restituí-la mais pensável. Nesse caso, porém, é patente que o mundo se transforma no processo. Nosso mundo atual possui átomos e partículas subatômicas, estende-se ao infinito e aos números transfinitos, oscila entre matéria e energia. A técnica altera concretamente a face do mundo, criando objetos que simplesmente lá não estavam antes, em meio aos quais nossas vidas transcorrem, muito mais do que na natureza indomada. Na verdade, essa ação adaptativa do mundo precede a ciência formal: a domesticação de animais e plantas perde-se na noite dos tempos.

Na vida de cada homem passa-se algo semelhante. À medida que o sensório vai informando o infante da extensão sempre crescente do mundo a que pertence, há uma espécie de derramamento de sua constituição orgânica nas coisas, o espaço e os objetos concretos são seu próprio corpo estendido, o tempo é o tempo fisiológico, os ritmos de necessidade e satisfação encarnados na sucessão externa. Igualmente, a sociedade e a cultura nascem dos limites postos à imensidão, nascem de uma restrição e de uma expansão posterior. Como observa Pizarro ao jovem Martin, numa peça de Peter Shaffer: "Veja moço: aprenda algo. Os homens não podem postar-se como homens neste mundo. Ele é demasiado grande para eles, que ficam apavorados. Assim, constroem para si mesmos abrigos contra a imensidão, vê? Chamam a esses abrigos Corte, Exército, Igreja..."[19]

Desmanchar o mundo para reconstruí-lo à medida humana parece ser uma característica fundamental de nossa ação, na qual se inclui evidentemente a ação por pensamento. No entanto, dois paradoxos interligados acompanham essa ação. Em primeiro lugar, a vastidão mesma do mundo é produto do derramamento corporal do sujeito da

---

19. Shaffer, P. The Royal Hunt of the Sun, in Plays of the Sixties, vol. I, Londres, Pan Books, 1978.

ação psíquica. A idéia de haver um além dos limites, e a do muito, muito além de todos os limites corporais, é fruto tão legítimo da projeção do sentido de corporeidade orgânica sobre a natureza quanto o é a sensação de proximidade e domínio: a corporificação projetiva do mundo engendra simultaneamente proporção e desproporção, pois em si próprio nosso ser contém ambas as possibilidades. Assim, como efeito da domesticação da natureza, resulta que o homem se vê retratado na realidade e, com freqüência, desgosta de sua imagem mundanizada; em particular, desagrada-lhe a sensação de estar num mundo fabricado a sua imagem e semelhança, que ao mesmo tempo e bem por isso se lhe mostra hostil, e vai adoecendo de uma nostalgia malsã pela natureza pré-humana, no mesmo passo em que a vai transformando antropomorficamente. Isso o estimula a transformar ainda mais, tentando reproduzir a naturalidade perdida, sem que a rigor alguma vez a tenha de fato conhecido.

Contraposto ao descomedimento do mundo, o homem redimensiona-o à sua própria medida. Cria-se a cultura, cuja especialização tecnológica acentua a crise de desconformidade do homem com sua imagem. Ora, a redução cultural do mundo à medida humana é concebida inauguralmente pelo mito. O mito pode ser visto como a antecipação radical da vitória da ordem humana sobre o universo: num só ato de pensamento, cumpre as funções de derramamento corporal, de domesticação, de descontentamento com o resultado e de tentativa de corrigir o produto final. No mito, o mundo origina-se de um ato humano, de uma criação. As coisas e os acontecimentos derivam de atos humanos. O próprio homem é transformado, na concepção mítica, num ser linear e plenamente compreensível, cujas contradições vão por conta de embates contra os inimigos externos ou contra o destino, esse psiquismo alienado: deuses, semideuses, heróis culturais fornecem a imagem de um homem que age segundo uma lógica motivacional demonstrável. No mito, a ordem moral é soberana e concretamente eficaz; ele aspira a uma demonstrabilidade geral e transparente de toda a cadeia de conexões causais. É um movimento brusco de explicação do mundo, que nas ciências apenas se dá muito lentamente.

Nós somos, em geral, aquilo em que não pensamos. As ciências positivas não pensam no mito, por isso tendem a se mitificar — o mito da extinção da humanidade numa guerra nuclear, por exemplo, corresponde à humanização final da natureza, naquilo que nos toca, pois será um ato científico totalizante: o problema com os mitos é que tendem a se cumprir, embora nunca exatamente da forma prevista. A filosofia pensa o mito, mas não o é. A Psicanálise pensa miticamente, situando-se numa especial ambigüidade em face dele; possui função desmistificadora e cria mitos para tanto.

A Psicanálise é uma ciência que corre atrás de si mesma. Mais precisamente, ela nasceu de uma prática e tenta justificá-la até hoje, buscando explicar em que consiste a eficácia da sessão analítica. Pode-se argumentar, razoavelmente, que todas as ciências nasceram da prática humana comum, que são abstrações dos atos quotidianos. Não se criaria a física se os homens não tivessem mãos e olhos, a química se lhes faltasse, no mínimo, paladar e olfato, a história se carecessem de memória. Conosco, porém, é um pouco diferente. Pegar, cheirar e depois recordar-se é uma seqüência natural de atos, que a cultura vai burilando e diferencia, até desnaturá-los, por assim dizer, mudando-os em arte, técnica e ciência. A Psicanálise também se apóia numa *faculdade natural*, isto é, na maneira pela qual a palavra afeta a recordação, possibilitando-a primeiro, impossibilitando-a às vezes, tornando-a novamente possível a seguir, construindo-a sempre. Deriva-se da conversa, ou melhor, do diálogo humano. Que este não seja propriamente natural não é o cerne do problema: no homem concreto e histórico nada é totalmente natural, ou tudo o é, se se considera a cultura como a produção natural de um ser natural. A diferença com outros ramos do saber não está nesse fundamento primordial, mas no que fazemos dele, na transfiguração do diálogo que serve de ponto de partida para nossa investigação: na situação analítica.

Clínico que era, ao inventar a Psicanálise, Freud já partiu de uma estrutura de ação suficientemente elaborada pela medicina. Na clínica médica, uma série de atos especiais gera certa eficácia terapêutica, que depende da precisão técnica de sua realização, do lugar onde se realiza, da maior ou menor propriedade de sua escolha. A clínica está ligada à eficácia ritual; e isso não tem sentido depreciativo: tente-se operar fora da sala cirúrgica, receitar um antibiótico prescindindo do antibiograma ou prescrever uma dieta sem se vestir de branco, que os limites da eficácia clínica se evidenciarão por si mesmos. No entanto, como a clínica das neuroses carecia exatamente de eficácia, Freud tratou de adequá-la a seu objeto. Para isso tomou dois caminhos simultâneos. Foi criando um aparelho conceitual e, ao mesmo tempo, modificando a forma do contato clínico. Este último — e aqui está o primeiro paradoxo — não se encaminhou para a sofisticação de meios, mas ao contrário *naturalizou-se*, tornou-se mais quotidiano, mais comum, aproximou-se (a prática freudiana e a nossa) da simples conversa, da raiz do diálogo humano.

É compreensível, por conseguinte, que os restos da tecnicidade médica, que a situação analítica renaturalizou, seguissem parasitando o novo reino. A situação analítica é muito pouco técnica, no sentido comum do termo, todavia mantém uma espécie de nostalgia de origem, deseja-se técnica e procura crer que sua eficácia depende da observância de preceitos distantemente análogos aos de uma cirurgia. Na verdade, ao criar a situação analítica, Freud estava a introduzir um método novo na arte de curar, um novo caminho que precisamente a arte havia melhor explorado, fato que não lhe escapou, evidentemente. Apenas deu-se que o método está obscurecido pela técnica. Nossos rituais — 40 ou 50 minutos de sessão, 4 ou 5 vezes por semana, certo silêncio tolerante, seguido de uma fala mais ou menos estilizada, a forma de cobrar etc — que o divã epitomiza como um paradigma ou uma *trade mark*, possuem decerto utilidade bastante para serem mantidos; a forte crença em sua eficácia, porém, parece derivar da nostalgia intrínseca que a nova situação mantém para com a tecnologia da qual se diferenciou. Cremos funcionar por tais razões, quando funcionamos pelo método que o novo ritual acoberta em seu estofo.

As teorias psicanalíticas que se foram produzindo, por seu lado, deveriam explicar não só as neuroses, ou a psique humana em geral, mas o próprio mistério da situação analítica. E se conseguiram bom resultado precisamente na elucidação de seu alvo objetivo, esclarecendo muito da constituição psíquica humana, têm contudo em aberto a dívida original para com a situação analítica, com a estrutura da sessão. Desde Freud até aqui, estão longe de explicar por que funciona a Psicanálise.

Existe, portanto, uma defasagem marcada entre nossa prática e a teoria que a deveria fundar: a prática antecede-a, é mais original e originária que a teoria, pois mergulha na raiz pré-tecnológica da existência humana. Para saldar a dívida dessa disparidade, a teoria psicanalítica foi forçada a se desenvolver mais depressa do que podia. E, por assim dizer, distendeu-se, como o músculo do atleta mal aquecido para uma competição. Alguns dos sintomas de distensão muscular teórica: o tom dogmático de asserções cuja base empírica restrita não o poderia justificar; certas disjunções fechadas (se não é A só pode ser B), freqüentes até mesmo no prudente Freud, quando muitas explicações alternativas seriam concebíveis; generalizações apressadas; formação de sistemas aparentemente incompatíveis entre si, sobretudo depois da morte do fundador. E, principalmente, o que nos interessa aqui: o uso e abuso dos mitos.

O gosto freudiano pelos mitos tem decerto múltipla origem. De início, descendendo da dupla tradição do iluminismo e do romantismo alemão, a tensão interior entre racionalidade e mito não lhe poderia ser alheia. Também o gosto neoclássico pela arqueologia, pelas formas greco-romanas, pela eternidade de um passado modelar, havia de influir sobre ele. Por outro lado, o objeto mesmo da Psicanálise, a psique humana, compreende o mito como uma de suas expressões mais importantes. Logo, não é preciso explicar o interesse da Psicanálise pelos mitos. Mas onde se dispensam as explicações, algum ângulo fundamental pode passar despercebido; e este é, aqui, não o interesse pelos mitos, porém o uso que deles faz a Psicanálise.

Afinal, um mito é uma espécie de prototeoria. Sob forma de imagem narrativa, veicula uma hipótese sobre a origem de algo, sobre sua constituição presente, sobre sua razão de ser. Ora, é precisamente a forma mítica, com sua poderosa condensação imagética do conhecimento, com sua concentração de meios expressivos, com sua brusca generalização da experiência singular para a universalidade, que parece ter encantado a Psicanálise, respondendo magnificamente à distensão muscular da teoria, impotente em dar conta da própria prática. Assim, passamos a usar os mitos, não só como objeto de estudo, mas, também, como modelo e inspiração teóricos.

O uso do mito edipiano ao longo da história da Psicanálise ilustra o problema. Na origem, serviu a Freud para nomear sua teoria do conflito familiar como organizador da sexualidade infantil e a permanência deste no indivíduo adulto, na forma de um complexo de idéias e sentimentos inconscientes. Foi primeiro, entre outras coisas, um nome bem escolhido e uma espécie de selo de origem. No entanto, a própria lógica da forma mítica havia de se infiltrar na teoria. O mito não tolera alternativas, bem assim como a uma teoria *distendida* repugnam alternativas, matizes e contradições: para ambos a certeza é condição de sobrevivência. Logo a conjunção de teoria mítica com mito teórico iria manifestar-se, regendo uma gigantesca concentração metonímica que transformou o nó edipiano infantil ao mesmo tempo em unidade fundadora de toda a vida anímica e em origem de todos os mitos. De um lado, pois, a psique torna-se um derivado do complexo de Édipo, pouco mais, pouco menos, e o próprio mito edipiano, em sua forma reduzida de "Complexo de Édipo", torna-se para nós praticamente sinônimo do mito em geral e ainda da Psicanálise. Isto é: o psicanalista passa a crer no mito.

Quando passamos da teoria distendida à prática da sessão analítica, manifesta-se a mesma ambigüidade com relação aos mitos. Uma sessão é experimento de humanização, como ensina a lenda de Chittor. Em princípio, deveria trazer à tona os mitos pessoais do analisando e propiciar-lhe alternativas críticas, outras versões possíveis. Com efeito, o ato psicanalítico fundamental, que é a interpretação no campo da transferência, está precisamente apontado a mostrar a precariedade de toda e qualquer representação fixa do sujeito. Representar-se na transferência é uma cláusula moderada: é mais do que uma idéia fantasiada, é menos do que uma sólida identidade. É ser, mas podendo não ser ou ser diferente. Podemos nascer outra vez, morrer, crescer ou infantilizar-nos na transferência. E a sério, razão pela qual se pode dizer que o campo da transferência é tal que tudo o que nele se pronuncia é índice de alguma verdade.

Nosso paciente entra e deita-se — ato perigosíssimo, pois que, como um sacramento, o encerra por meio de um símbolo visível na ordem transferencial. Deitado no divã, ele é o que "é", vale dizer, o que pensa ser, mas já é também outra coisa. Deixou-se engolfar por um espaço mitopoiético, onde cada qual de seus gestos e palavras terá sentido denunciador supremo, como os do herói de uma gesta. Suas palavras criam-no distinto, a partir de agora. Ele recriará seus pais e sua infância, será a causa provisória de desastres mundiais, um fato banal de seu percurso no tráfego da cidade significará o anúncio de lírico amor ou de predestinação épica. Sobre o divã, o analisando é um demiurgo, recria seu mundo e história. Aqui, dizendo-o com simplicidade e precisão, *tudo é possível*. No entanto, como o circuito mitopoiético do campo transferencial inclui o analista, o jogo dos possíveis é ao mesmo tempo crítico. Crítica é a forma heurística que acelera a crise de termos antagônicos, para expor os possíveis que estes ocultavam. Assim faz o analista. Como parte do jogo transferencial, transforma-se no que o paciente o faz, para que este se experimente fazendo; culmina a crise num conhecimento sobre o que é possível para o analisando, evidenciado por suas metamorfoses. Tudo é possível significa: o que "é", na transferência, é-o enquanto identidade possível, não exclui seu contrário, porém evidencia os limites do desejo, os contornos de possibilidade do sujeito.

Sendo assim, cada interpretação funciona como uma espécie de mito reticente. "Você é tal pessoa, de sua criação própria", parece dizer o analista, que acrescenta, "mas só o é possivelmente". Leva-se ao ponto de crise cada versão do paciente sobre si mesmo, o qual se vê então sendo a criança desprezada que crê ter sido, mas, ao encarná-la, descobre ser na mesma medida os pais que reputava indiferentes. Indiscutivelmente, esta circulação mítica funciona desmitisficando. Contudo, há um risco no processo. Em qualquer ponto de detenção desta livre circulação, os mitos evocados podem consolidar-se e constituir nova crença paralisadora. Ocorre que a psicanálise opera pela reativação do estrato psíquico de produção de mitos, procurando fazê-lo render mais, não menos. Enquanto fenômeno em estado nascente, o mito ainda não é uma história ou um relato, mas um fluxo de sentidos que busca dar conta das origens e significação da vida mental. O estímulo transferencial ativa essa função, resultando na proliferação de sentidos possíveis, que uns aos outros denunciam, que negam reciprocamente sua unicidade. No entanto, se o processo mitopoiético estanca-se, os mitos produzidos congelam-se de forma análoga ao congelamento traumático, responsável pela versão sintomática que domina o paciente. Então o analisando adoece da análise, crê numa nova versão mítica, seja a de sua voracidade e inveja, seja a de sua culpa ou tolerância, de sua capacidade empática, de sua aptidão em tornar-se analista. Esse resto do processo de evocação e crise de mitos tende a aderir às paredes do tubo de ensaio do consultório. Isto faz com que o analista adquira proporções míticas, que ser analista seja encarado como um estatuto mítico e que a análise valha hoje como mito contemporâneo por excelência. Em especial, o *setting* analítico concentra todo o valor mítico residual da clínica. E até mesmo os analistas crêem nele. Incapazes de definir com precisão em que consiste nossa ação — em que consiste e como opera o método da Psicanálise —, fazemos repousar sua eficácia no conjunto de práticas concretas que a circundam. *Fetichismo da técnica analítica*, assim se chamaria essa crença nos emblemas instrumentais.

Na mesma linha dessa tendência de mitificação da técnica, os elementos que transitam da clínica à teoria ganham também um estatuto mítico, sempre que se deixa estagnar a operação interpretativa da clínica e o valor crítico da teoria. No discurso psicanalítico vem a ser assaz comum um primeiro movimento de generalização crítica, que desbanaliza alguma noção comum, como se pode comprovar no clássico alargamento que Freud realizou da noção de sexualidade, nos *Três Ensaios*, de 1905, por exemplo. Em seguida, ampliado, o conceito que se recuperou do magma da opinião vulgar, é integrado a noções mais precisas, teóricas, como as de psiquismo inconsciente, trauma e neurose, no caso, começando a funcionar como causa, efeito associado, complemento etc. Lentamente, porém, sua função desliza da composição teórica de um sistema, para uma espécie de valor metafórico ainda mais amplo. A sexualidade, neste exemplo, passa a ser o modelo concreto de toda ação psíquica; e, no quotidiano analítico, volta a reduzir-se, não já ao contorno vulgar anterior, mas a um novo contorno, semiteórico. É assim que os analistas falam da sexualidade em termos estritamente edipianos, depois num registro ainda mais primitivo, pré-edipiano, parecendo que se olvidam agora da própria vida sexual comum — como se o coito, digamos enfim, nada tivesse de sexual. A transformação final da noção consiste numa nova expressão codificada em jargão, que se encontra facilmente em frases como "a importância da castração" — que acaba por inventar uma variante teórico-masoquista do desejo sexual, bem difundida em certas comunidades de terapeutas, na qual se idealiza a castração ou a depressão. Como nos epítetos homéricos, que num texto posterior examinaremos — a "Deusa de olhos de coruja", o "Célere Aquiles" —, o nome prestigioso designa a teoria que se remitificou — a Castração, o Édipo, a Identificação Projetiva, o Simbólico — e de agora em diante vai substituí-la na prática, tornando-a universal, elevando-a acima de qualquer possível crítica, prescrevendo sua forma de uso, por último substituindo, pelo nome, o próprio conhecimento da teoria em questão.

Por essas razões, creia-me, a psicanálise dos mitos e lendas é o melhor e o pior da Psicanálise. A impregnação mítica de nossa teoria e prática salta à vista quando tratamos de compreender um relato mítico. É uma volta às origens, uma volta à casa ou ao útero, no melhor estilo do *estranho* de Freud: positivamente *umheimlich* costuma ser o produto final. O analista que se aproxima de uma lenda, de uma história tradicional ou de um mito, pode ser que chegue como quem vem de fora, como turista, levando por passaporte um conjunto de outros mitos, que confunde com teorias, carregado dos hábitos interpretativos do *setting*, que acredita serem responsáveis pela eficácia de seu método, e esperando encontrar uma camada profunda da verdade psíquica que, intimamente, já imagina conhecer. É como se tentasse encaixar uma mitologia dentro de outra. As diferentes histórias psicanalíticas da infância precoce, por exemplo, possuem a mesma vocação universal e o mesmo caráter totalizante do mito; é possível interpretar quase qualquer relato como metáfora disfarçada de tal ou qual versão da infância, bastando que eu creia ser esta a origem verdadeira do psiquismo humano; esta, a propósito, é a compreensão mais encontradiça dos mitos em textos psicanalíticos. Não é de espantar, a tradição cristã tem interpretado, ao longo dos séculos, praticamente todos os acontecimentos como expressão alegórica dos mistérios da religião. Por sorte, há várias religiões e várias correntes psicanalíticas, o que não deixa de inserir alguma suspeita no crente mais ferrenho acerca da correção de sua verdade particular. Naturalmente, é perfeitamente concebível criar uma teoria não-mítica da infância remota, desde que se comece por uma discriminação precisa das categorias psíquicas cuja origem queremos investigar, que se purifiquem tais categorias do preconceito realista e que se disponha de um método empiricamente eficaz de observação do infante. Também é preciso que tal teoria venha a ser utilizada com discrição: é inadmissível que a infância valha como eixo de projeção analógica constante, explicando todo o rendimento social, o quotidiano adulto e mais as lendas, os mitos, a obra literária e a cultura em geral.

A psicanálise de uma lenda é, já disse, uma volta à casa. Nos mitos e nas lendas a Psicanálise se reconhece, reencontra o âmbito original de um saber que se acumulou por séculos de narrativas tradicionais, em que pessoas meio distraídas mas respeitosas escutavam um contador de histórias, enquanto se ocupavam em fiar ou cerzir, enquanto trabalhavam a madeira ou o couro, enquanto cozinhavam ou embalavam uma criança[20]. Essa relação tênue de atenção, mas de profundo efeito constituinte, em que as raízes culturais se vão transmitindo e fixando em forma canônica, é bastante semelhante à atenção analítica numa sessão; deixamos escapar quase tudo, mas

---

20. "(...) Se o sono é o ponto culminante do relaxamento físico, então o tédio o é da distensão espiritual. O tédio é o pássaro onírico que choca o ovo da experiência. (...) Perde-se [a arte da narrativa] porque já não se tece e fia enquanto elas [as histórias] são escutadas. Quanto mais esquecido de si mesmo está quem escuta, tanto mais fundo se grava nele a coisa escutada. (...)" W. Benjamin, *O Narrador, observações sobre a obra de Nikolai Leskov*, in Os Pensadores, São Paulo, Abril Cultural, 1980, pág. 62.

retemos os sentidos originários. É preciso, portanto, que nos dirijamos às lendas e mitos como quem escuta uma história que emociona, que entristece ou alegra, que ensina o que é o homem. Não é necessário crer que uma lenda esconda alguma verdade, ela é verdade plena e irrecusável, se nos deixamos impregnar até os ossos. Depois, interpretá-la é só aprender com ela, que tem sempre tantos sentidos diversos. Ao ver na lenda da queda de Chittor o esquema vivo de uma sessão analítica, não sonho sequer que este seja o seu sentido. Este é, sim, o meu sentido; o que considerei mais relevante, face à crise presente do saber psicanalítico, que claudica justamente no momento de explicar a eficácia e o sentido da sessão analítica e da interpretação. Pondo de parte meus melhores pretextos teóricos, aprendo o que é um rosto e aproveito para tentar redescobrir o meu, terapeuta entre outros terapeutas, assim como nosso rosto psicanalítico, pois vocês como eu temos de escolher se agimos como pequeno estado em meio a outros estados pequenos, iguais e diferentes, ou se nos decidimos a conquistar como império, impondo uma das formas de saber psicanalítico sobre as demais fraternidades de aprendizes da compreensão da alma humana. A psicanálise das histórias tradicionais defronta-nos com rostos diferentes, com psicanálises possíveis, sendo portanto uma excelente oportunidade de reconhecimento. E, como já vimos, o duplo sentido de reconhecimento, conhecer-se e agradecer por isso, constitui o caminho da cura.

6

Isto para mim foi Chittor, uma tentativa de cura como analista. Depois de ocupar alguns cargos em nossa república psicanalítica, deliberadamente tentando curá-la de se pretender império, decidi repousar numa viagem à Índia. Havia tempos que não escrevia, senão por encomenda. Quando não se pensa e escreve por puro gosto e desejo de dizer, será avisado ocupar alguma posição oficial? Naquela tarde, viajava de trem pelo Rajastão, de monte em monte, de fortaleza a lenda. Era um turista, enfim, como acredito ter-lhes confessado. O *Palace-on-Wheels*, nosso trem, cumpria aquilo que o folheto prometera: uma semana vivendo como marajás. Recuperado dos tempos absurdos da virada do século, quando os senhores do

Raj mandavam fabricar na Inglaterra vagões de luxo para suas famílias, oferecia-nos de fato viagem de marajás: bastante serviço, algum luxo, nenhum conforto. O velho trem sacoleja na bitola estreita, é precário o isolamento térmico, o banho, só uma vaga hipótese, mal se dorme de tanto balançar, os veludos cobrem-se de areia do deserto, espelhando a inadequação imitativa daquela Europa asiática que se implantou na Índia. Em desespero, uma noite em que o trem estacionava em Udaipur, pedi abrigo com minha mulher no Lake Palace Hotel. Talvez fosse pelo pôr-do-sol no lago, o fato é que parei de esperar a próxima maravilha (Jaisalmer, se não me engano) e pude pensar no que ouvira a respeito de Chittor. Vieram-me então inteiras esta história e esta reflexão, como um ensinamento imprevisto do que é uma sessão psicanalítica. Curar-se como psicanalista deve ser algo assim: deixar falarem as histórias escutadas. Falam aqui as pedras de Chittor, as estátuas sinuosas, os lagos e as areias do Rajastão, mas também a pobreza de seu povo, sua comovente religiosidade, a auto-imolação de suas heroínas — o johar das sati —, tudo isso que não ouvem nem vêem os turistas distraídos, de costas para o real. Digamos que, de costas ainda, houve um espelho subitamente; e o que nele vi aqui lhes conto, sem tirar nem pôr. Se me prestaram o ouvido do coração, com paixão metodológica pela psicanálise e alguma simpatia transferencial por minha mísera condição de turista do saber analítico, poderão amavelmente perdoar ao menos a inépcia destas palavras, tão menores do que o Rajastão, tão menos belas que o rosto sublime de Padmini, rani de Chittor.

Do processo psicanalítico

O PORQUÊ E O TEMPO NA TERRA DE HOTU MATU'A

1

Pehe koe, como vai?
Se, por uma tarde de verão, você hospedar-se no hotel de Hangaroa, deixe suas coisas no quarto de qualquer jeito, que o lugar não é de luxo ou cerimônia, e saia para um passeio ao Tahai. A caminhada não é exatamente curta — serão uns quatro quilômetros no total. Mas não se assuste com a hora; conquanto o avião que o trouxe do Chile tenha-o largado às cinco mais ou menos e já passe das seis, por um desses mistérios tão comuns do nacionalismo burocrático, o fuso horário foi calculado para quase coincidir com o de Santiago, o que lhe garante ainda umas boas quatro horas de sol, antes que um crepúsculo espetacular dificulte achar o caminho de volta.
Atravesse a cerca pela diminuta porteira que leva do jardim à estrada que beira o mar e siga por ela, com cuidado para não tropeçar nos calhaus que atravancam a ilha inteira — salvo, como veremos ainda e será de importância em nossa história, para os lados do Poike. Preste atenção nos passos de qualquer forma: toda caminhada é de

certa forma igual, principia com passos e termina em sonho. Vá sem pressa, aproveitando a brisa marinha, mas ande com decisão, como se cada passo fosse uma pequena conquista, que o é de fato. Você passará pela *caleta*, uma baiazinha onde os barcos dos pescadores balançam docemente, amarrados ao pequeno molhe que se diz ter sido construído com as pedras de antigo santuário. Em volta está a vila, mais adiante o cemitério — a vila dos mortos recentes desta terra, onde nossa história chegou atrasada. Depois, sempre contornando a baía maior — *Hangaroa* quer dizer *baía longa* —, atravessará um extenso relvado, semeado dos ubíquos pedregulhos, até que comecem aparecer sinais de ordem humana na distribuição das pedras: cercas divisórias, longas elipses, chamadas *paenga*, que outrora serviram de fundamento às casas em forma de barca, levantadas em pau e folhas, algumas construções maciças e enigmáticas que a lenda afirma terem sido galinheiros, por fim os moai do ahu de Tahai. Pare, então, e tente não pensar. Interrompa qualquer diálogo interior que tenha estado a alimentar, limpe-se de tudo e de si mesmo, ponha-se à frente do grande moai de Tahai, olhe-o e deixe que ele o veja, olhe o sol poente no mar, às costas da grande figura, deixe de pensar e respire no ritmo da pedra.

Descrever o grande moai do sítio de Tahai não é difícil, é igual aos outros; quem viu um moai, viu todos. Mais difícil que a aparência, seria descrever os pensamentos dele. Comecemos, portanto por pensamentos mais simples. Em que pensa você? Andando, você pensa em seus passos, criteriosamente, com a aplicação meticulosa do bom caminhante. Então se calam talvez os ruídos tontos das cem fantasias de prazer e grandeza, das preocupações miúdas e dos projetos mesquinhos que ribombam no crânio do civilizado médio. Algo há de surgir no silêncio resultante. O mar quebra-se ritmicamente nas rochas negras, com abafado fragor. Mesmo a algazarra das crianças a brincar no cais soa um tom abaixo aqui. Há como que um silêncio sob os sons, um silêncio mudo, como é óbvio, porém quase se diria palpável, ou melhor, ressoante. Chegando ao Tahai, o silêncio cresce, mostra-se e o escutamos melhor: é o som do tempo e é o pensamento do grande moai.

Lá, cuidado, o moai pensará em você. Quer dizer, pensará dentro de você. Seus pensamentos de velha rocha vulcânica tornar-se-ão sensíveis por uma lenta vibração no estômago oco do espírito. Qual a forma que tomará em você seu pensamento, não posso predizer; é provável que partilhe da essência do que o velho moai pensou em mim e que constitui, tanto quanto lhe posso ser fiel, este texto que tem em mãos. Em essência, ele lhe dirá que o tempo...

2

Com certeza existe um mistério em Rapa Nui. Gerações se têm perguntado a respeito do porquê de tantas estátuas, quase exatamente iguais, erguidas e depois derrubadas ao redor da ilha, de costas para o mar. Por quê?

Comecemos do princípio. Há um *porquê* que é pouco mais do que um como. Por que anda o trem? Porque a locomotiva gera calor em seu bojo e o transforma em trabalho que, através de uma série de processos mecânicos, comunica-se ao comboio; assim se tem respondido por mais de cem anos. As ciências e a tecnologia tendem a contestar *por que* com *como*; foi este talvez o salto que as permitiu evoluir da antropomorfização da natureza à experimentação, até a construção de instrumentos conceituais eficazes. Mas nós somos obrigados a começar um pouco atrás nosso pensamento. Primeiro, deixamos que o pensar se molde diretamente pelo contágio formal do objeto que nos atrai, revestido sempre de sentido humano, seja o de um paciente deitado ou de um moai em pé. Para tanto, devemos calar as fantasias pragmáticas que nos burburinham a mente, se assim se pode dizer. Depois, para cada questão, como a do porquê dos moai, não podemos deixar de argüir a pretensa solidez dos termos com os quais refletimos, sentimos, escrevemos. A essa adequação receptiva que se deixa levar às raízes do objeto e dos termos do pensar, como aquela do caminhante que se dirige ao sítio arqueológico de Tahai, unicamente preocupado com seus passos e à espera de que a estátua lhe transmita a raiz do sentido de ser humano, é costume chamar *pensamento psicanalítico*, muito embora o psicanalista raramente o pratique.

Psicanaliticamente falando, portanto, o enigma do porquê é aqui tão considerável como o enigma dos moai — em verdade, como quase sempre ocorre na reflexão psicanalítica, acabaremos, suspeito, por descobrir que o enigma é um só e o mesmo. Por isso ande com calma, acompanhe-me em silêncio, por favor. Se há um porquê abastardado, cuja questão resume-se a pedir um como por resposta, há outro, mais completo e nobre, que exige, além de um como, um prévio para quê. Ou seja, no sentido forte do termo, o porquê subsume a questão prioritária da ocupação. Significa: por que dedico uma parcela de meu tempo de vida a isto e não àquilo. Essa questão presumivelmente não teria sentido caso fosse eu galardoado com a vida eterna, ou teria o sentido distinto e inimaginável, a cujo contraditório estudo dedica-se infinitamente a mais bela e vã das ciências humanas, a teologia. Não será a pergunta final dos teólogos o porquê do mundo humano em face da suposta eternidade de Deus? Todo porquê que se preze, em conseqüência, é teológico ou pelo menos teleológico, pergunta pela finalidade, a qual, por sua vez, não pode ser outra senão o sentido de dedicar a isto e não àquilo uma parcela de meu tempo, um quinhão de vida.

Teleologia é isso, é o destino humano abaixo da divindade. Quando Creso perguntou certa feita a Sólon sobre o melhor dos destinos humanos, este (assim nos conta Heródoto, no livro primeiro das Histórias)[21] recusou-se a lisonjeá-lo, respondendo que o dele, o do riquíssimo Creso, era o melhor de todos, e redargüiu prontamente: o destino de Tellus, um ateniense. "Primeiro, sua cidade era próspera, ele tinha bons filhos e viveu para ver mais filhos serem gerados por cada um deles, e aqueles também sobreviveram; segundo, tinha fortuna suficiente, por nossos padrões, e teve morte gloriosa em combate, reconhecida publicamente pelos concidadãos." Quer dizer: esse telos paradigmático, que nos ecoa da antigüidade, proferido, na opinião de Heródoto, como uma lição de moral dirigida a Creso, rei da Lídia, destina-se a nós também, pois nos ensina que a finalidade e a felicidade residem numa razoável proporção: um homem justo numa cidade justa, ambos medidos e comedidos.

Sua resposta porém continua. Como segundo melhor destino, elenca o dos irmãos Cléobis e Bíton, naturais de Argos. Sua mãe devia ser ritualmente transportada ao templo de Hera, durante as festividades da deusa, num carro de bois, os quais, no entanto, tardavam a chegar do campo. Os dois jovens atrelaram-se voluntariamente ao carro e, só com sua força, levaram a mãe ao templo, para grande admiração do povo reunido e não menor orgulho materno. Esta orou então à deusa para que concedesse aos filhos a maior das bênçãos do céu. Terminadas as festividades e orações,

---

21. Heródoto, *The Histories*, Livro I, pág. 51 e ss., Penguin Classics, 1980.

eis que ambos se põem a dormir no templo e daquele sono não mais despertariam. Em sua homenagem, os argivos fizeram imagens, enviadas a Delfos, *kouroi* que ainda se podem ver nos museus gregos. A piedade filial e a piedade religiosa projetam os jovens à santidade, põem-nos fora do tempo comum, como heróis ou santos, diretamente no seio da divindade. Este último, porém, é um destino desmedido, heróico, santo. Sólon prefere o anterior, medido e humano: teria suas razões de legislador. Em todo caso, terminando de moralizar a Creso, calcula a vida presumível deste em setenta anos, que transforma em dias, corrigindo as contas pela adição cuidadosa dos meses intercalares de então, chegando a um total de 26.250 dias. E conclui: "até que um homem esteja morto, não aplique a ele o termo *feliz*, diga-o um homem *de sorte*, não *feliz*"[22]

Naturalmente as idéias nunca nos surgem de pronto em forma tão completa. Bordejando o cemitério de Hangaroa, a pensar no porquê, ocorreu-me apenas de leve a lembrança do relato de Heródoto, talvez atraído pela proximidade da morte, talvez pelo ansiado prazer de lá estar, a caminho do Tahai, pois como diz ele, na mesma passagem: "os deuses invejam a prosperidade humana". Parecia, no entanto, ser uma pista relevante, por ligar ao porquê destino e tempo. Quem sabe o seja. O porquê dessas estátuas não há de ter resposta dentro de nosso tempo; seria preciso imergir em seu tempo próprio para formular a questão corretamente. O porquê correto interroga a felicidade (ou satisfação) proporcional de um setor do homem (de suas pulsões, em termos freudianos), com relação à totalidade vital, de que o tempo é adequado repre-sentante. Costumamos indagar: quanto tempo leva para fazer isso? Ou seja, que parcela do tempo total, vale dizer, do total de suas vidas, pode ter-lhes custado construir e transportar essas estátuas? Adquirimos em tempos recentes o hábito de considerar com surpresa todo dispêndio que não obedeça ao princípio de nossas fantasias pragmáticas e o de maravilhar-nos com o "mistério" de haver grupos humanos diferentes de nós, com outras prioridades e outro tipo de ocupação do tempo. Podemos calcular por aproximação a vida média e a população da ilha durante o período das grandes construções. Que nos informa isso, porém, até que saibamos quanto dura aqui o tempo? Sólon diz que o destino melhor ou pior está numa proporção entre o sujeito e o todo, seja o da cidade (em primeiro lugar!) seja o da divindade.

---

22. Id., ibid. pág. 53.

Assim, questionar o sentido da presença dessas estátuas, como o fazem todos os turistas e alguns sábios, supõe a pergunta simultânea sobre o sentido de nossa presença aqui, nesse fim de mundo. O nosso sentido de presença, da minha e da sua, não é mais do que tentar redescobrir a Psicanálise em Rapa Nui, na terra de Hotu Matu'a.

3

Mas comecemos pelo começo. Onde está você? Já disse, no fim do mundo. Para os habitantes polinésios originais, compreensivelmente, era o contrário. *Te Pito te Henua* chamava-se, isto é, a *terra, o centro* ou *umbigo do mundo*. Que o mundo, sendo redondo, possa ter em sua superfície um centro qualquer e muitos umbigos atesta o fato de que os encontramos em Delfos, o *ômphalos*, em Cuzco, cujo nome parece querer dizer precisamente *umbigo*, e até em Isluga, o umbigo do mundo aimará, como ensinam os folhetos de turismo. É bem próprio do antropocentrismo encontrar restos do cordão umbilical do mundo debaixo de nossos pés, aqui onde da terra nasceu o homem que conhecemos. Uma pedra redonda, *Te Pito Kura*, que a lenda afirma haver sido trazida da incógnita terra de Hiva pelo próprio Hotu Matu'a, o mítico rei-colonizador desta ilha, marca este centro descentrado, simbolizando sua umbilicalidade. *Rapa Nui* é nome muito mais recente, e só quer dizer *ilha grande*.

Onde está você? A *ilha de Páscoa*, como também é conhecida depois que o navegador batavo Roggehaven avistou-a no domingo de Páscoa de 1722, situa-se a 27°9' latitude sul, isto é, mais ou menos à altura de São Paulo, quase sobre o trópico de Capricórnio, e a 109°26' longitude oeste, ou seja, no meio do oceano Pacífico. Georgia Lee[23] acrescenta que uns bons 4000 km de mar separam a ilha das regiões habitadas mais próximas, a costa sul americana e o Tahiti, e mesmo a minúscula Pitcairn não se situa a menos de 2000 km de distância de Rapa Nui. A ilha de Páscoa, formada por três vulcões que separadamente emergiram do oceano, não tem mais de 160 km². É uma mancha no mapa, se duvida, tente localizá-la: só achará o nome.

---

23. Georgia Lee, *Un Uncommon Guide to Easter Island: Exploring Archaelogical Mysteries of Rapa Nui*, Arroyo Grande, C.A., International Resources, 1989.

Pois é isto que ela é: um nome. Todos já ouviram falar da ilha de Páscoa e de seus *moai*, que é como se chamam essas estátuas gigantescas, talhadas em frágil rocha vulcânica, que às centenas foram semeadas ao redor da terra exígua, elevando seu perfil duro, pouco mais que uma cabeçorra de grande nariz e queixo maciço, sobre o tronco formidável, todas iguais, todas de costas para o mar. Por que estão sempre de costas para o mar, perguntam os turistas como nós, ávidos de mistério e das explicações fantásticas dos guias turísticos[24]. É que, para nós, isto aqui é o fim do mundo, enquanto para eles *era o mundo*, com certeza. Para onde você queria que elas olhassem, pois? Para os centros cerimoniais a que presidiam, para dentro da ilha. Ai de nós, que hoje estamos sempre chegando aos lugares, sem nunca neles chegarmos a estar!

Pois bem, agora você já sabe onde está, ou pensa que sabe, você que como eu precisa de latitudes e longitudes, de números de quilômetros, para crer que se localizou. Está bem no meio do fim do mundo. Para onde quer ir? Íamos ao Tahai, não é certo, ou prefere fugir no primeiro vôo de volta à televisão? Se não desistiu de acompanhar-me, sinta as distâncias imensas e reflita: o fim do mundo é exatamente onde o mundo começa. Onde começa outro mundo. Aqui se pode descobrir outra vez o homem, de quem já nos tínhamos esquecido, por demasiado comum. Mas que é o homem? Em primeiro lugar, como vemos, o *homem é o porquê*. O porquê das estátuas silenciosas agora nos cerca e reverte a pergunta inicial que, arrogantemente, lhes dirigimos. Queríamos, como todos, saber o porquê de sua presença. Elas nos cercam agora e silenciosamente interrogam-nos: por quê? Ou, noutras palavras, que significa porquê, que significa você, que significa o homem?

4

(Permita-me continuar a analisá-lo; sigamos caminhando rumo ao Tahai.)

---

24. Seria preciso escrever uma história universal feita de colagens das informações dos guias turísticos; assim compreenderíamos talvez o mundo doido em que vivemos, pela via da *metafantasia*.

Agora você já sabe onde está: no fim do mundo, que é também o começo do mundo, o lugar onde o homem nasce de novo, a cada vez original e o mesmo. Cada uma dessas estátuas é a mesma, porém é igualmente original, enraíza-se na rocha e na figura humana. E, por outro lado, enraíza-se no tempo, num certo tempo primordial, que é o outro lado de onde estamos. Digo isso porque o fim do mundo necessariamente envolve uma ruptura com o tempo que nos é habitual, estamos no mínimo numa esquina do tempo. Trafegávamos por um tempo encadeado, em que estar aqui e agora resumia-se a estar vindo de algures com vistas a seguir para alhures. Na formulação comum e algo pomposa: o presente é vir do passado em direção ao futuro. Quer dizer, na vida quotidiana acabamos de chegar e já estamos indo embora. Porém aqui, você reparou, há uma espécie de imóvel repetição que nos faz esquecer de imediato o roteiro e sentir que estamos aqui há tanto tempo quanto estas figuras de pedra. Trafegávamos no quotidiano, dobramos uma esquina, o tempo conhecido acabou.

Dito de forma rude e pragmática, porque outro dia tentava explicar estas coisas por telefone a um amigo, com pressa eletrônica: "se você estivesse lá, numa tarde de sol, sem vontade de remar sua piroga quatro mil quilômetros até a próxima parada, com um milhar de pessoas para conviver, comida farta e uma talhadeira de obsidiana, e alguém lhe mostrasse um moai, que faria você?" "Outro moai, eu acho", rendeu-se ele, um pouco encabulado, "que mais?" E assim se resolve o enigma da ilha de Páscoa, contra o qual gerações se debateram impotentes. Por que tantas estátuas iguais? E por que não?

5

Mas, com isso, já estamos chegando ao Tahai. Como vê, tendemos agora a ficar impacientes com nossa estupidez anterior; é que o grande moai já deve estar pensando em nós, com a insistência das ondas, com o silêncio dos prados salpicados de calhaus, com seu silêncio pausado, muito além da meditação e da filosofia. Gostaríamos de desembaraçar-nos do burburinho das idéias e contemplar. Essa pode ser uma tentação final: junto com o burburinho, jogar fora também as idéias, vezo de principiantes na arte de viver que, descobrindo que há outro plano, nele se refugiam, para serem de novo atraídos ao burburinho e depois à contemplação, oscilando incessantemente num dualismo vulgar. Até mesmo os livrinhos de memórias dos grandes *winners* do capitalismo refletem tal ambigüidade canhestra: ganância desenfreada, interrompida por instantes de "inspiração" ou de "transcendência". "Transcendência", "inspiração" e o "sentido da vida", ou "crise existencial", são acompanhantes obrigatórios e monótonos do pragmatismo fantástico, como a masturbação o é da sexualidade pragmática; muito justamente, chama a isso o vulgo *masturbação mental*. Não se trata de um respiro de sanidade em meio à azáfama, mas só de uma insanidade antípoda. Pois, voltando para onde estamos e de onde não sabemos sair, a esta esquina do tempo, o certo é que os homens viviam na ilha de Páscoa ocupados com seus afazeres humanos, não em estúpido êxtase contemplativo.

Ora, você não há de ter esquecido que, mesmo antes de aqui chegarmos, uma aura do que iríamos encontrar já nos bafejava levemente, semelhante à antecipação transferencial do paciente em vias de fazer-se analisar. Por causa disso, com certeza, entramos no Museu de Antropologia de Santiago e, depois de compulsar algumas publicações sobre a ilha de Páscoa, escolhemos o livro do padre Sebastián Englert, mesmo contra a grave admoestação do vendedor de que se tratava de "um clássico superado". O *Aku-Aku* foi rejeitado prontamente, não tanto por anticientífico, porém por demasiado ruidoso. A grande *Etnologia*, de Metraux, foi respeitosamente reservada para leitura posterior, e de Routlege (*The Mystery of Easter Island*) a W. Mulloy e às publicações periódicas, como o *Rapa Nui Journal*, a produção científica *séria* pareceu-nos algo deslocada com relação a nosso projeto psicanalítico. Já agora, a dois passos do Tahai, podemos compreender por quê. A ciência não é mais do que um burburinho ordenado e sistemático, útil e nobre à sua maneira, posto que insuficiente quando deliberadamente queremos imergir no fim do mundo e dobrar a esquina do tempo. Ali, sua discussão acalorada, as provas e contraprovas, o transparente desejo de ter razão contra os opositores — a teoria polinésia da origem do homem de Rapa Nui versus a teoria da migração sul-americana, aparentemente destruída hoje por estudos antropométricos e arqueológicos —, isso tudo soa demasiado superficial e agitado: com o fim do mundo chegamos também ao termo da ciência, ao menos provisoriamente.

Ah! Seria preciso que Messiaen incluísse variações sobre o *Cisne de Tuonela*, de Sibelius, no seu *Quarteto para o Fim do Tempo*, para ser admitida alguma música de fundo nas cercanias do Tahai, pois que apenas a impossível suavidade de um suspiro melódico aliada à exatidão geométrica mais refinada deveriam aqui se permitir. O grande moai recorta-se contra o céu, que já se começa a tingir das cores do crepúsculo. Debatendo-nos entre a contemplação extasiada, mas inconseqüente, e a loquacidade da algaravia científica, recordamos o livro do padre Sebastián. Será preciso defendê-lo? Ele foi o primeiro a catalogar os monumentos arqueológicos de Rapa Nui. Foi capelão da ilha por muitos anos, conviveu com o povo antes da pequena invasão turística que ameaça premiar Rapa Nui com nova história de segunda mão, adaptada, como em toda parte, a nosso desejo de profundidade instantânea: é notável como os turistas gostam de opinar sobre hipóteses fantásticas a respeito de lugares por onde mal passaram. Saberemos resistir a mais essa tentação? Nosso bom padre viveu aqui, organizou o museu local, compulsou os últimos rongorongo, de escrita para sempre indecifrável, segundo se crê. E ouviu histórias, ouviu-as e, ao que tudo indica, escutou-as. Vem daí talvez que seu livro, *La Tierra de Hotu Matu'a*[25], seja mais e menos do que um ensaio etnográfico e arqueológico. Padre Sebastián acreditava nas histórias escutadas, da mesma maneira direta e tortuosa que nós, analistas, cremos em nossos pacientes. É claro, hoje todos sabem, a datação por carbono radiativo atirou para o alto do espaço, ou melhor, para o fundo do tempo, toda a seqüência histórica que ele construiu pacientemente. Ele comprime a história inteira da ilha, da migração de Hotu Matu'a até a chegada dos bárbaros ocidentais (nós, meu irmão — ou quem pensa que somos?) a uns exíguos quatro séculos, como se depreende de sua Cronologia[26]. A imigração original de Hotu Matu'a é por ele localizada entre os séculos XIV e XVI de nossa era, enquanto a decadência final sabidamente se deu no século passado, terminando com a quase extinção dos habitantes originais, dizimados por uma epidemia de varíola, em 1864. Maravilhas do humanitarismo: um grupo de ilhéus levados como escravos ao Peru foi repatriado, por pressão das mesmas potências escravocratas que já o não eram mais, mercê da então nascente revolução industrial; como resultado, infectou-se a ilha de varíola, sífilis e outras benesses microbiais, sobrevindo o ponto final da cultura rapanui.

---

25. Padre Sebastián Englert, O.F.M. Cap., *La Tierra de Hotu Matu'a*, 4. ed. Santiago, Editorial Universitaria, 1988.
26. Englert, S. *La Tierra de Hoto Matu'a*, op. cit., pág. 124 e segs.

Tal contração da história foi, como se disse, refutada em termos práticos e é hoje indefensável. O grande moai a nossa frente (*Ko te Riku*), com seus quase cinco metros de altura e umas 20 toneladas de peso, reerguido em 1967, teve sua ereção original datada de 690 d.C. A chegada dos primeiros colonos polinésios parece ter sido contemporânea da invasão de Roma pelos bárbaros ou um pouco anterior[27]. A que se deve tamanha e tão escandalosa contração? Não sejamos demasiado românticos com as intenções alheias; esse tipo de empastelamento cronológico é comum na etnologia do século passado e, em especial, nas obras escritas por padres missionários. Por um lado, serve ao propósito de concatenar em linha direta a série de relatos obtidos da população nativa à história local e à história universal, sem o incômodo de considerá-los sob o prisma mítico. Usando a ressalva de que as tradições populares exageram as coisas, acrescentam depois a contrarressalva de "um fundo de verdade" ou de que "onde há fumaça, há fogo", para acabar aceitando as lendas como versão aproximada da verdade. O segundo motivo para resumir o tempo de outra cultura parece advir do velho costume de atribuir maior antigüidade à história própria do que à alheia, já denunciada até mesmo por Heródoto como pretensão vã e arrogante de originalidade. De qualquer forma, pela óptica tradicional do cristianismo, todas as histórias devem ser no mínimo posteriores ao dilúvio universal, e a veracidade das tradições orais ou escritas, sobre que se assenta também o próprio dogma cristão, deve ser honrada como espelho, turvo quiçá, da verdade histórica.

Que se perde com isso? De nossa parte, apenas podemos censurar tal postura por confundir as verdades. Lendas e tradições, com efeito, não constituem parte nem espelho da verdade; elas *são a verdade*, um certo tipo de verdade, ou ainda melhor, o tipo certo de verdade atrás do qual estamos caminhando, à medida que chegamos aos pés do grande moai. Por sorte, o padre Sebastián apenas por deferência científica faz seus reparos às lendas ouvidas; no mais, crê perfeitamente nelas e registra-as, tanto quanto o podemos julgar, com fidedignidade. O que equivale a dizer que seu livro, *La Tierra de Hotu Matu'a*, sem deixar de ser um importante texto, etnográfica e arqueologicamente respeitável, é mais do que um ensaio mitológico, gênero ligeiramente espúrio, mas eleva-se à categoria de um autêntico escrito mítico.

---

27. Lee, G. *Un Uncommon Guide to Easter Island*, op. cit., pág. 50.

6

"Sobre o fundo cinzento de sinistras lembranças de destruição, meio perdidas em brumosa distância, destaca-se, com a claridade de um acontecimento histórico, o fato da imigração de Hotu Matu'a." Assim ele começa e por aí vai, descrevendo o lugar de partida da expedição (Hiva), a ascendência do herói, alguns incidentes da longa viagem, a praia de desembarque em Rapa Nui (Anakena), a forma de seu governo ("um condutor do povo, em todo o sentido da palavra"), enquanto os demais *Ariki* (reis) viviam em "aristocrático isolamento" [28], para exaltar-se na descrição dos "grupos de gente baixando à terra (...) centenas em cada barco (...) canastras de junco com ferramentas e sementes (...) as crianças brincando na areia (...) homens e mulheres descarregando os barcos (...) e entre essa tumultuosa gente, a figura alta e conspícua do Ariki Hotu Matu'a, homem robusto e maciço, com capa de variegadas cores (...) sua fronte é alta, os olhos brilhantes e vivos, seus cabelos são longos e lhe caem até os ombros, sob um chapéu de plumas de ave"[29]; ele dispõe seus homens e, depois de inspecionar a formosa praia, decide que aí será a residência real. Com isso "realizou-se a visão de Hau Maka"[30]. Bastante mítico, concorda? Não seria este o tom de um Heródoto, por exemplo, que ao referir-se à guerra de Tróia acusa os gregos de reação exagerada, pois "mulher alguma é raptada contra a vontade"[31]. Não, não é o tom de um historiador, nem o do primeiro patrono da ciência histórica, mas o de um Homero tardio; embora não seja demais repetir que seu livro não perde por isso em interesse etnográfico e arqueológico.

Com efeito, se você erguer agora os olhos e mirar o grande moai, poderá vê-lo com as feições de Hotu Matu'a. O extravagante

---

28. Englert, S. La Tierra de Hotu Matu'a, op. cit. pág. 41.

29. Id., ibid., pág. 27.

30. Id., ibid., pág. 28. A narrativa da viagem de Hotu Matu'a principia, como tantas outras epopéias, por um sonho profético a respeito da nova terra. Neste caso, o sonhador era um homem chamado Hau Maka.

31. Heródoto, *The Histories*, op. cit. pág. 42. "Seqüestrar jovens (...) não é legal. Porém, depois do fato ocorrido, é estúpido fazer muito barulho a respeito. Nenhuma jovem é raptada sem seu consentimento." Sentenças tão sensatas não poderiam ser fundadoras ou criadoras, poiéticas do tempo humano. A sensatez apenas cria a ciência histórica, neste exato parágrafo.

penteado — ou chapéu, como se cria até há pouco, pelo aspecto —
talhado em escória vermelha e trazido de pedreira distante daquela
onde se esculpiu o corpo, sombreia-lhe a fronte elevada e o porte
maciço, como diz o padre. Quem é ele? Hotu Matu'a ou um outro
ariki qualquer, um antepassado vigoroso e temido, erigido em deus
sobre seu *ahu* (santuário), diante do qual se celebravam as
cerimônias propiciatórias competentes. Isso pelo menos é o que
dizem os livros, e não temos motivo para duvidar.

Isto é, não temos por que duvidar da convergência das pesquisas
etnográficas que apontam a importância do culto dos antepassados
entre os ilhéus pascoenses e vinculam a esse culto as estátuas erigidas
por toda a ilha. Somente que, para continuar nosso processo analítico,
tentando redescobrir a Psicanálise na ilha de Páscoa, e curarmo-nos
no tempo nós mesmos, ainda que só um pouquinho, seria preciso
antes saber o que é um antepassado e o que significa cultuar e
erigir. Mas isso apenas poderemos considerar na volta do Tahai,
por que já se faz tarde, são quase dez horas, põe-se o sol lentamente no mar e começa a escurecer de fato.

7

Antes, porém, de tomarmos o caminho do hotel, cedamos
um instante à contemplação, que não é pecado tão grave, se
entremeada de reflexão. A costa brilha ao sol baixo, fulgindo a
espuma do mar que se rompe contra um outro mar de lavas negras.
Atrás de nós estão as ruínas de duas construções maciças, simples
amontoados de pedras, circulares, com uma pequena entrada
central. Certa vez, um visitante viu galinhas saindo dali e batizou-
as de galinheiros, mas ninguém sabe se o foram: pobres galinhas
hipotéticas, guardadas sob um montão de pedras, vossos espíritos
debicam ainda a grama fresca, assombrações galináceas! Há dois
ahu à vista, mais outros dois a distância. Cinco moai erguem-se
no da esquerda, chamado *Vai Ure*, que parece um barco prestes
a ser lançado ao mar. Parados no átrio empedrado do santuário,
temos à frente uma pequena rampa a terminar no altar, elevado
pouco mais de metro e largo de uns dez, que serve de base para
o grande moai (chamado *Ko te Riku*). O sol está exatamente

por trás dele agora. Já se não lhe vêem mais os olhos perdidos no céu. A silhueta parece crescer, levantando seu curioso e monumental penteado contra as nuvens coloridas.

Vêm-nos à memória o repetido começo das lendas registradas no livro do padre Sebastián. Desde a primeira, a da vinda de Hotu Matu'a, que começa assim: "Um homem, Hau Maka, de Hiva, sonhou durante a noite e seu espírito chegou aqui", até a da invenção da primitiva escultura em madeira rapanui: "Tu'u Ko Iho vinha um dia, de madrugada"[32], todas começam com um homem, seu nome, sua hora e que fazia, como a repetir que uma história é sempre a explicação do porquê de algo e que esse porquê reside num ato humano, de um indivíduo singular, localizado, nomeado e datado, embora universal ou perene em seus efeitos. Tal dialética primitiva do singular e do universal engloba e circunscreve todas as questões válidas que demandam o porquê de algo. A pintura primitiva, bem o vemos nas cavernas de Altamira, não reconhece o estatuto de singularidade: um bisão é um bisão e um homem, um homem, cinco risquinhos e uma bola em cima. Quanto foi preciso avançar no tempo para que surgisse o retrato, a singularidade irrestrita, perfeita e imóvel, geralmente inativa, pois representa apenas a identidade de um ser individual, detido no tempo. Esse passo, contudo, foi somente a metade do caminho até nossa arte, quando se desfez — creio que se pode dizer assim — o equívoco da singularidade; os traços voltaram a simplificar-se, e o objeto artístico passou a sintetizar num sujeito singular, peculiar seria mais exato, toda uma classe de seres em ação, nem só indivíduo, nem homem em geral. Pois bem, um moai é isso mesmo: um antepassado singular, ligado a certa estirpe ou família, todavia erigido sob forma universal, segundo modelo que não necessita e nem deve ser alterado, precisamente para cumprir a função delicada de fundar o homem como porquê do mundo — o homem, este ser que só é universal na medida de sua singularidade. Da Psicanálise, o método por excelência do porquê, aprendemos, com efeito, que só o mergulho radical na singularidade do ser que se põe como objeto de nosso saber pode almejar a recuperação de sua universalidade. O complexo de Édipo, bem como qualquer das estruturas inominadas de nossa constituição anímica, não tem sua universalidade garantida pela ocorrência estatística, mas sim pela forma

---

32. Englert, S. *La Tierra de Hotu Matu'a*, op. cit. págs. 23 e 66.

irredutivelmente particular de cada descoberta analítica, em cada paciente datado, localizado, nomeado, e na forma irrepetível de sua especial constituição em cada homem. É como se, no fundo de cada homem, no recanto mais íntimo e singular, uma porta se abrisse para a humanidade em geral. Universal, porque singular, também o moai, enquanto humano é um objeto psicanalítico; e mais ainda, representando o homem original, no fim do mundo e na esquina do tempo, o moai ensina-nos em que consiste seu porquê, a relação entre tempo investido e tempo total, em cada aparição do homem, e que pode pretender sua ciência do porquê, a Psicanálise.

8

É hora de voltarmos. Nosso passeio foi longo. Não o podemos já medir pelo mesmo relógio que usávamos confiantes na vinda, pois o tempo, como é notório, alterou-se. Em tudo e por tudo, nossa experiência de caminhantes — ou de autor e leitor, se você preferir ater-se às aparências —, resulta parecida com uma experiência analítica. No começo de uma análise, há uma espécie de atenção aos passos, fase em que o trabalho visa quase exclusivamente a resolver as pequenas dificuldades iniciais do percurso. Não se tem então idéia clara do caminho nem dos objetivos, mas só de cada passo analítico e, como resultado, as fantasias de cura, a sensação de custo e dificuldade, de tanto repetidas acabam por se desvanecer dentro de um tempo muito mais lento e fundamental. Duvido que alguém pudesse continuar em análise, se a cada momento pensasse nos anos que lhe há de custar o processo a partir de critérios quotidianos e de valores pragmáticos: simplesmente não se afiguraria um bom negócio. O tempo da psicanálise é de outra ordem; trata-se também de um fim de mundo e de uma esquina do tempo, embutidos no cerne de cada processo analítico, que, não menos do que em Rapa Nui, vêm a ser também o começo de mundo e de tempo diversos. Para penetrarmos noutros tempo e mundo, é preciso sempre que se repitam certas etapas preparatórias, cuja função não está distante daquela dos rituais, pois servem principalmente para adormecer as fantasias pragmáticas e preparar o espírito para comunicar-se consigo próprio. Provavelmente você acharia demasiado visitar todos os seiscentos e tantos moai, tão parecidos, da ilha de

Páscoa, pelo mesmo critério pragmático que me leva a concordar que as muito mais de seiscentas sessões, não tão diferentes, que compõem uma análise são igualmente excessivas. Já não será assim, contudo, depois de você "entrar em análise". O estado a que chamamos "entrar em análise" é um razoável equivalente de nosso preliminar passeio a dois, até o Tahai. Daqui para frente, portanto, já lhe posso falar sem maior cuidado e você também será mais franco: se o ritmo lento deste artigo o desagrada, pode abandoná-lo e abandonar a análise sem culpa.

A rigor, a psicanálise começa muitas vezes durante uma análise. Quando o analista prepara-se para interpretar, ele não sabe onde está, nem em que lugar, nem em que tempo, e isso se repete em todos os momentos críticos do processo psicanalítico. O paciente às vezes acha que sabe, mas logo se desiludirá. É esta a razão pela qual é preciso silenciar: as vozes simultâneas do cliente, e de todos os pacientes que estão dentro dele pedindo a palavra, mas também as memórias teóricas do analista e suas preocupações, como a de não perder pacientes — nenhum dos que falam dentro do cliente e tampouco o cliente que lhe paga —, devem ter a oportunidade de serem escutadas imparcialmente. Se quero fazer calar uma delas — minha preocupação econômica, por exemplo —, já me estou condenando ao fracasso, pois ela se manifestará da pior forma e na pior hora possíveis. Similarmente, se calo a voz das teorias de referência, deixo-me guiar por elas, não as guio. De alguém que só conhece um modelo mítico, como o de "Édipo", e de súbito este lhe ocorre, pode-se seriamente temer que não tenha sido evocado pela conjunção presente, mas que só lhe surgiu porque desconhecia outros; assim também para escolas e teorias, para formas de analisar. No silêncio de não saber onde se está, as orelhas abrem-se para tudo o que há de surgir. Basta talvez que não imite o analista um guia turístico, esses têm resposta para quase tudo; nós queremos caminhar, mesmo sem conhecer em que terra e em que tema estamos, de que trata esta análise.

Sua análise, leitor, trata do porquê, isto é, da ocupação do tempo dentro do tempo, como deve ter desconfiado. Para justificar nossa ocupação de um segmento de vida, nossa escolha de atividade ou modo de viver, lançamos mão, quase sempre, de recursos fantasiosos, idealizando o valor da atividade, negando os limites temporais da existência etc.; simplesmente porque não suportaríamos realizar a fulminante decisão de viver uma vida e não outra qualquer. Dentre esses recursos que mitigam a violência da crua opção, está o culto dos antepassados.

Deixe-me pôr as coisas em termos miúdos, como se faz na análise. Voltando do Tahai, situado num pequeno promontório, baixamos ao valezinho que conduz de volta ao cemitério e depois à vila. O chão é úmido e ocorre-me a idéia fugidia, dessas que fogem porque as expulsamos como irrelevantes e um pouco embaraçosas, de que não devo sujar os sapatos. Para melhor expulsá-la, surpreendo-me pensando, pela fração de um instante, que poderia comprar outro sapato com o ganho de uma sessão analítica. Com quem posso estar argumentando? Com minha mãe, claro está, morta há tanto tempo. São rios de palavras que deságuam no lago do presente, e que o fazem transbordar às vezes, esses conselhos, ordens, valores, interdições, fórmulas cabalísticas, injunções paradoxais, comen-tários despropositados, palavrinhas e palavrões, que dotam de porquês nossos atos. Em si mesmo, isso já configura um culto, embora espontâneo e não codificado. Se tivesse um filho à mão, penso que lhe poderia censurar o sapato sujo, repassando à geração seguinte o peso de decidir onde se põem os pés, como se drenasse meu lago através de novo rio. Se não o tenho à mão, penso simplesmente. Que mais se pode fazer? Quando nada mais resta, pensamos, em legítima defesa do aparelho psíquico.

Dito no registro temporal, a descendência constitui um recurso fantástico de extensão do tempo vital que, por conseguinte, despoja de crucialidade a decisão de ocupar assim ou assado algum setor de minha vida[33], proporcionalmente menos crucial por ser parte de uma imaginária eternidade. Como diria Sólon, pela pena de Heródoto, é preciso garantir pelo menos a sobrevivência dos netos — e batemos pique. A sucessão das gerações estatui meu ancestral na eternidade, mesmo que lhe não erga eu um moai. Antepassado, portanto, para falar com rigor, não é exatamente minha falecida mãe — ou meu quase mítico bisavô, de quem se dizia falar oito línguas e ter um gênio terribilíssimo —; antepassado sou eu mesmo, quando resolvo, por transmissão, a confluência dos rios de palavras do passado, quando meu ego fagocita antecessores e pósteros, identificado ao superego.

---

33. Na mesma ordem geral da descendência, enquanto recurso que despoja em parte a paralisante decisão vital de sua crucialidade, devem ser incluídos também o sentido de continuidade dos projetos de vida e a lógica interna que exige a continuidade de uma certa ação — o colecionador e o operário, exemplificando esses dois modos, descendem da própria ação iniciada, seja como decisão pessoal, seja como imposição social. Na dimensão de continuidade do trabalho e mesmo do lazer, transmite-se igualmente uma forma; por assim dizer, passo a ter sido filho de mim mesmo em meus projetos, rebelo-me contra eles, fujo e por fim aceito a forma que me está sendo imposta por meio da lógica de continuidade.

Conseqüentemente, o moai é simplesmente o próprio homem esquemático; é o homem quem o constrói, ao chamar a si a posição essencial de ser descendência de um antepassado e antepassado de uma descendência a um só tempo, correspondendo-lhe, por tal apropriação, a posição ereta, como oposta ao dobrar o corpo em subserviência a um poder maior.

Nesse sentido, o homem-antepassado-em-culto, em sua condição invocatória, pode e deve ser representado sempre igual, sempre esquemático, já que sempre é o mesmo; não importando se reaparece na Tebas egípcia ou na grega, nas cavernas de Altamira ou de Lascaux, na Polinésia ou entre os esquimós. É um homem essencial, como estamos vendo, substrato necessário de toda representação artística que se deseja perene, muito embora possa ser revestido das feições de um general ou de um imperador, dos traços peculiares da pintura renascentista ou dos do cubismo. O esquematismo essencial dos caçadores de Altamira ressurge em cada representação coletiva, no hierático cortejo de Santo-Apolinário-Novo ou nos trágicos *Retirantes*, de Portinari, tanto quanto a cabeçorra empinada do moai de Rapa Nui esconde-se sob os pomposos paramentos do *Cônego Georges Van der Paele*, de Van Eyck, no museu Groeninge de Bruges[34]. Afirma o padre Sebastián Englert que os moai recebiam o nome da pessoa representada; "aos pés da falda exterior do Rano Raraku, há três moai de forma mui perfeita e esbelta, que levam os nomes: Hi Ave, Hina Riru, Te Piropiro"[35], por terem sido a tais homens dedicados e a memória nativa não os ter esquecido. Pois bem, formalmente, o moai é o homem por trás de cada homem. Moai é o lugar interior onde os homens apropriam-se da ancestralidade, esquematizam-na como forma humana, ganhando com tal ato o direito à procriação — de filhos ou de obras, biológica ou cultural —, podendo transmitir à prole a forma humana então consagrada; não sem razão, portanto, erigem esse momento especial numa estátua, projeção idealizada do homem dentro do homem.

---

34. Mesmo a fotografia, apesar de todo seu realismo individual, perde singularidade, quando adquire função *ancestralizante*. Fotografias oficiais de fundadores ou autoridades mostram isso, mas talvez um passeio ao cemitério seja ainda mais eloqüente para constatar a universalidade esquemática dos rostos dos velhos defuntos. Marguerite Duras, comentando o costume vietnamita de se fazerem fotografar os idosos pouco antes da morte, para ornar a própria tumba, diz: "Todas as pessoas fotografadas produziam a mesma foto, sua semelhança era alucinante... é que as fotos eram retocadas de forma a atenuar particularidades, [somente] a pertinência ao grupo familiar devia ser patente." *L'Amant*, Les Editions de Minuit, Paris, 1984, pág. 118.

35. Englert, S. *La Tierra de Hotu Matu'a*, op. cit. pág. 80.

9

Segundo uma das versões locais mais populares, vinda de antiga tradição e registrada no livro do padre Sebastián, teria havido, após a morte de Hotu Matu'a, nova onda migratória, em que chegaram homens conhecidos como Hanau eepe[36]. Diz a lenda que, ao desembarcarem aqueles, houve gritos de admiração: *Epe roroa!*, que significa orelhas compridas. Provavelmente refere-se a lenda ao costume, encontradiço em diversos povos, como entre os pré-colombianos do Peru, de fazer alargar os lóbulos auriculares por meio de brincos em forma de anel, cada vez maiores, que se iam substituindo até que as orelhas caíssem sobre os ombros, quais pequenas capas alongadas. Alvitra-se também que simples confusão semântica explicasse a denominação, pois os recém-chegados poderiam ser apenas homens mais corpulentos, que se diria em idioma rapanui *tangata hanau eepe*, homens de raça maciça, por oposição aos habitantes estabelecidos, que passaram a chamar-se *tangata hanau momoko*, homens de raça delgada — a confusão seria nesse caso devida à proximidade fonética das vozes *eepe*, maciço, corpulento, e *epe*, lóbulo da orelha. Vem daí que os dois grupos raciais, cuja existência histórica talvez não esteja tão bem estabelecida quanto sua importância mítica, não obstante deverem ser conhecidos como *hanau eepe* e *hanau momoko*, acabaram por se popularizar como *orelhas longas* e *orelhas curtas*.

Ora, parece que foram os orelhas longas, ou homens de raça maciça, que introduziram a prática da estatuária em pedra, o *moai*, na ilha de Páscoa. Eles seriam também mais industriosos e empreendedores e, como tais, teriam acabado por subjugar a maioria, composta de hanau momoko. Dizem as lendas que, tendo-se tornado insuportável a dominação, pois os "hanau eepe dedicavam-se muito a limpar o terreno de pedras" e exigiam dos hanau momoko que fizessem o mesmo, estes responderam "não queremos" e iniciaram uma sublevação em larga escala que degenerou em guerra racial[37]. Os lances dessa guerra são contados em Rapa Nui ainda hoje com detalhes. Mostra-se ao turista o lugar

---

36. Id., ibid., págs. 73 e ss.
37. Id., ibid., pág. 89 e ss.

onde os hanau eepe se refugiaram, preparando o castigo dos amotinados, num dos extremos da ilha, conhecido como promontório de Poike, um dos três vulcões formadores. Com efeito, ali o terreno está quase livre de calhaus, como se tivesse sido limpo por mão humana, e o plantio é sobremaneira facilitado. Há um relato de emboscada, mostram-se os vestígios da longa cova que transpassava de lado a lado o acesso ao Poike, onde grande fogo teria sido armado para o castigo dos preguiçosos momoko, tendo porém, graças à heróica intervenção de uma momoko casada com um eepe, chamada Moko Pingei, sido o local de destruição dos próprios eepe. Fala-se de covas onde se esconderam homens caçados como animais e destinados a serem comidos — pois embora não se orgulhem particularmente disso, e hoje seja indelicado aludir ao assunto, os rapanui, sinto ter de admiti-lo, eram canibais. Esses refugiados ou *kio*, na língua local, são objeto de comoventes histórias, qualquer coisa entre resistentes da fortaleza de Masada e Quilombo dos Palmares. Conta-se de um único hanau eepe a salvar-se, Ororoine, de quem os momoko se apiedaram dizendo "deixemo-lo para que tenha descendência"[38]. Conta-se tanto aqui como em toda parte onde os homens querem assegurar, pela palavra, a própria descendência.

10

Conta-se algo mais, que nos repõe no caminho de volta do Tahai, que ainda percorremos, antegozando a chegada ao hotel, o banho, e a perspectiva de um jantar de lagostas, tão suculentas e abundantes aqui, na terra de Hotu Matu'a, e que o bom vinho chileno eleva ao deleite. Pois nosso interesse agora se divide entre a lagosta e o porquê da ereção dos moai.

"Na região de Orohie, aos pés da falda exterior do Rano Raraku, encontra-se estendido no solo um moai cujo nome é *Tai Hare Atua*. É excepcionalmente disforme, o único dentre todos que possui o defeito anatômico de ter a cara unida sem pescoço ao peito.

---

38. Id., ibid., pág. 95.

Evidentemente foi obra de homens que não tinham ainda experiência em trabalhos de escultura. Segundo a tradição é obra de uns tais Miru A'Hotu e Tangi Teako A'Hotu, os quais fizeram este primeiro moai no tempo em que se iniciavam os trabalhos na pedreira. Ao ver que não havia saído bem, deixaram-no jogado no sopé do vulcão. Enviaram então seis jovens à casa de um certo Kave Heke, da tribo Marama, que tinha fama de ser entendido em escultura, para perguntar-lhe que forma deveriam dar aos moai. Os jovens foram bem recebidos e atendidos com comidas feitas em curanto, porém, por falsa vergonha, não quis Kave Heke dar-lhes resposta enquanto estavam com ele. Esperou até que saíssem, para se porem a caminho de Rano Raraku, e quando estavam a pouca distância da casa gritou-lhes: 'Dizei assim a Miru A'Hotu e a Tangi Teako A'Hotu: abaixo em vós está o moai'. Queria dizer: está o modelo para a boa forma de um moai. Um dos jovens não tardou muito em entender o sentido dessas misteriosas palavras. Afastando-se do caminho para aliviar a bexiga, fixou-se na parte extrema de seu membro e compreendeu que à semelhança do sulco prepucial havia que dar um pescoço ao moai, separando assim a cabeça do tronco. Estranha maneira, na verdade, de achar um modelo para a escultura, compreensível somente como traço psicológico de uma raça de mentalidade predominantemente sexual"[39].

Ah, se Freud houvesse escutado essa história! Hoje, perdemos o dom de explorar devidamente uma boa anedota sexual, ficamos meio embaraçados pela obviedade e inibidos para interpretar, resultado, como é evidente, da própria repressão sexual e do excesso de interpretações, que nos tornaram demasiado *gourmets* para apreciar a crueza franca desse tipo de prato, que mais parece carne crua, talvez mesmo carne humana. Na falta de nosso antepassado, todavia, devemos fazer o melhor possível para o não desonrar.

O texto do padre Sebastián, traduzido do espanhol literalmente — note-se que conservo em português a expressão "por falsa vergüenza", sem modificá-la para a mais comum "por falso pudor" —, cola-se tão completamente ao presumível relato recebido, a ponto de nos transmitir um certo sabor arcaizante, quase bíblico, pela repetição dos nomes próprios e pela ênfase nos tempos da ação narrada. Chega ao extremo de colocar-se o autor no mesmo plano das personagens, criticando sua "mentalidade predominantemente sexual".

---

39. Id., ibid., pág. 78.

Parece, e Deus o abençoe por isso, que o padre acredita mesmo que os eventos tenham ocorrido dessa forma, nalgum tempo passado, em vez de ver no relato um mero paradigma. Destarte, é possível tratar o texto como material em bruto, ou quase isso; quer isso dizer que o podemos também levar inteiramente a sério, coisa que o psicanalista não ousaria fazer com um artigo científico, por exemplo, onde a originalidade do discurso já foi adulterada pela crítica teórica. Devemos nós, se o que queremos é analisar, ser tão ingênuos como nosso autor. Tentemos.

Era uma vez um tempo em que não se sabia ainda como era o homem. O homem andava, falava, sabia reconhecer seu semelhante, sabia manejar ferramentas, reproduzia-se, é de supor, porém não conhecia plenamente o segredo da reprodução. Pelo menos não o conhecia o bastante para recriar sua imagem essencial, esta que condensa ego e superego, ou, para ser mais preciso, que erige o antepassado no ser presente, atualizando o homem potente em face da descendência. Talvez nesse tempo, que não é evidentemente o século quinto ou sexto de nossa era, porém um tempo mítico, nem sequer se conhecesse a participação do pai na geração dos filhos, aquisição relativamente tardia do conhecimento humano. Seja como for, desconhecia-se o segredo completo da ereção, o que não nos deve espantar, pois tampouco nós, em nossa existência concreta, o conhecemos. A causa efetiva do estado de excitação, de efeito tão notório no indivíduo masculino, configura um mistério prático na vida de cada homem; em sã consciência ninguém se arroga imune à impotência eventual; além disso e sobretudo, o estímulo específico da ereção, que transita do objeto externo, através dos condicionantes de um ambiente propício, em direção à vida de fantasia, é perfeito enigma para cada homem vivo; no máximo aprendemos mal e mal como fazer para facilitá-lo.

Nesse tempo (mítico) os homens sonharam com uma ereção permanente, estatuindo a essência da potência masculina (a que também se chama *falo*) em forma visível e perene, cultuável socialmente. Isso, já se sabe, é o extrato do ancestral; seu culto representa uma posse diminuída, quer dizer, humilhando-se diante dele, os homens vivos *tornam-se ele*; todavia, como não o podem ser todos ao mesmo tempo, o que geraria um conflito insofreável entre os machos, resignam-se a esconder sua posse e identificação por trás de um ato de submissão à essência manifesta do poder. Isso é sabido, mais ou menos assim já se encontra em Freud. No entanto, a vinculação entre o ato de ereção de uma estátua e o ato sexual, como é óbvio, tinha de ser opacificada, para que o projeto se concretizasse. É verdade que (penso que Bachelard o exprimiu assim) "todo ato é o Ato", mas justamente por causa disso cria-se um jogo de recuos em nossa mente, que visa a cortar os liames que vinculam todo ato ao Ato, recuo sobretudo necessário quando, como aqui, trata-se explicitamente de reproduzi-lo. Essa é, aliás, a estratégia da boa piada sexual, fazer com que alguém pronuncie ou imagine o vínculo proibido, para desfazer a tensão do quase-conhecimento reticente.

Ora, sabendo talvez ou desconfiando da piada iminente, Kave Heke, homem sábio pelo que se diz, hesita bastante em declarar que sabe. Também por que justo lhe foram mandar jovens para inquirir sobre aquilo que só os adultos podem legitimamente conhecer? Pode ser que os mandantes não desconfiassem da natureza sexual de sua pergunta, pese a "mentalidade sexual" a eles atribuída. Mais provável, porém, é que se reproduza nessa lenda o movimento mesmo da transmissão do saber sexual entre as gerações, em que sempre aos jovens cabe o papel de emissários, para aprender e depois comunicar. Os dois adultos que produziram uma estátua indigna de ereção, uma essência imperfeita da figura humana, teratológica, com "defeito anatômico", representam bem a ação humana que, de tempos em tempos, deve apelar à sabedoria para ser eficaz. Em que consiste a marca de sabedoria no sábio? Via de regra, em calar-se, para que o momento amadureça. Assim procede o psicanalista, esse aprendiz de sábio. Deixamos que as perguntas permaneçam no ar, até que se respondam por si mesmas. O saber sexual é especialmente apto para uma desastrada e precoce transmissão, como o mostrou a teoria da sedução de Freud: não há que instruir antes do tempo e o tempo certo vem a ser aquele onde o conhecimento pode ser de alguma maneira utilizado, seja pelo amadurecimento funcional das gônadas, seja pelo desenvolvimento da capacidade de auto-observação e de dedução ativa do jovem ser humano. Pensando nisso, quem sabe, ou temendo ser alvo de uma *practical joke* cultural, é com notável prudência que Kave Heke, depois de demonstrar todo o apreço possível pelos enviados e por sua questão, passa-lhes a parte permissível da mensagem, para, em palavras evangélicas, "tendo olhos para ver, que vejam".

A novidade foi tão bem acolhida que os homens, parece, não se dedicaram a outra coisa, como se pode depreender do número de estátuas confeccionadas. Todas são parecidas, claro está. Nem os rapanui compuseram o *Kama Sutra*, por uma parte, nem, por outra, chegou a ser dado entre eles o passo que distancia a estátua, ou a representação em geral, de suas fontes sexuais; isto é, o homem não se distinguia do homem-em-ação-de-se-erguer-como-ancestral-presente; nunca chegaram os pascoenses, ao que tudo indica, a desenvolver uma arte do individual. Os petroglifos, tão espalhados na ilha quanto os moai, são pouco mais do que placas comemorativas da repetição do mesmo; são dedicados à imagem do deus criador, *Makemake* — que não deve pronunciar-se em inglês, mas quase como em português, por exatidão e para não tentar os colegas a fáceis interpretações anacrônicas e distópicas —, pássaros e animais marinhos, mas representam sobretudo o rito do homem-pássaro, ao qual ainda nos vamos referir. Já a estatuária em madeira, tanto quanto se sabe, é ainda mais fundamental e primitiva, ocupada na invocação, desafiadora e temerosa, dos espíritos *Kavakava*, aqueles que, ao dormir, perdem sua aparência humana e revelam-se esqueletos. Pintura rupreste há, mas muito simples e zoomorfa.

Fiquemos nos moai. Que gosto há de ter sido esculpi-los às dezenas, às centenas! Havia, é claro, o problema do transporte até os centros cerimoniais, aos ahu. Muito já se especulou sobre isso. Não faltam as indefectíveis e idiotas teorias extraterrestres — quem seria tolo o bastante em vir de outro planeta ou estrela só para servir de carregador de uns bonecões de pedra, não muito bem feitos? Há a teoria de Thor Heyerdahl, o do *Kontiki*, que afirmava terem sido as estátuas transportadas no braço, girando sobre a base de assentamento. Como observava um guia local que conheceu o aventureiro norueguês, a teoria não seria realmente má, caso não fossem as pedras vulcânicas tão frágeis e friáveis, que se teriam esboroado e reduzido a simples narizes muito antes de atingirem seus destinos. Malgrado essa refutação, a teoria das *estátuas que andam* não deixa de ter certo atrativo mítico, por coincidir com a figura polinésica do *mana*, força sobrenatural que faria andar os moai, nos tempos de antanho, considerada por Mauss uma espécie de paradigma da magia ativa. A hipótese favorecida pela arqueologia contemporânea é de que os moviam os rapanui com a ajuda de armações de madeira. É fato que não existem árvores na ilha. Mas havia, pelo que se pôde provar a partir da análise de pólen fossilizado no solo vulcânico. Um incêndio as teria destruído, ou um desbalanço ecológico, como se diz hoje, ou

foram finalmente usadas todas para mover moai, opinião popular que chega a afigurar-se plausível, quando se toma em conta a quantidade e o tamanho das estátuas.
Contudo, a questão melhor ainda é a do porquê. Mas a esta voltaremos em seguida.

11

Nossa primeira caminhada chega ao fim, já avistamos as luzes do hotel. Antes de entrarmos para o repouso merecido e um digno jantar — não se esqueça de pedir sua lagosta grelhada ou com maionese, pedidos mais complicados podem terminar em inenarrável desastre gastronômico —, é útil concluir de alguma forma e provisoriamente nossa reflexão psicanalítica, pois é provável que se perca depois o fio da meada.

Primeiro, concluímos que a pergunta que argúi o porquê de alguma realização humana presta-se excelentemente a ser mal formulada. Tratando-se o porquê de uma função temporal, é preciso que consigamos integrar-nos adequadamente no regime do tempo da realização em apreço, assim como em seu sistema de valores, prioridades, necessidades, condições, interesses etc. Meter-se na pele do tempo alheio, quando o alheio é outra. cultura, evidentemente não é tarefa fácil. Não basta um exercício intelectual, é preciso um transporte ou translação vivencial. Admitindo que a experiência tenha sido realizada aqui com razoável propriedade, praticamente nos teremos colocado em situação analítica, porquanto o trânsito envolvido por qualquer translação vivencial produz alguma forma de ruptura de campo no sujeito da experiência: nosso próprio tempo corre o risco de ser posto em evidência em tal experimento. O estilo de pensamento que viemos desenvolvendo, por conseguinte, embora pareça confundir-se com uma reflexão filosófica, permanece ainda no âmbito demarcado da Psicanálise. Com efeito, quando o analista deseja aumentar em um grau seu autoconhecimento, pode-se aconselhá-lo a meditar psicanaliticamente sobre alguma das tantas áreas intocadas da alma humana, entendendo por alma os rendimentos culturais de nossa espécie, os sentidos realizados. O trabalho psíquico de se transportar a outra forma humana de ser ilumina e denuncia a nossa própria; pode ser o começo de uma desabituação, em poucas palavras.

Depois, o porquê, em seu sentido legítimo de para quê temporal, transpondo os limites estreitos do como, envolve um *por*, cuja resposta compromete-nos profundamente. Como você pôde ver e sentir, os rapanui estão sumamente próximos do tempo mítico das realizações fundamentais da ilha de Páscoa. Não é que alguém se lembre mesmo da construção de um moai, ou que algum relato escrito possa recordá-la em forma legível. Isso, aliás, não nos aproximaria do tempo mítico nem um pouquinho sequer, antes o afastaria. Não há lembranças, mas atribuição muito viva; veja-se, por exemplo, como nomes de pessoas que bem podiam ainda estar vivas ou que pelo menos são nomes vivos, nomes de famílias existentes, atribuem-se com simplicidade às grandes realizações míticas, como à descoberta da forma correta do moai. O homem, como seu moai, move-se *por* um *quê* radicalmente intrínseco ao psiquismo — este o terceiro sentido do porquê que estamos considerando. Este *quê* interrogativo, ou *quid*, inexprimível diretamente, incognoscível em termos práticos, chama a Psicanálise de inconsciente. Não o confunda, porém, com aquilo que sabe do inconsciente. O *quê*, de que se trata, mais do que ser o inconsciente tradicional, assemelha-se à descoberta do inconsciente; isto é, à área de mistério que cerca o ato humano, que o circunscreve, e cujo centro virtual é a essência inalcançável do ser homem, numa de suas ocorrências concretas, sempre originais. Que é o *quê*, em nosso caso? Não o sabemos, é lógico, mas parece ter recebido também o nome de *mana* e estar em relação com o momento onde se transita da sexualidade biológica (um pênis, uma ereção) para a geração da figura humana, da descendência e da estatuária. Os moai representam mortos; mortos ambulantes, todavia, pela força do mana, que era privilégio real do ariki ou do chefe de clã. Fazer os mortos andarem, isto é, fazer com que se erigissem como centro visível do clã, chegando ao ahu comunal, onde se haviam de instituir como motores da ação biológica e cultural da criação de descendência, parece, portanto, ter sido um ato de comunhão com o tempo mítico, uma ato somente possível no estado de proximidade completa com as raízes; comunhão e proximidade hoje perdidas, segundo as tradições locais, por causa das lutas raciais e pela invasão do "homem civilizado".

Talvez Kave Heke não sofresse apenas do falso pudor de falar de coisas sexuais, afinal. Podemos imaginar, com razoável probabilidade de acerto, que aquela mítica figura experimentasse e transmitisse em forma insigne o pudor, nada falso, de referir-se a sua comunhão com as raízes culturais que o instituíam como homem e como sábio. Pode não ser grande coisa dizer que o homem deve ter um pescoço semelhante ao sulco que medeia entre glande e corpo do pênis; mas confessar o conhecimento de que o corpo humano do antepassado, em sua eficácia mágica, fundadora da semelhança humana, é uma espécie de pênis glorificado, já se pode considerar como embaraçosa admissão a fazer a seis jovens aprendizes da arte de viver. Sua hesitação, portanto, é parte da comunicação e acrescenta algo às palavras, diz que elas são importantes, diz que custam a serem proferidas, diz enfim que só a experiência de contato consigo próprio pode completar o sentido da mensagem ("olhando para baixo..."). Assim os oráculos pronunciam-se. Não são enigmáticos por maldade, nem o são para não errarem; a função do enigma parece residir numa indicação de percurso: apenas depois de cumprido o trajeto de imersão viva na essência cultural do homem, com toda a carga de desabituação e auto-observação imprescindíveis, é possível a quem ouve entender a comunicação recebida. Caso contrário, equivocar-se-á lamenta-velmente, sendo que a mitologia narra inúmeros casos concretos de tal falha, desde o próprio Creso até nosso tempo.

Em resumo, os moai, como os homens, são movidos por um *quê* essencial, facilmente passível de ser perdido no transcorrer da história do sujeito individual ou cultural.

12

Iorana. Oi, dormiu bem?
Passada a primeira noite, você já é de casa, pertence a este outro lar de homens que é Rapa Nui. Se chegou até este ponto do texto — e talvez tenha deixado mesmo uma noite de sono passar desde que o começou a ler —, o ritmo circular, os recomeços, os parágrafos um tanto repetitivos, as pequenas diferenças e sua lenta progressão já se integraram provavelmente a seu espírito. Já nos pusemos em sincronia, no sentido forte do termo, passo fundamental para o progresso psicanalítico. Está na hora de sairmos a passear outra vez. Hoje vamos ao Rano Raraku.

Entusiasmado? Você certamente já ouviu falar dele, você o conhece, ainda que o nome lhe seja estranho. Rano Raraku, o *vulcão sulcado*. Aqui é onde foram feitos os moai. Lembra-se agora da paisagem desolada, das faldas abertas em suave declive, que aos poucos se empinam numa íngreme pendente, por onde ganhamos a velha canteira? A chegada é magnífica, concorda? Parece que Jasão passou por aqui, semeando os dentes do dragão. Só que não foram *matatoa*, guerreiros, que nasceram do chão relvado, mas antepassados, moai. É como se brotassem mesmo do chão, um pouco inclinados para a frente, para trás, para os lados, porém todos altivos e sérios, às dezenas, descendo a encosta. Um bosque de moai. Não, talvez não um bosque, pois não formam unidade ou coletivo, cada qual está só, não existe sociedade de mortos; cada ancestral é radicalmente o começo de uma história, são iguais mas não formam um grupo, cada um é o absoluto, a humanidade inteira.

Eles sonham. Os olhos cegos, pois só haviam de receber o entalhe final e os preciosos círculos concêntricos de madrepérola e obsidiana, ao termo da lenta peregrinação que os conduzia ao ahu designado, às vezes longe de mais de dez quilômetros. E mudos também, o silêncio é absoluto, pois estão a sonhar. Você os conhece: já sonhou com eles; talvez ainda não se recorde, é isso. Vamos subir, que logo se lembrará. Trepamos agora canteira acima. Morte e nascimento confundem-se. Os nichos superpostos parecem covas — ou mais precisamente o que se chamaria um *columbário*, esses lúgubres ninhos cortados nas paredes dos cemitérios, onde se sepultam os mais pobres. Decerto estes mortos não eram ricos, ninguém jamais foi rico na ilha de Páscoa, contudo há uma diferença: tanto quanto tumbas, essas são covas de nascimento, delas nasceram os moai. Ainda os há em diferentes estados de construção: alguns são apenas formas vagas nos cortes da pedra, outros já mostram a cabeça meio talhada, há-os quase prontos, mas embutidos na montanha, e, por fim, alguns poucos estão praticamente soltos em seus úteros-covas, bastando cortar-se a base, no meio das costas, para que deslizem montanha abaixo e se juntem a seus colegas. Lá embaixo, abriam-se buracos na terra, onde eram enfiados até o meio, para receberem o acabamento. Os tamanhos variam, de três ou quatro metros até *El Gigante*, de 23 metros de altura, deitado perpendicularmente ao solo, cabeça para cima e em plano inclinado, quase pronto para escorregar pela encosta. Semelha um jogo de armar, tão grudadas estão as estátuas em seus nichos formativos. Mas acabemos de subir.

Chegamos ao topo da canteira. Olhe para baixo. Os cortes na pedra, as estátuas em processo de lapidação, os moai sobressaindo dos buracos e, mais à frente, a *rota dos moai*, uma estrada de estátuas largadas no solo, marcando o caminho que estavam a seguir quando... Se tivéssemos chegado uns anos antes, ainda se veriam os instru-mentos de obsidiana e rara pedra basáltica, que foram abandonados ao lado das figuras meio talhadas quando... Hoje há alguns restos delas, o mais foi pilhado. Fica extremamente nítido o movimento das estátuas, desde o corte da rocha, o demorado processo de tomar forma humana, o abandono do nicho, o estágio de acabamento no começo da pradaria, até a procissão pela rota dos moai, inter-rompida quando...

O tempo acabou! Com toda certeza, agora você se lembra de seu sonho. O sonho era assim: o tempo acabou. Acabado, parou o tempo. Talvez fosse um sonho tranqüilo, mais provável que fora um pesadelo; a cena pode ter sido qualquer, uma festa, o trabalho, seus pais, você caminhando num lugar ermo, isso é irrelevante; conta só que, de súbito, o tempo acabou, mas não o sonho. Este, o sonho, encravou-se em você e nunca mais o abandonou; um sonho sem tempo, nítido mas irrepresentável, insonhável, insone, no fundo do inconsciente e no meio da consciência. Estas estátuas cegas, imóveis, para lá do tempo, moram em você. Você as teme e adora, você é elas e quer ter filhos ou discípulos, emprego, uma obra, descendência enfim para voltar a mover-se, ou para esquecer que já morreu e permanece em pé. Um moai dentro de você. Dá-se conta do enrijecimento dos membros, de sua cabeça que parece crescer e virar-se para o céu, do peso infinito que o acomete quando o tempo acabou? Você é um moai.

13

Rano Raraku. Aqui nascemos. Nosso saber psicanalítico poderia ter nascido aqui. Freud tornou-se moai. Fizeram outros semelhantes, dedicados a Melanie Klein, Lacan, e a tantos mais. Há um momento na história da Psicanálise em que se constrói febrilmente figuras de antepassados, esperando que se movam, que produzam conhecimento sobre a alma humana, mas sobretudo que nos façam psicanalistas. Como os rapanui, precisamos edificar uma ascendência, para nos sentirmos portadores da forma psicanalítica correta e da virtude de transmiti-la a pacientes e alunos. Formigueiros enxameando a encosta do Rano Raraku são nossas sociedades, grupos, círculos psicanalíticos. Criam-se antepassados, a quem se atribui o saber, mas pouco se inova e as áreas de conhecimento possível não se ampliam; a repetição assegura-nos, parece-nos vital lutar pela sobrevivência da Psicanálise e cremos defendê-la ao preservar sua forma rotineira. Os pensadores são atacados quando ousam produzir em vida, precisariam primeiro morrer para então começarem a produzir com legitimidade. Para que os discípulos possam se identificar, simplifica-se o pensamento vivo, conceitos delicados vão ganhando o peso da reificação, perdem-se as nuanças, e pouco mais sobra, no processo de transmissão, senão nomes. Altissonantes nomes de conceitos — "Complexo de Édipo", "Identificação Projetiva", "Forclusão" —, prepostos evidentes dos nomes dos autores ancestrais. Freud, Hotu Matu'a. Os nomes funcionam como passaporte para o tempo mítico da criação da Psicanálise, tais como aqueles com que aqui nos deparamos. E gerações de discípulos trabalham azafamados para dar corpo de pedra aos nomes dos antepassados. Para que tantas estátuas? — pergunta o visitante espantado da *Ilha Grande* da Psicanálise. *Tangata nuinui!*, responde o discípulo escolástico: grande homem!

Que produz a mesmice? Nossa resposta mais ou menos automática costuma ser: a decadência. Não deixa de ser correto, mas é preciso esclarecer um ponto. A repetição não é propriamente característica da decadência de uma arte ou ofício, ao contrário, ela se manifesta com toda a força no período áureo de quase qualquer forma de produção humana, quando um estilo triunfante se populariza. A estatuária clássica na Grécia ou a pintura renascentista italiana repetem-se pelo menos tanto quanto as reproduções romanas e acadêmicas daquelas estátuas ou quanto o maneirismo pós-rafaelita imitando a Renascença. Se é verdade que a repetição conduz à decadência e exprime a decadência de uma forma, dá-se ela como expressão mesma do êxito alcançado. Para nós, os moai repetem-se, para os rapanui contemporâneos do que o padre Sebastián chama, europeizantemente, "Idade de Ouro da escultura" da ilha de Páscoa — significativa analogia aplicada a uma civilização que desconhecia os metais —; é de crer que a forma dos moai fosse pura e simplesmente a boa forma, e diferenças que nos escapam haviam talvez de ser muito valorizadas. Há alguns moai de sete dedos, há-os mais troncudos ou esguios, maiores e menores, embora sempre grandes, sempre em tamanho maior que o chamado natural. De um certo modo torcido, vivemos recentemente a Idade de Ouro da Psicanálise; hoje, podemos estar assistindo à transição para um maneirismo decadente. A repetição da forma freudiana não é, em si mesma, assustadora; a repetição de Klein, Lacan ou Bion já o é. Há uma diferença sutil. No primeiro caso, repete-se a fonte originária da pureza estilística; nos demais, não é tanto uma forma menor que se repete, o que não havia de ser tão grave, mas repete-se a repetição original. Dá-se simplesmente que um achado forte e produtivo não pode transferir-se impunemente para a descendência, transforma-se em estilo e é imitado. Na imitação de um estilo os discípulos encontram um excelente instrumento de identificação; quer dizer, apanham só a forma exterior, aparente, mas um ou outro progride da forma à essência, e rompe com a aparência para comungar com a fonte interior da produção. O resultado pode ser semelhante para o olho destreinado; contudo, há uma notável diferença entre a reprodução do ato criativo e a simples imitação da forma estilística: aquela possui mana, esta não. Por *mana* devemos entender, em bons termos pascoenses, a força mágica que transporta os moai, ou seja, aquilo que conduz uma produção mais longe do que se cria possível. O mana é privilégio real. O rei aqui foi Hotu Matu'a, os seguintes régulos permaneciam, diz nosso livro, em "aristocrático isolamento", para os lados de Anakena. Alude-se — não lhe parece? — a uma fonte central de eficácia, equivalente, em nosso caso, à do método psicanalítico, personalizado sob o nome de Freud. Essa força não se transmite propriamente à descendência, ela permanece no centro original, à medida que este se despersonaliza e que seu nome se transforma em substantivo comum; a descendência a possui, ou melhor, é possuída por ela, enquanto se mantém ligada à origem e na extensão em que assim se mantém. Se é como um nome que se transmite, o culto é inevitável, se é uma ação — o método que produz e descobre o inconsciente —, a forma psicanalítica é arriscada e recupera-se com cada autor. Noutras palavras, para que haja descendência, faz-se mister a transmissão da forma humana; há duas maneiras de o fazer: ou transmito a forma essencial despersonalizada, o *quê* inconsciente e o *por* metodológico, ou devo transmitir minha própria cara e a cara de meu mestre fundidas, com seus gostos e particularidades, cacoetes e modismos. Então, identificados a diferentes caras, os descendentes disputam por ninharias. Por isso, se sobrevêm lutas entre as descendências, não se destroem apenas os discípulos ou os filhos, perde-se o mana.

Seriamente, precisaríamos perguntar como e por que perdemos nosso mana. As respostas poderiam ser muitas. Por exemplo: ocorre a repetição por força do isolamento. Não serão talvez quatro mil quilômetros de mar separando-nos das formas correlatas de saber, mas a distância de nossa auto-suficiência, que nos isola das demais ciências humanas, também não é pequena. Se esta é movida pela magna energia da preguiça de conhecer, então nossa piroga encalhou em porto de lama. Mas o isolamento pascoense dos psicanalistas reveste-se, porventura, de outra forma. Há um isolamento menos notório do que léguas de mar indistinto e que se deve a uma perda de contato interno, entre centro e periferia. É que o centro de nossa produção desloca-se mais depressa do que a morosa política de poder científico e de dominação que praticamos e de que somos vítimas, ao mesmo tempo. O centro, é evidente, está onde um pensador está, não onde esteve ou poderia ter estado. Pequeninos jogos de poder interferem, no entanto, no reconhecimento das áreas de viva produção e na valorização dos raros responsáveis por elas. Nosso interesse pela Psicanálise decai, não queremos saber da conquista dos horizontes da psique humana e uma política de pigmeus, onde se procura assegurar o compromisso com a mediania, toma o lugar da invenção. Porque, se a repetição é característica da relação com um estilo que deu certo, o ato que assegura a continuidade de uma disciplina científica é evidentemente o desafio a sua forma aparente e põe em evidência o mana essencial.

A resposta mais rigorosa à questão da perda do mana, na ilha de Páscoa ou na Psicanálise, é que o homem, em todas as suas aparições e formas de produzir, move-se por um *quê*, eixo, como já vimos, do trânsito entre antepassado e descendente; um *quê* objeto de respeito, horror, admiração e incredulidade. Para o indivíduo, tal *quê* pode circunscrever-se no inconsciente, se o pensamos sob forma de Homem Psicanalítico. Ora, repetir nada mais significa do que um conhecidíssimo movimento neurótico defensivo, tão comum quanto fatal, que soluciona a relação com a essência produtora bisando infinitamente um arremedo do produto final e olvidando-se do caminho que o produz. Por meio de tal solução neurótica do porquê alcança-se uma preciosa ilusão: parece que todos os moai foram feitos pela mesma pessoa, e talvez o tenham sido, se se entender por pessoa um sujeito coletivo, cuja raiz confunde-se com a própria raiz da raça rapanui ou da raça psicanalítica. A repetição é um passo atrás, carregado de sacro temor, diante da profanação da origem, que é como a neurose interpreta toda e qualquer imersão decidida no porquê humano.

14

Hoje temos curanto para o jantar. Não sabe que é isso? Pois não perde por esperar. Na preparação adequada do curanto, vai galinha, enchidos de porco e carneiro, carnes escolhidas desses animais, verduras, camote, *taro*, inhame, algum tempero, como o coentro, mas não muito *aji*, e mariscos, meu caro, tudo cozido junto. O caldo resultante, que você beberá como sopa japonesa, quer dizer, na saída e não na entrada, tem o poder concentrado do absurdo: você haveria de suar em plena neve, quanto mais aqui, nesse cálido verão. Mariscos com carne de porco, replicará desconfiado, que mais falta inventar? Pois fique você sabendo que no aristocrático Restaurante Avis, perto do Largo do Rato, em Lisboa, servem-se românticas *Amêijoas à Cataplana*, quitute que combina com sabedoria febra de porco e amêijoas, essas conchas deliciosas que se conhecem popularmente também como berbigões. Lusitanismos, dirá, mas que somos nós brasileiros senão lusitanos, de muitas procedências e extrações, que renegam sua origem, perdida a estatura de navegadores? No sul da Espanha, a *Paella* junta também carne e peixe, num leito de arroz; mas é à grande tradição dos *cozidos* que se filia o curanto e, em Castilha, antigamente, servia-se talvez o rei dos cozidos, a célebre *Olla Podrida*, que em sua "versão monumental" (segundo Savarin, *La Cuisine du Monde Entier*[40]) devia apresentar-se à mesa em seis serviços consecutivos, tantos eram os ingredientes que ferviam juntos no caldeirão imenso. Até mesmo no reino da *fast food*, um item como o chamado *surf'n turf*, onde um filé se encontra surpreso com meia lagosta repartindo o mesmo prato, dá testemunho do alcance da flexibilidade culinária. Que

---

40. Courtine, R.J. *La Cuisine du Monde Entier*, Bibliothèque Marabout, Verviers, Editions Gérard & Co, 1963, pág. 70 (Savarin é o nome pelo qual Robert J. Courtine é conhecido no mundo da gastronomia).

há, pois, de errado no curanto? De errado nada, não está gostando? Deixe de história e coma, que depois analisamos um pouco; nunca, porém, analise durante a refeição, que faz mal, segundo minha avó, pesa no estômago.

Acabou? O abacaxi estava delicioso, pequeno, feinho, mas incomparavelmente melhor do que o nosso, sem um pingo de acidez. Enquanto tomamos café e fumamos um cigarro, olhando o mar insistente pela janela envidraçada, conversemos um pouco mais. Que há de errado com o curanto? Nada, ora. Este não levou carne humana, quase posso garantir. Se conheço o gosto? Dizem que como de quase tudo, mas ainda não experimentei o *alimento dos deuses*, só pratico antropofagia abstrata, lendo, analisando, ensinando Psicanálise. Não obstante a ausência de carne humana, o curanto mantém um leve parentesco com o espírito canibal. A culinária opera segundo regras combinatórias bastante estritas, que limitam a admissibilidade das misturas; temos o doce e o salgado, o líquido e o sólido, o apimentado e o suave, as combinações adequadas de vinho e comida, sem falar na infinidade de tabus alimentares, tão bem recenseados por Josué de Castro, na *Fisiologia dos Tabus*[41] — "De manhã laranja é ouro, de tarde é prata e de noite mata". Pois bem, os sinais diacríticos apostos aos valores alimentares constroem um sistema de oposições e de exclusões, que o mestre-cuca nunca deve ignorar. A alta culinária viola-o de quando em quando, mas só por bem o conhecer: mistura doce com salgado, interpõe um sorvete entre dois pratos quentes (o *trou normand*), aconselha um *sauternes* com o *foie gras* ou um *gewurztraminer* com o chucrute. É que a essência do sabor implica um grau moderado e cuidadoso de violação do gosto aceitável, como a piada picante, como o erotismo de bom gosto. Uma pimentinha, quase ardida, nunca vai mal, já o *aji* peruano faz um homem sentir saudade do *chili* azteca e sorrir da pimenta-de-cheiro baiana; tudo é questão de regular as proporções do estupro de nosso paladar.

---

41. Josué de Castro, *Fisiologia dos Tabus*, 4. ed., Rio de Janeiro, Companhia Industrial e Comercial Brasileira de Produtos Alimentares, 1954.

42. Não convém, contudo, sermos demasiado críticos em relação aos prazeres cruéis da antropofagia. Como registra Bernard Shaw, no prefácio de *Santa Joana*, era quase impossível provar aos habitantes das ilhas Marquesas que os ingleses não devoraram Joana D'Arc. "Por que, perguntam eles, alguém se daria ao trabalho de assar um ser humano com outro objetivo? Não podem conceber que isso [o ato de assar] seja um prazer". Shaw, B. *Saint Joan*, Penguin Plays, 1986, pág. 30.

O curanto não foge à regra, antes a leva a um pequenino extremo. Fundamentalmente, consiste numa mistura de imiscíveis, preparados juntos, servidos juntos, bebido o caldo como síntese final da dialética culinária. Nas histórias da tradição rapanui, as pessoas costumam dizer coisas assim: "e como você fez curanto de meu filho, agora vou fazer curanto de você". E se bem o dizem, melhor o fazem, ao que parece. Jamais se diz que o motivo básico seja o delicado sabor da carne alheia, por mais apetitosa que pudesse ser a vítima gastronômica. Na estrutura fundante do canibalismo parece também comparecer a idéia central de se estar quebrando um tabu, daí talvez o prazer refinado[42]. Só que é preciso algum tipo de justificativa como ingrediente, no sentido culinário. Curioso como a Psicanálise fala pouco de antropofagia, quem sabe para não ser grosseira, talvez porque estejamos ainda sob forte signo de interdição. Pode-se imaginar que a distinção entre o comestível e o não comestível seja, em certos casos, resquício da repressão do canibalismo. Uma perna de frango é totalmente aceitável, a menos que você tenha acabado de sair de uma autópsia na medicina legal, e que, como numa historinha antológica da *Mafalda*, de Quino, alguém exclame: "guardaram o cadáver do frango na geladeira". Então o frango será próximo demais da anatomia humana. O cachorro é demasiado humano para se comer, o cavalo também, mas só nalguns lugares. Um dos grandes problemas filosóficos da alimentação consiste em saber se o que se põe na boca é ou não é carne humana. Quanto de canibalismo existe na amamentação e, vice-versa, quanto de leite materno corre nas veias do inimigo morto? Comer o outro é também devorar o pai, costuma-se argumentar. Num estágio posterior, todavia, cada bocado de que se prova tem de ser julgado tabu ou não. Se nada de tabu houver, será algo insosso, se demasiado tabu, intragável. Claro que os caminhos do tabu são bem complexos, passam pelo nojo, pelas dietas infindáveis prescritas por nossa medicina, pelo excesso de gosto ou tempero, pelas consistências. Sempre, porém, a questão permanece: sem tabu não há gosto, tabu demais não se come, é carne do vizinho.

Que é o tabu? As cercas que dividem os campos por aqui chamam-se *tapu*. Tapu, nesse sentido, quer dizer: não pode passar. É um aviso, não um obstáculo. Como você sabe, da voz polinésia *tapu*, vem o nome universalizado *tabu*. *Sacer* para os romanos, *agos* para os gregos, *fady*, para os habitantes de Madagásgar.[43] O porquê

---

43. Castro, J. *Fisiologia dos Tabus*, op. cit., págs. 7 e 8.

de que tratamos é tapu, proibido e sagrado, repetimos para não penetrá-lo. É um lugar marcado por uma placa de *proibida a entrada* aquele recinto sagrado onde o antepassado assimila-se ao homem vivo; a proibição pode ser resolvida pelo recurso à descendência, quando sou o antepassado dos pósteros. A descendência amplia o tempo total imaginário, desloca o problema de pensar a origem para uma repetição, dá a volta na cerca tapu, no tapume (que vem de tapar e não de tapu, é honesto dizer). Quando se dividem as descendências, todavia, e os antepassados estão em guerra pela via de seus filhos/discípulos, mais do que a destruição concreta das raças — os hanau eepe liquidados pelos hanau momoko, que desejavam dominar —, dissolve-se o vínculo de fundação.

15

Analogamente à comida, só um moderado grau de violação do tabu assegura a tensão necessária para que se torne significativa a produção da obra humana em geral. Menos, há repetição; mais, um descontrole que leva igualmente à perda do mana. Perto de nosso hotel, à distância de um passeio pós-prandial, existe uma gruta à beira mar, em que se desce facilmente por degraus de pedra e donde se vê o mar onipresente lambendo os negros dentes vulcânicos da boca da caverna. Seu nome é *Ana Kai Tangata*, ou *gruta dos canibais*. A moderação é aqui assegurada pela dubiedade do próprio nome. Não é absolutamente certo que tenha algo a ver com o canibalismo; a denominação pode designar indiferentemente uma *gruta onde se comem os homens* ou uma *gruta onde os homens comem*. Nas paredes, há uma formosa pintura de aves marinhas esvoaçando, viva produção.

Sentados nas rochas que recortam a entrada, respingados pela espuma das ondas, podemos agora refletir com a calma de um bom almoço e de uma longa tarde à frente. Os hanau eepe e os hanau momoko, os orelhudos e os de orelha curta, para ficar na tradição menos erudita, qual o grupo dos lacanianos e qual o dos kleinianos? (Tomemos essa oposição como paradigma, embora seja ela tão provisória, local e inexpressiva em face da essência do saber psicanalítico, como qualquer outra vigente ao norte ou ao sul do trópico que liga São Paulo a Rapa Nui.) Essa pergunta não é perfuntória, uma vez que os eepe queriam aniquilar e foram aniquilados, e que temos amigos dos dois lados. Demais, que será de nós que não pertencemos a nenhum dos grupos?

A solução do problema do porquê pela via da descendência significa, em termos comuns, que não pretendo viver minha vida em sua radicalidade breve, mas prefiro ignorar a raiz multiplicando os galhos. Se não me animo a pensar a Psicanálise, por exemplo, e tentar resolver os problemas interligados do método psicanalítico e da alma humana, aceitando ser provavelmente derrotado nessa tentativa, nada melhor terei a fazer do que reproduzir o legado meio compreendido e reproduzir-me, num grau a mais de ignorância, em discípulos fiéis. Se eles crerem que eu sei, já que sei mais do que eles, acabarei por me convencer de que realmente sei, recriando em seus olhos meu olhar. A tensão acumulada pelo lento desmembramento do antepassado em ancestrais prepostos, quando a ignorância crescer até o ponto de ruptura, pode lançar os discípulos uns contra os outros, tentando entredevorar-se para salvar o mestre, quando, na verdade, banqueteiam-se por gosto de carne alheia.

Assim, diz-se, caiu a civilização rapanui. Antes mesmo da chegada dos exploradores escravagistas, no final do século XVIII e durante o século XIX, a história da ilha já estava terminada para fins práticos, o tempo acabado, embora, ressalte-se uma vez mais, não o sonho dos moai. Estes, mui simplesmente e sem qualquer consideração, haviam sido postos abaixo. Foram encontrados no chão, de boca para baixo, olhos cegos na sujeira. A hipótese mais aceita é a de que, em meio a lutas raciais de que apenas lendariamente nos dá notícia a tradição, profanaram-se os locais de sepultura familiar e tribal, pois com a derrocada das estátuas procurava-se destruir a raiz identitária do grupo adversário. Nem é preciso dizer, naturalmente, que nenhuma estátua permaneceu em pé; todas sucumbiram ao vai e vem da luta fratricida. Superficialmente falando, pareceria que estavam a valer-se os ilhéus dos recursos da guerra psicológica, destruindo ou humilhando os símbolos de poder, unidade e permanência do clã inimigo. Nada nos obsta crer, entretanto, que tal compreensão estratégica, própria de nossa cultura requintadamente destrutiva, esteja mais correta do que se pensa. Podiam estar mesmo fazendo uma guerra psicológica, ou, mais ainda, uma guerra psicanalítica, castigando os moai, derrubando alegremente os sinais eretos do homem ancestralizado. Desgostosos de serem homens, não se suicidaram, mataram os iguais, comeram-nos — mas quem come o vizinho, devora-se a si mesmo —; por fim, derrubaram o homem, o porquê. A antropofagia e a iconoclastia desenfreadas são dois momentos distintos da mesma atitude diante do porquê: suprimem a delicada tensão produtiva entre conformidade e violação do tabu. Constituem, por conseguinte, a mais eficaz das respostas, ao suprimir a pergunta.

Nossos orelhas curtas e orelhudos psicanalíticos estão ainda na fase de ataque ao santuário alheio. Também se comem uns aos outros, se não em carne ao curanto, pelo menos em reputação, clientela, denúncias éticas e disputa de mercado. Ainda há de correr certo tempo até que invistam contra todos os sinais do mana original, do método, deixando por terra restos de ahu e moai tombados. Nosso tempo ainda não acabou. É verdade que há muito mais consultórios e cursos do que Psicanálise. É verdade também que a Psicanálise míngua, na exata medida em que nossas instituições a pretendem defender; pois se defende a formalidade contra a essência: há lugares onde se diz com orgulho que só se pratica análise quatro ou cinco vezes por semana, mesmo que seja com pouquíssimos pacientes, sendo psicoterapia o que é feito com todos os demais, os que são vistos duas ou três vezes, ainda que sob o mesmo método. É verdade ainda que o método esteja manietado ao ritual do *setting*, que o tentamos limitar à pseudo-exploração das poucas áreas já conhecidas, reagindo com aversão e repúdio ante qualquer abertura de novo campo. Entretanto, um punhado de psicanalistas, espalhados em lugares esconsos como os antigos *kio*, em grutas ou mesas de trabalho, continuam a investigar a alma desconhecida do homem.

Sob o teto ornado de esvoaçantes pássaros, que se esvaem no tempo e na umidade, as cores avermelhadas e brancas diluindo-se contra o cinzento da rocha, dediquemos um instante de silêncio à contemplação da resposta final, da solução psicótica do porquê humano.

16

Uma volta circundando a ilha é o que nos aconselha agora o interesse turístico, porque turistas somos sempre. A estrada é precária e nem sempre há uma estrada. O Poike deve ser percorrido em campo aberto, subindo de jipe o morro, para alcançar o penhasco alcantilado onde se abrem algumas das cavernas em que os *kio* outrora se ocultaram. Numa delas há belas pinturas e petroglifos, que nos compensam da descida algo arriscada pelo despenhadeiro e da perspectiva vertiginosa das ondas que se quebram dezenas de metros abaixo.

No outro extremo da ilha, das alturas do Maunga Tere Vaka, seu ponto culminante, tem-se a noção exata da solidão. Se o tempo ajuda, pode-se admirar um raro horizonte de 360°, puro mar e redondez do planeta. Lá se chega a compreender que estamos num planeta e que o planeta é, nalguma medida, esta ilha perdida.

Sobretudo, porém, impressiona a sucessão dos ahu, espalhados por toda a extensão da costa, muitos com seus moai ainda tombados, uns poucos reconstruídos. O sinal do esforço humano, os grandes moai transportados a dezenas de quilômetros da pedreira de origem, com seus toucados-coroas, lavrados em rocha vermelha e rolados, por sua vez, de outra parte distante, para encontrar os corpos. Tão monótonos os moai como este texto, mas grandiosos eles, humanamente grandiosos, portadores da marca do trabalho humano. Neste local quase desabitado, a presença do homem é tão forte que, desconhecendo-se, ele se pergunta se acaso não foram homens que tudo isso fizeram. Extraterrestres? Somos nós os extraterrestres, os alienígenas, os que foram gerados fora, fora de Rapa Nui, fora de si.

Por inexata que seja, a idéia das estátuas caminhantes, os *aku aku* de Heyerdahl, forma uma bela e verídica teoria. Não poderia ela ter nascido simplesmente de uma fantasia mecânica, altamente improvável e artificiosa, sem a ajuda de certa verdade mais profunda. O caminhar das estátuas é quase necessidade estética, quer o concebamos como a força combinada de centenas de homens, que as abraçariam para girá-las lentamente, quer creiamos na força interior combinada de um povo inteiro, operando pela via do mana real. Mas por que caminhariam as estátuas, que obscuro desejo as arrastaria por léguas até a costa? Isso ao menos se pode saber. Completas, eram levadas aos ahu, onde recebiam o dom final e mais precioso, seus olhos de coral, madrepérola, obsidiana, osso de tubarão e escória vermelha, que tal era o conjunto de materiais usados. Andavam, pois, os moai em peregrinação a busca de olhos, como nós aqui. Que sabemos da visão? É a forma preferencial pela qual os homens se reconhecem, superada a primazia do olfato. O olhar alheio, freqüentemente revestido da qualidade auditiva de palavra, é responsável pela forma que você possui e da qual não sabe fugir. Os olhares cercam-no, interrogam-no, constrangem-no a ser o que é. Se quero ser diferente, escondo-me. Esconder-se, por oposição a mostrar-se ereto, como um moai, constitui ação tão primitiva e arraigada como morder ou copular. O homem escondido, o *kio*, oculta sua intimidade e acredita com isso ser mais ele mesmo. É um equívoco consolador, mas é um equívoco de qualquer maneira, que quase dá pena ver a Psicanálise desfazer. Não há esconderijos, depois que se descobriu o superego, você sabe, embora talvez não o queira saber. Sua intimidade é tão-somente a forma de outro olhar, impregnado, interno, iniludível. De quem pois é o olhar? Do moai, de quem haveria de ser? O antepassado morto vive para olhar, para constranger os descendentes a assumir forma humana. A construção do moai é, por conseguinte, um estágio intermediário pelo qual as gerações de homens fixam uma forma para as gerações seguintes, uma colocação em evidência do patrimônio "ante os olhos", transmitido genética e culturalmente. Turistas, locomovemo-nos para olhar, olhamos em círculo, vemos tudo menos a essência das coisas, o real, o pensamento do moai que nos pensa no tempo acabado de um sonho persistente.

Cansados do giro, enfim, paramos em Anakena — praia onde desembarcou Hotu Matu'a, segundo a lenda — para o lanche e um banho de mar. Areias brancas e negros moai, alguns coqueiros à volta. Festa para os olhos. Você já se sente mais leve, não é mesmo? Há como que uma expansão no ato de mirar a paisagem. Nós estouramos a constrição imposta pelo olhar circundante, apossamos-nos do olhar e este expande nossa forma até os limites do visível. Aqui você relaxa, cresce em volume, lambe o mar que lambe a praia, come solto, bebe fácil. Nem quer mais voltar. Para onde? Para São Paulo, talvez responda; na verdade, nem para a ilha de Páscoa quer voltar, de onde não saiu sequer. Ou terá saído? Pode ser. A ilha é pesadamente humana, cercada como está pelos olhares convergentes dos moai; esta praia abre-se para o horizonte. Vem daí, uma vez mais, a pergunta predileta dos turistas: por que não olham os moai para o mar? Nesse momento já podemos compreender melhor a raiz do disparate que ela contém. É que gostaríamos de fugir ao círculo aprisionador dos olhares mais que humanos dos moai, ao extrato puro de visão que nos constrange a ter forma humana. Por que não se distraem um instante, como nós? Por que zelam incansavelmente pela imortalidade da forma humana? Não merecemos tanto, cavalheiros, queiram ter a gentileza de desviar um instante de nós seus olhos, por favor. Se não, nós os derrubaremos de cara no chão. Nós os cegaremos, tão logo nossos atos sejam reprováveis ou cheguemos a sentir que somos indignos da herança recebida. Talvez sentindo isso e para furtar-se ao círculo de olhares reprovadores, pois que estavam destruindo o legado duplo representado pelas descendências e pelo patrimônio formal da cultura, é que se tenham encaminhado os rapanui à terrível ação vingativa contra os zeladores da forma humana.

De nossa parte, seguimos analisando. Que é uma análise? Demoradíssima peregrinação em busca do olhar. Há um engano cruel contido na livre tradução da palavra *insight*. Sugere-se que o analisando busca encontrar uma visão para dentro, enxergar-se interiormente. Isso, homem algum deixa de fazer em sua vida. Olhando para dentro, vê-se pelo olho do superego, condena-se o paciente à forma particular que recebeu de sua história, que amputa muitas das possibilidades de ser homem. É preciso, antes, que aprenda a olhar para fora, mas não a olhar para fora olhando para dentro, vendo o mundo como infinita repetição de si mesmo. Ora, olhar para fora também se pode facilmente fazer, com o olhar distraído do turista. O olhar que a análise ambiciona alcançar passa obrigatoriamente pelo moai, quer dizer, pressupõe um encontro com a forma humana em estado puro. Para tanto, o paciente não tem recurso melhor senão olhar para o analista. Claro que se o fita, literal ou simbolicamente, só poderá copiar uma outra forma de ser, tão particular e repreensível quanto sua própria — daí procede a falácia de se exigir do psicanalista em formação que se aperfeiçoe até não ter pontos cegos. Na verdade, não se requer para a prática da psicanálise um analista acima de qualquer suspeita, encarnação da forma humana idealizada. É mister tão-somente dispor do correto movimento metodológico, pois o cliente, deitado de costas, em todos os sentidos, não chegará a inspirar-se no terapeuta, espera-se, mas deverá atingir um grau mínimo de contemplação da forma humana como tal, através de seus próprios conflitos e paixões; descobrindo em si a humanidade, que os olhares antepassados constrangem a permanecer igual a si própria.

Como se sabe, o encaminhamento psicanalítico dessa contemplação difere bastante daquele que propõe a filosofia. O psicanalista não pretende afastar as ilusões do particular, porém nelas imergir a fim de facultar que, da crise das fantasias de prazer e dor, surja aquilo que deve ser tomado em consideração: o desejo. A construção e ereção do desejo contêm a mesma espécie curiosa de universalidade dos moai: qualquer que seja o caminho que tenha trilhado, termina sempre por ser igual a si mesmo, e igual ao homem, àquele que se pôs em pé, contrariando a lógica de sua anatomia. Essa é a dimensão propriamente teórica da Psicanálise. Nossas teorias, do ponto de vista clínico, são retratos interiores do homem, que se prestam a um processo identificatório; processo legítimo, quando o objeto de identificação é o movimento de criação teórica, a descoberta do inconsciente, pois este movimento exprime aquilo que é essencialmente humano, a descoberta; processo daninho, porém, se a identificação reproduz a forma congelada e parcial que oferece qualquer teoria constituída. A identificação com a descoberta do humano acontece na prática clínica, como é óbvio, com mais clareza do que nos livros; talvez não fosse tão absurda, ao fim e ao cabo, a conduta freudiana de instruir seus pacientes na teoria em fase de criação (numa teoria consolidada teria sido totalmente absurda), pois cada teoria é como o moai: ao ser levantada, espelha o passo que, do antepassado vivo-morto, designa ao póstero a conformidade constrangedora e gloriosa com o tipo humano. É muito estranho como, ainda que o negando taxativamente, usam os analistas interpretações que são no fundo enunciados de teorias; crê-se, pois, nas virtudes curativas da comunicação de uma teoria psicanalítica, o que pode até fazer sentido. Devemos supor que em cada conduta convencional oculta-se uma atitude absurda, e por baixo dela esconde-se a possibilidade impalpável do saber: uma revelação autêntica sob cada tolice. Afinal, ao contrário das teorias científicas comuns, que se arrogam apropriar-se de uma verdade excludente, cada teoria psicanalítica, como cada moai, representa apenas uma imagem estilisticamente coerente do homem, que bem pode funcionar como objeto de contemplação. E quem se contempla em universalidade, peregrinando o suficiente para merecê-lo, acaba por liberar-se o bastante da prisão das fantasias pragmáticas a fim de poder olhar para fora e expandir-se no real. Nossas teorias devem ser mapas de caminhos que levam para fora da prisão do particular, ao exprimirem uma das formas possíveis do homem psicanalítico. *Insight* é simplesmente isto: olhar para fora sem lá ver sua cara multiplicada; olhar buscando a visão do humano em geral; olhar para dentro do fora, lugar onde se ilumina o cerco ineutável dos olhares determinantes da forma interior do sujeito, que então se reconhece plenamente.

Na Psicanálise, dois estilos teóricos pugnam pela primazia. O primeiro, a que se poderia chamar *estilo existencial*, considera os movimentos da vida humana concreta, as formas de inter-relação, os diferentes estratos da existência, o quotidiano, deslocando-se deste plano para os fundamentos metapsicológicos e psicodinâmicos subjacentes. O outro, o *estilo pulsional* de construção teórica, movimenta-se em sentido contrário; isto é, começa do jogo dos instintos e da mecânica da alma, para encontrar os representantes concretos desse jogo, ao fim do percurso e a título de exemplo, na superfície da vida comum. Mais que teorias diversas, como disse, são estilos de construção, quase estilos de escrita. Vale um tanto quanto o outro. No entanto, talvez seja o embate desses estilos que mais vítimas tem produzido nas guerras raciais psicanalíticas. Haverá um terceiro termo que solucione o impasse? Novamente, cabe ao moai responder. De dentro para fora ou de fora para dentro são falsas opções; o lugar do humano, o universal da singularidade, é uma imagem, ele nos ensina, que é anterior à bipartição imaginária do espaço; o porquê, onde o homem apropria-se de sua forma de ser, funda plenamente pulsão e modo de vida, ainda que, como acabamos de ver, possa percorrer caminhos distintos até à entronização em seu ahu.

17

Se o que interpretamos é fato ou não, pergunta-me você? Não creio que sua pergunta faça sentido, não pelo menos um sentido simples e respondível. Sei que estou tergiversando. Concordo, isso de nunca responder a coisa alguma é vezo de analista, quando não desculpa de mau pagador. Respondo então, às vezes é fato e às vezes não é; porém mesmo quando é fato comprovado, não por isso responde ao porquê; e por duas boas razões: primeiro, o porquê não se responde com fatos, é teleológico; segundo, a interpretação psicanalítica não se comprova por evidenciar algum fato, corrobora-se mas não se comprova. Em particular, o porquê psicanalítico sempre desce ao tempo mítico e só de lá retorna ao mundo dos fatos e acontecimentos concretos. Mas deixe-me tentar ser mais claro, que assim não chegamos a parte alguma.

Venha comigo. Nossa ilha, além de isolada, é desolada. Sua beleza profunda vem disso talvez. Em Vera Cruz ou na península de Yucatán, no México, a floresta é feroz, trepa pelas pirâmides maias e pouco falta para cobrir as cabeças olmecas, mesmo no parquezinho a elas reservado em pleno centro de Villahermosa, quanto mais no sítio original de La Venta, onde foram descobertas. Baixando a cordilheira andina a partir do Callejón de Huaylas, encontramos as ruínas de Huari, em luta corpo a corpo com as bordas da selva amazônica, de um lado, e com os aluviões lamacentos que escorregam dos Andes, de outro. Na Índia e até no Nepal, os templos convivem com o burburinho de homens, macacos, vacas sagradas, pombas e floresta. Não aqui. Há uma grandeza diferente na estátua abandonada em meio à vegetação rala ou a nenhuma vegetação. Algo do templo egípcio ou grego, outra forma mais sagrada, porque se destaca humanamente contra a desolação, existe na Ilha de Páscoa. Como já deve ter percebido nos ossos, há um silêncio anterior a qualquer palavra, opinião ou maravilha.

A respeito do desaparecimento das florestas locais as teorias variam. O padre Sebastián crê num grande incêndio, os guias locais, com sua férvida e simplista imaginação, afirmam que as árvores foram cortadas para transportar os moai, o que, se não é totalmente crível, envolve, como vimos, certa harmonia poética. Nalguns textos, mais novos e mais científicos, aposta-se no desequilíbrio ecológico provocado por excesso populacional e mau emprego da terra. Curiosamente, do ponto de vista psicanalítico, a discordância de opiniões assinala uma concordância. Um padre acha que foi pelo fogo, como a Geena ou o Armagedon; um guia, que se metamorfosearam em estátuas as árvores, para o prazer de seus turistas; os cientistas preferem um mito contemporâneo, o da ecologia. E a ecologia é mito? — gritará alguém. Claro que sim, é o velho mito do pecado ou *hybris* e da justa punição. Abuse da natureza e ela o castigará. Abuse da masturbação e sofrerá de loucura ou de espinhas. Abuse da comida e engordará. Não importa se uma proposição é corroborada pelos fatos ou por eles infirmada para que se possa dizê-la mítica. Verdade ou mentira sob o prisma fatual, o mito personaliza a origem por uma decidida imersão na ordem da descendência, situa o ato humano antes do mero fato, encontra ou projeta uma relação jurídica, mas sobretudo conforma-se plenamente a certa estrutura sentencial. Há uma razão para as coisas e esta é razão humana, é porquê, posicionado para além do tempo comum, no silêncio gerador. Que é a natureza vingativa e justa da ecologia, senão um reflexo tardio da grande mãe, de Gea ou de Ceres, misteriosa em seu curso como Cibele, a mãe primordial contra quem os homens se levantam por sua ação concreta, para serem constantemente derrotados?

Que não é mítico, pois? — pergunta-me agora. A interpretação não é mítica, por exemplo. Há uma diferença essencial. Se pronunciamos a antiga fórmula da causalidade de maneira superficial, reeditamos o mito, em nova roupagem. Se, pelo contrário, desejamos ir ao plano onde o mito se organiza, para lá interferir discretamente, dando-lhe condições de emergir pujante, não podemos afirmar nada: nossa interpretação deve apenas fomentar, *deixar que surja, para tomar em consideração*. A interpretação psicanalítica, fiel aos ditames de seu método, ambiciona descer ao nível mitopoiético do discurso humano e de suas realizações, que é onde se oculta o porquê. Mas não o pode pronunciar diretamente, mesmo porque não possui via de regra palavras adequadas; assim, contenta-se em pronunciar um possível. Que este se verifique ou não, é problema relativamente secundário. Fato ou não fato, a sentença interpretativa — e ainda mais do que ela, o trabalho da interpretação, esses pequenos toques emocionais fugidios que suscitam o inconsciente, o porquê, em sentido forte —, mesmo quando parece apontar para uma conexão causal, para uma origem concreta e para derivações lógicas mais ou menos racionais, vale simplesmente pelo que evoca, e só muito menos pelo que afirma. Nossa interpretação conclama o *quê* para que se pronuncie e, se registra seu pronunciamento em textos escritos, nunca deve ser tão ingênua a ponto de estatuir em moai qualquer dos registros precários.

Caminhemos portanto. Nossas hipóteses não são hipóteses, porque não pedem comprovação; vão sempre para a frente, navegam na produção de sentidos, esperando roçar o nível mitopoiético e fazê-lo produzir. Por causa disso, o psicanalista faz papel tão ridículo quando se desvia um pouquinho que seja do justo estatuto de sua escrita ou fala, e afirma, disputa, constata, garante. Principalmente quando usa um dos esquemas teóricos para explicar o comportamento humano e o mundo social. Tendo escrito muito, arrisco-me, portanto, a fazer aqui péssimo papel. Não me julgue severamente, amigo, que tudo o que desejo é convidá-lo para um passeio na terra de Hotu Matu'a, zona fronteiriça entre Psicanálise e filosofia, por ambas reclamável, se tivessem interesse ou ambições de posse nessa terra exígua e árida. A estrutura teorética da Psicanálise confronta com a filosofia, se se quer fundar validamente na raiz do homem, superando a precariedade das afirmações pseudoteóricas sobre o figurino exato do "comportamento psíquico" ou da "gênese fantástica das emoções"; enquanto a clínica pode substanciar o longamente sonhado projeto de uma autêntica filosofia prática da descoberta do homem. Caminhemos por este espaço recluso do mundo, ilha, consultório, fronteira interdisciplinar. É preciso convir que o esforço em direção ao cume é felicidade suficiente para Sísifo, como já escreveu Camus.

18

"Das tabuinhas onde se inscrevia o rongorongo, quase todas se perderam. Ao todo, restam quatro no Museu Nacional de História Natural de Santiago, quatro em poder da Congregação dos Sagrados Corações, em Grotaferrata, perto de Roma, uma em Paris, uma no British Museum, duas no Museu Etnográfico de Viena. Há também a reprodução fotográfica de mais uma, queimada, durante a Primeira Guerra Mundial, no incêndio da Universidade, em Louvain. Uma daquelas que se encontram em Santiago também está parcialmente queimada, como resultado, ao que parece, das guerras raciais em Rapa Nui"[44]. Métraux contou 21 tabuinhas e três peitorais inscritos, em 1957. Davis-Drake, em 1989, enumera 28 exemplares, contando os fragmentos. Com tão poucos documentos e diante do desconhecimento atual do idioma rapanui antigo, a possibilidade de decifração da escrita tradicional é bastante remota.

Serão culpados disso os próprios ilhéus, que as teriam destruído durante as "guerras raciais"? Seriam os primeiros missionários incumbidos da evangelização os responsáveis, por desejarem suprimir a memória religiosa local? Parece que no afã de salvar o legado precioso dos antepassados, os mesmos rapanui esconderam-no bem demais e em locais demasiado úmidos, de maneira a não mais o poderem recuperar, ainda quando seu valor no mercado de antigüidades bem justificasse o trabalho de busca; pelo menos foi isso o que me contaram. De qualquer forma, o que está feito está feito; perderam-se as tabuinhas e perdeu-se o rongorongo, no que nos diz respeito. A história é triste, mas tem seu lado irônico.

Segundo etimologia abonada por nosso autor, o nome correto da escrita teria sido *Kohau motu mo rongorongo*, ou simplesmente *Kohau rongorongo*. "A palavra *hau* significa primeiramente fio ou cordel, mas também uma linha traçada a cordel, uma linha reta. O artigo *ko*, estando inseparavelmente unido a uma palavra, designa um objeto por excelência ou antonomásia; neste caso, linhas por excelência, as conhecidas linhas"[45]. A tradução do nome completo da escrita seria, de acordo com a etimologia acreditada: *as linhas de inscrições*

---

[44]. Englert, S. *La Tierra de Hotu Matu'a*, op. cit. pág. 252.
[45]. Id., ibid., pág. 249.

para a recitação. Àqueles que as sabiam ler e dirigiam as recitações, cabia o título de *maori rongorongo*, mestres do rongorongo. Ora, mais gravemente do que ter destruído a maioria das tabuinhas inscritas, a colonização da ilha de Páscoa teve como conseqüência o desaparecimento dos sábios que as podiam ler. Os últimos foram raptados e levados escravos ao Peru, como já se disse, ou morreram na volta, quando trouxeram consigo a morte civilizada do continente à ilha. Também para a escrita o tempo aqui acabou, irremediavelmente.

Há uma escrita, há sentido fixado em tabuinhas, podemos vê-las, podemos vê-lo, não podemos saber que significa. Há o *quê*, falta o *por*, o porquê está incompleto, sentido sem significação. Como resgatá-lo? Houve tentativas um pouco fantasiosas de interpretação, geralmente desacreditadas pelos especialistas. Um artigo recente[46] demonstra o estado atual da discussão acerca da leitura da perdida escrita. Como as tabuinhas estão inscritas sempre nas duas faces, em linha contínua, embora cada linha seguinte esteja invertida na vertical com relação à anterior, o autor acredita que a hipótese de uma leitura de "tipo *boustrophédon* invertido" — isto é, em que se lê primeiro da esquerda para a direita e depois da direita para a esquerda, porém virando o texto de ponta cabeça a cada vez — não se justifica, e propõe, como alternativa, uma leitura de "tipo cilíndrico" — com a tabuinha sendo percorrida da esquerda para a direita, depois invertida a face, para a seguir ser rodada 180°, o que deixaria a nova linha em posição correta. Seu argumento final, no entanto, não soa tão convincente quanto a engenhosa hipótese: "o gênio inventivo dos rapanui, demonstrado pela sua habilidade em fazer descerem as estátuas da pedreira (...) demonstrou-se também na criação do rongorongo. É razoável que aplicassem o princípio da espiral ao inscrever as tabuinhas"[47].

Entendeu? Não? Na verdade não é tão difícil de entender quanto parece, se se tem à vista uma das tabuinhas ou sua reprodução moderna em madeira. O problema não é o de conhecer o estilo *boustrophédon* de escrita, que literalmente significa *virar como bois arando*, nem o de ser possível uma leitura cilíndrica do rongorongo; as sentenças finais do artigo citado mostram nosso problema: superficial admiração genérica e profunda ignorância específica. Essa, nossa atitude geral com respeito à ilha de Páscoa. Por isso o turista apressado pergunta

---

46. Robert Koll, *The Mechanics of Reading Easter Island's Rongorongo Tablets*, Rapa Nui Journal, vol 4, nº 2, pág. 22, 1990.

47. Id., ibid., pág. 23.

sempre: por quê? Ele, você ou eu desconfiamos que haja um porquê, mas, como preferimos maravilhar-nos do que aprender, exigimos que o porquê entregue-se de imediato e que seja estapafúrdio, sensacional, mais que humano. Se nos detivermos um pouco mais, e já estamos aqui há quatro dias, o tempo específico local se nos impõe e mergulhamos, deixamos que surja o sentido das interrogações, detemo-nos em pormenores e contradições, na ironia constante da coisa humana, e o assunto complica-se, ou melhor, ele se de-simplifica.

Ora, como você pode ver, o curso de nossa experiência analítica em Rapa Nui conduz-nos, lenta mas indubitavelmente, a algumas pequenas conclusões. Em primeiro lugar verificamos que a Psicanálise é aqui possível, se se chama *Psicanálise ao caminhar em direção ao sentido humano, deixando que surja, para tomar em consideração, por meio de sucessivas rupturas de campo, o porquê*. Pessoalmente, acho que Psicanálise é exatamente isso. Por fim, como conseqüência das rupturas já ocorridas, deparamo-nos com a conclusão maior: Rapa Nui é a Psicanálise. Isolada como um consultório, na cidade grande, e como nossa ciência-arte, no turbilhão da técnica; desolada como o Campo Psicanalítico, onde, por contraste com o princípio inóspito de ruptura de campo, destaca-se o sentido humano em forma plena, como são os moai na poeira; misteriosas ambas, pois fazem emergir o pressentimento do porquê, condição de todos os mistérios. Não se estranhe tanto essa conclusão, uma análise é também a Psicanálise, qualquer estudo psicanalítico é a Psicanálise, se o levamos radicalmente a seu fim último. Nesse caso, o objeto de qualquer análise particular transforma-se em Homem Psicanalítico — e o Homem Psicanalítico é a própria Psicanálise, enquanto forma objetiva —, porém, cada vez que o redescobrimos, nossa sentença de identificação (isto é a Psicanálise), só tem o alcance de uma interpretação: faz surgir algo antes impensado neste campo em que agora estamos. Já se disse, mas talvez sem o entender completamente, que a psicanálise é uma doença de que pretende ser a cura. Com efeito, o método psicanalítico não difere de seu objeto (o Homem Psicanalítico) senão posicionalmente, pois ele cria o que revela, ou seja, no caminho da cura, desce ao nível mitopoiético, ou de *criação proferida*, como mal e mal se poderia traduzir. No fundo, sempre descobrimos a Psicanálise numa psicanálise, truísmo que, se por um lado leva a extremos de banalidade e impostura, como a dizer ao paciente que a Psicanálise é mais importante do que sua análise, confere, por outro, magnitude mais do que científica à nossa prática.

Como pô-la por escrito? Falar é fácil, como se diz. Não tão fácil, claro, pois conduzir uma sessão ou uma análise requer também o uso especialmente cuidadoso da fala por parte do psicanalista, que não pode afirmar, mas deve partejar sentidos, geralmente por meio de rupturas intencionais da estrutura habitual de seu próprio discurso. Convém ao analista escutar as condições emocionais da fala do analisando como quem se transplanta ou se move, comove, para dentro delas, *sendo*, provisoriamente, a conjunção de idéias e sentimentos que se lhe oferecem; vale dizer, usando parte de seu ser para transformar-se naquilo que escuta, em vez de concebê-lo à dis-tância teórica, sob o manto de algum conhecimento aprendido. Só então se pode falar na clínica. Não é fácil talvez, mas sempre se faz e os pacientes ajudam a desfazer aquilo que é mal feito. Mas, escrever? O sentido está aí, sente o analista, o *quê* surgiu, como propiciar-lhe um *por* coerente e comunicável? Muitos desesperam da empresa e repetem lugares-comuns. De fato, existe uma escrita psicanalítica, Freud a praticou, por exemplo e como exemplo. Será possível ainda lê-la, ou já desapareceram os maori kohau rongo-rongo? Sabe, às vezes penso que desapareceram. As "leituras" de Freud tornaram-se tão sofisticadas e inessenciais, quanto nosso artigo sobre a mecânica de leitura do rongorongo. Pouca gente lê em Freud a descoberta do inconsciente e do método psicanalítico, mas contenta-se em procurar conceitos teóricos e regras práticas. Você não acha, meu amigo, que se alguém lesse Freud ou outro dos grandes autores psicanalíticos, com olhos voltados para seu sentido de descoberta, pôr-se-ia de imediato a campo para tentar refazer as mesmas descobertas e descobrir outras coisas, outros setores da alma humana? Concorda, que bom; não é uma grande constatação, mas é uma pequena e sadia conclusão de nosso passeio.

Por não saber ler, também não somos capazes de escrever, de costume as deficiências acompanham-se. Aceitemos que, como o rongorongo, a escrita psicanalítica seja destinada a uma recitação: isso é provavelmente inevitável. Nas reuniões de nossas Sociedades e grupos psicanalíticos, a recitação é evidente. As tabuinhas do rongorongo celebravam o deus Makemake ou os deuses menores — são os textos ditos *kohau kiri taku ki te Atua*, nome, a propósito, de desconhecida significação —, ou eram compostas em homenagem aos feitos de pessoas importantes — os *kohau ta'u*. Hinos, teodicéias e anais ou necrológios, a variedade da produção não é espantosa. Ainda assim, o bom maori rongorongo psicanalítico, consciencioso e capaz, precisa estar apto a esticar o fio, o *kohau*, que ata e dirige as várias vozes de uma correta recitação, de forma a permitir que o método sobressaia sobre as diferenças provisórias entre diversas formulações escolásticas. Nosso método-kohau precisa estar esticado, amarrando os diferentes autores, caso contrário falamos ao léu. E brigamos, brigamos. Quebramos tudo, deitamos abaixo os moai, a figura humana psicanalítica essencial, no conflito das descendências; em breve não saberemos mais produzir descendentes com forma reconhecível, com uma cabeça em cima do pescoço, só discípulos-pacientes, de queixo preso ao peito ou sem cabeça alguma.

Como então escrever, para lá da recitação, numa escrita cada vez mais perdida e menos recuperável. Seria preciso também reiventar nosso rongorongo. Tome um fio, estique-o bem, risque com ossos apontados de fragata, dentes de tubarão ou lascas de obsidiana, faça algumas inscrições canhestras na sua tabuinha, depois de um dia de sessões. Nada muito complicado, se me entende. Apenas uns sinais para a memória, mas que contenham a verdade sobre o que se descobriu hoje. Dali pode renascer a escrita psicanalítica. Primeiro alguns sinais esparsos, como um pedido de socorro, depois juntar o sentido de descoberta de duas ou três linhas de rongorongo. Isso já será uma prototeoria. Leia em seguida algum bom autor, que nem precisa ser psicanalítico, e tente nele decifrar o pedido de socorro irmão do seu. Eu vi, não entendi muito, aí está o quê. Tente vislumbrar o *quê* e já estará um pouquinho *por*. Depois, selecione com cuidado, e mostre a alguém. Talvez ele lhe diga que também viu, ou que vai prestar atenção da próxima vez. Isso já é o começo da reinvenção da escrita, se não me engano.

Quem sabe você goste de escrever. Eu gosto, é o que me dá mais prazer, depois do consultório, nessa misteriosa e simplíssima profissão de escutador. Não é permissível hoje pretender ir muito longe com a escrita da Psicanálise. Mas podemos tentar criar um estilo. Se este for um estilo psicanalítico, terá de levar o dito onde ainda não se disse, à ilha de Páscoa, por exemplo, ou a qualquer outro fim do mundo conhecido, físico ou psíquico. Convém não complicar; convide um amigo para um passeio e conte-lhe o que viu, para que ele também possa ver; mas por escrito, pois outro amigo desconhecido pode estar interessado em se unir ao grupo. Considere que os homens vivem em muitos lugares e de maneira distinta, com tempos próprios e pontos de vista alheios; tente penetrar em todos os surgimentos do homem, ou nalguns pelo menos, pois nosso negócio é negócio humano, logo exige que busquemos penetrar onde quer que o homem se esconda e se mostre. Experimente reiventar modestamente a Psicanálise, sabendo que, como o homem, ela surge reinventada em muitos lugares e de formas distintas, porém sempre original. Seria consolador se ao menos pudéssemos escrever a continuação do texto de alguém, para que alguém mais continuasse o nosso, fazendo descendência escrita, sob o primado de uma forma geral ou moai. Hoje, todavia, essa forma confundiu-se e temos de a recuperar, para que, no mínimo, seja compreensível para todos os homens letrados e até para todos os psicanalistas. No mínimo, nela deve caber confortavelmente o inconsciente e esticar-se o cordel do método, para que o leitor, se houver, continue nosso sonho para lá do tempo acabado, para que se descubra por meio do texto e passe a considerar seu próprio desejo, ainda que na forma mais geral e tosca de moai. No mínimo, nossa escrita tem de expressar o *quê* e ser um *por*, verdade? Sente-se, no mínimo, por cem horas e rabisque um pequeno texto como este, que já se encaminha manquitolando e repetindo-se para o fim. Depois, pode descansar, como eu também agora vou descansar; pois amanhã, meu amigo, subimos o Rano Kao, bem cedo, com a brisa da manhã e os sonhos da noite soprando cheios em nossa face descoberta. Boa noite e até amanhã.

19

Rano Kau, Rano Kau. Saímos cedo e andamos, andamos e subimos. Foram os sonhos ou a conversa da véspera? Parece que um travo de melancolia pesava sobre nossos passos quando deixamos o hotel de jipe, logo afastada pela brisa matinal. A melancolia é solipsista e o solipsismo, mais do que paranóico ou onipotente, é melancólico, como um banquete canibal em que o prato de resistência fosse o próprio corpo. A um escritor cabe escrever, sem que a impossibilidade o atrapalhe ou a falta de compreensão estorve: o escritor, tal qual o caminhante e o analista, anda porque tem pernas, para além de todos os pretextos. Toda análise descobre a Psicanálise, todo escrever tematiza a escrita, mas isso não importa muito; a qualidade e o prazer importam, importa a perspectiva de chegar ao topo da ladeira e poder ver a cratera famosa e seu lago, o divino Orongo e *os três rapazes de pé n'água, filhos de Taana*, do sonho já citado de Hau Maka, os três *motu* ou ilhotas, defronte a Orongo. "Por que uma sociedade, vivendo em tão pequena ilha, necessitaria possuir uma linguagem escrita?", pergunta Koll, "certamente não para a comunicação"[48]. Curioso

---
48. Id., ibid., pág. 22.

observar a extensão de nossa cegueira em relação ao tempo. Há sempre um lado de fora em qualquer ilha, um interlocutor externo com quem nos comunicarmos, senão noutra ilha, pelo menos num tempo futuro, que é o lado de fora mesmo da experiência mais fechada. A escrita, em Rapa Nui ou na Psicanálise, dirige-se à descendência, para a qual desejamos assegurar a forma humana conquistada, nosso rongorongo é também um moai, comunica a forma do ser eregido ereto. Escrevo para você, que é meu amanhã.

Chegados ao topo do vulcão, caminhamos até a estreita faixa de rocha que margeia a cratera a sudeste, entre o santuário de Orongo, o mar verdíssimo que rebenta contra as três ilhotas e o lago interior. Como escreveu a doutora Routledge[49], o sítio "ultrapassa o mais fantástico cenário descrito num romance". É frase feita, e contudo rigorosamente verdadeira; pela primeira vez ela faz sentido pleno para nós. O vulcão é uma taça meio cheia e servida à beira mar. As paredes, estreitas na borda, vão-se abrindo para as ondas a oeste, a outra metade, para o interior da ilha. É verde escuro o contorno, o mar verde claro, uma delgada orla de espuma os separa. À nossa direita está a massa de pedras de Orongo, cobertas de desenhos petroglifos que o sol começa a iluminar, transformando as paredes numa pele tatuada em movimento: ora surge um bico de ave, depois um corpo humano, em seguida a sucessão dos *tangata manu*, os homens-pássaros em revoada, cada qual completamente só no bando, gravados ano após ano, para celebrar o festival sagrado. Os recintos cerimoniais e as poucas casas, que abrigavam os maiores e os oficiantes, são feitas de finas lascas de rocha (*keho*), empilhadas cuidadosamente e cobertas de terra, tendo um relvado como teto, em que se pode passear. Abaixo, no mar, os três *motu*, os três *rapazes*, do sonho originário, estão a postos para receber as aves migratórias, dando início ao antigo rito.

Voltamos ao rito do homem-pássaro e à Psicanálise num minuto; é que tudo isso nada seria se não fosse o lago, pois é aí que a doutora Routledge tem razão. É coisa de imaginação romântica, sem dúvida alguma. Uma taça pelo meio. A face interna da cratera, perfeitamente curva, afilada na borda em bisel, inclina-se no feitio de uma taça de vinho para dentro, até que as águas acumuladas da chuva e de nascentes ocultas, mas que se supõe existirem,

---

49. Katherine Routledge, *The Mystery of Easter Island*, Londres, Hazel, Watson and Viney, 1919.

interrompam as descuidadas plantações da encosta. O lago interior da cratera vulcânica não é, porém, um espelho d'água comum. Visto de cima, é antes uma espécie de mapa-múndi: perfeitamente circular, de fato, mas todo recortado de blocos de vegetação flutuante, maciços de junco e nenúfares, formando o contorno dos continentes e ilhas de uma geografia fantástica e sempre mutável. Não é o mapa de nosso planeta, com certeza, mas poderia ser o mapa da Terra em sonhos. E, acredite se quiser, aquelas trepadeiras que sobem do lago não são xuxus, aqui inexistentes, mas vinhas! Vinhas, bananeiras, plantações de *taro* (raiz comestível local), inhame e camote (uma espécie de batata doce), até figueiras crescem misturadas, no microclima imprevisível do interior do Rano Kau. No fundo, o espelho onírico do mundo; acima, as bordas cortantes da cratera; para além o mar, as nuvens e a solidão.

Só vendo isso é que se compreende o culto do homem-pássaro. Tangenciamos de novo o lado de fora da ilha de Páscoa, a fronteira entre o tempo acabado interno, o círculo de olhares moai, e o que está no mundo exterior. Um mundo fechado, a ilha; uma representação do mundo, o lago; outro mundo é o mar e a lembrança distante de lugares de origem, que perpassa toda a tradição rapanui. De fora, por conseguinte, chegavam as aves migratórias para a nidação nas ilhotas. Podemos imaginar os sacerdotes e *matatoa* (guerreiros) cantando a recitação do rongorongo ao nascer do sol, depois vasculhando os motu com olhares ansiosos, à espera do primeiro sinal da continuidade do mundo externo, das andorinhas-do-mar que deveriam chegar como se fossem mensageiros do outro mundo, da Terra fora da Terra. Alguns homens, selecionados cuidadosamente, já se achavam no maior dos três rochedos, chamado *Motunui*, vigiando as aves, sem as molestar. De repente haveria um grito distante, agitavam-se os vultos na ilhota, um ponto minúsculo lançava-se ao mar. Consistia o ritual em roubar o primeiro ovo posto em Motunui, asseguramento da continuidade das aves e da migração, talvez das terras de além-mar, muito mais do que garantia de um alimento efetivamente apreciado, pois que o era também. O *matatoa* vitorioso tinha então de vir nadando da ilhota, num mar que, você pode ver, é farto em correntes e tubarões, por mais de três quilômetros, com o ovo preso a uma espécie de chapéu de folhas, e havia de galgar uns bons oitenta metros de escarpada rocha, a fim de depositar o dom precioso aos pés de seu chefe de clã. Este último convertia-se em homem-pássaro e era imediatamente festejado. O *tangata manu* recém-proclamado devia perfazer alguns ritos, gravava-se nova imagem ritual nas pedras do Orongo — sorte de corpo humano de perfil, em posição fetal, com cara e bico de ave, um sinal de asas no tórax —, idêntica às anteriores. Após a cerimônia, ele se retiraria a uma casa consagrada, no sopé do Rano Raraku, onde deveria viver por um ano em isolamento, servido de alimentos rituais e por donzelas escolhidas (assim nos contam), período em que sua tribo gozava de certos privilégios e de muito prestígio entre os ilhéus de Rapa Nui.

Olhamos em volta e já não há ninguém. Foram-se os sacerdotes, os chefes, os guerreiros. Somos lembrados de que o tempo acabou, de que chegamos depois de tudo ter acontecido, como sói ocorrer ao psicanalista. Chegamos justo a tempo de entrar no sonho alheio e tentar exprimi-lo, nem que para isso devamos ensaiar experimentos com a escrita psicanalítica. Esforçamo-nos, mas não podemos estar seguros do êxito de nosso diálogo. Não nos interessa exatamente a etnologia, a mitologia, a arqueologia, nem pretendemos ambos converter-nos em antropólogos culturais, já que só estamos analisando.

Logo se banaliza o sonho se o comparamos em demasia. Homens-pássaros abundam nas mitologias. Não faltam representações ornitomorfas de divindades egípcias ou americanas. O mito fundador da cultura lambyeque, por exemplo, na costa setentrional do Peru, fixa-se na figura de Ñaymlap, representado como homem-pássaro. Miguel Cabello Valboa, com a sem-cerimônia objetiva e cética usada pelos conquistadores ao tratar das religões dos povos conquistados, porém raramente aplicada à própria, comenta, em 1586, a propósito do rei-fundador Ñaymlap: "le vino el tiempo de su muerte, y porque no entendieron sus vasallos que tenía la muerte jurisdicción sobre el, lo sepultaron escondidamente en el mismo aposento donde auia vivido y publicaron por toda la tierra, que el (por su misma virtud), auia tomado alas, y se había desaparecido"[50]. Valboa também chegou tarde, Ñaynlap já se havia ido pelos ares, e ele não quis entrar no sonho dos adoradores. Sobraram os *tumi* (facas sacrificais) de ouro e a grande máscara de Ñaimlap, nos museus peruanos. Ou os petroglifos em Orongo. Hoje se tenta reconstruir o sentido dessas figuras rituais, um pouco mais sofisticadamente do que pela naturalista atribuição de impostura de Valboa, sem que, no entanto, nos seja possível penetrar na

---

50. Zevallos Quiñones et alt., *Culturas Precolombinas: Lambayeque*, pág. 194, Colección Artes y Tesoros del Peru, Lima, 1989.

extraordinária concentração representativo-emocional que propiciou o vôo de Ñaimlap ou a deificação dos Tangata manu.

O analista aproxima-se de seu paciente de maneira semelhante à do viajante interessado, mais até que da do etnólogo profissional. A história que interessa já se deu, não tanto por encerrar-se no passado remoto de uma vida, mas por transcorrer continuamente num tempo anterior e interior, dificilmente compreensível. Examinamos alguns resíduos empobrecidos do grande tempo mítico da origem dos sintomas, símbolos gravados nas pedras do quotidiano, nos relatos de sonhos e de fantasias. Nossa meta, contudo, é a de sintonizar o tempo mítico e assim penetrar no sonho alheio, sendo parte dele, com todos os riscos correspondentes. Ao viajar, desejamos surpreender o surgimento do homem local e compreender os resíduos de seu tempo; ao analisar, fazemos o mesmo, entramos num sonho e nele permanecemos até nos podermos nele mover como personagens, testando um papel e outro, imaginando variações do enredo e fins diversos. Não procuramos explicar, mas integrar-nos.

O culto do homem-pássaro, na ilha de Páscoa, parece assinalar um movimento em direção à história. Os moai fixam a forma imanente do homem na sucessão das descendências; já o tangata manu veicula um sentido de transcendência, vai aos limites da terra conhecida, recolhe os sinais do tempo exterior e volta para fertilizar o mundo pascoense. É uma história que se repete a cada ano, sempre igual, talvez significando a recorrência da vida, que se modifica, perde-se, como os pássaros que se vão, e retorna ciclicamente. O moai é a forma humana para lá do tempo que passa, o homem-pássaro garante a forma da ação humana na repetição do tempo. Os sintomas são ações históricas reduzidas à repetição simbólica mais pobre, porém muito bem localizada, entre a interioridade do desejo, a representação da interioridade (a identidade) e o mundo externo — que é como dizer que se equilibra o sintoma sobre o *karikari*, a afilada borda sudeste do Rano Kau, entre o mundo interior pascoense, a representação do mundo, no lago, e o oceano exterior, exatamente onde estamos agora a meditar.

Pois bem, o efeito analítico pressupõe uma longa reclusão, como a dos tangata manu; nosso paciente aceita o largo tempo da análise, nós o acompanhamos em seu retiro, à espera ambos de que os símbolos se desdobrem de novo em ação, ou o sintoma em história. Nisso consiste o essencial do processo dito de reconstrução na psicanálise. Não se trata de inventar uma história plausível para os sintomas — processo a que caberia chamar *racionalização*, com todo o rigor —, mas de permanecer diante dos signos até que estes se reconvertam em história, pela lenta imersão no tempo que lhes deu origem e no qual ainda são ativos, na interioridade do sujeito. Nas pedras que alicerçam uma das casas-templo de Orongo, podem-se ver ainda gravados uma grande mão e, logo acima dos dedos, um *komari*, o signo vulvar. Os guias deleitam-se com a história, contada *sotto voce*, de virgens que se deviam fazer provar pelos sacerdotes-médicos da época, padroeiros distantes do toque ginecológico. À parte o fato de que aparentemente muito tempo mediasse entre a feitura de cada uma das inscrições contíguas, a idéia mesma de reconstrução para conveniência de um público curioso de turistas resulta no delicado anacronismo da cena inventada. Em tudo semelhante, o analista que conta a seu cliente a história teoricamente reconstruída de um trauma, sugerindo-lhe, por exemplo, que, embora não se lembre, deve ter sofrido muito com o desmame, submete-o ao mesmo anacronismo irônico. Ao tentar fazer ressuscitar os signos esparsos, uma história comum superposta — a do desmame, a da castração ou a dos ciúmes edipianos — passa anacronicamente pela concepção adulta do sentimento infantil, tão distante de seu tempo de atualidade como nosso ginecologista perdido em Orongo. Praticamente, só deve servir esse tipo de história para manter o público entretido ou o paciente em análise.

É preciso subir o Rano Kau, contemplar o lago, os motu, e longamente mirar os petroglifos, esperando que o sol ilumine formas ainda imperceptíveis, para que possamos, meu caro, imbuir-nos do vôo das andorinhas-do-mar, que aqui já não pousam mais, da maravilha do primeiro ovo, do nado destemido de um guerreiro e da arrepiante subida pelo paredão rochoso. Então, o sentido começa a descortinar-se, embora nossas palavras sejam impotentes para comunicá-lo. Sentemo-nos aqui por um bom tempo, se queremos que esta análise deslise para seu justo fim, esperando que o mesmo tempo partilharemos na volta com nossos pacientes. Escrever é dar-se tempo. Tempo de imersão e sonho, até que os *tangata manu* alcem vôo novamente.

20

Hoje partimos. Também nosso tempo aqui acabou. Por cinco dias, o tempo acabado de Rapa Nui reviveu em nós, agora volta a seu repouso sonhador. Quem nos dirá adeus? Os *Sete Moai do Ahu Akivi*, os únicos que olham para o mar.

    Quanto dura uma análise? A esta pergunta, tão freqüente na primeira entrevista, costuma-se responder: anos. É boa resposta para uma questão irrespondível, pelo menos não é falsa, em geral; raras vezes dura uma análise meses ou décadas. O sentido correto, implícito na sensata resposta, apóia-se, entretanto, no valor conotativo da medida em anos. Em anos mede-se a vida humana, não em lustros nem em dias, como queria Sólon. É como se o analista tivesse respondido: uma análise dura vida; não a vida inteira, é claro, mas um estrato de vida, suficientemente longo e túrgido de influência para cobrir a vida toda, aquela que está à frente, como a que passou. Demais, anos é a medida também da memória. Leva anos para que esqueçamos uma desilusão amorosa, uma afronta grave, um fracasso, uma grande vergonha; por anos lembra-se uma viagem interessante, uma deliciosa noitada, um belo livro, uma conversa inteligente. Anos é o tempo do esquecimento e da lembrança. Uma análise deve, portanto, durar o tempo de esquecer e de lembrar, deve durar *tempo*, numa palavra. Anos é um eufemismo, quando não desejamos parecer enigmáticos.

    Deve durar uma análise o tempo de esquecer o tempo do quotidiano, para lembrar o tempo do desejo. Analista e paciente penetram associados na interioridade do tempo, lugar onde o presente cria o sentido das experiências passadas, que, por sua vez, constrói incessantemente novo sentido de presença, novo futuro relativo ao passado re-significado. O tempo analítico, sabemos, é o futuro do passado, ou seja, o condicional, o tempo gramatical dos possíveis. A este podemos chamar igualmente tempo mitopoiético, pois é nele que o mundo dado pelos sentidos ganha valor humano, recria-se humanamente: a percepção ocorre, por assim dizer, na fronteira do tempo mitopoiético, nas bordas da cratera do Rano Kau, onde não terminou o sonho, mas já começa o mundo externo, feito de ondas e distância.

    De que tratam cliente e analista durante esse tempo? De que tratamos nós aqui, nesta análise? A esta última pergunta preferimos geralmente não responder, por falta de palavras. Propus-lhe uma. A psicanálise trata do *porquê*. *Porquê* significa primeiramente um trajeto, um *por*. É o caminho que leva da formulação limitada e superficial da pergunta a respeito da utilização do tempo de vida, aquela que procede das fantasias pragmáticas, e conduz ao sentido pleno da forma humana, tal qual se transmite na ordem da descendência, e que garante que o homem se possa reconhecer — não para lá das peculiaridades de sua existência singular, que seria o encaminhamento filosófico habitual, porém talvez não inevitável, da questão, mas precisamente por meio delas, ao estilo psicanalítico. O ponto de chegada desse trajeto, sempre presente como referência e norte, mas nunca atingido concretamente, temos designado pela voz *quê*. Em termos mais comuns, todavia, o asseguramento da forma psíquica *intergeneracional* é o que se chama inconsciente. O inconsciente psicanalítico, em sentido estrito, constitui o limite da forma psíquica humana, sendo o ponto de intersecção entre o antepassado, putativamente dela detentor, que se exprime pelo cerco do olhar superegóico, e o sujeito singular autoconsciente, o ego. O ato por excelência em que se manifesta tal intersecção — que, imóvel, seria apenas uma condição de possibilidade — é efetivamente a geração, a criação ou *poíesis* da descendência. A rigor, o ato que promove descendência humana é qualquer um: toda ação, na medida em que reproduz nossa forma, humaniza-nos e humaniza o mundo. A ação é filha do homem e seu pai. É natural, contudo, que se revista de fantasia semelhante ato; concretiza-se biologicamente como paternidade, culturalmente, como produção em geral e concebe-se em cada um de nós como prolongamento infinito do tempo vital, com que se espera abolir a premência do porquê. A propósito de Alceste, a que aceita morrer no lugar do marido Admeto, e de todos os heróis da vida breve, que trocam a existência pela reputação entre os descendentes, diz-se no *Simpósio* de Platão: estavam "enamorados da imortalidade". Sem fantasias, no entanto, a raiz da descendência é apenas o inconsciente, isto é, o *quê*, ou se se prefere um mínimo de fantasia, o moai.

Conseqüentemente, o método psicanalítico, que tentamos em nosso diálogo menor pôr em prática, é o *por* do porquê. Não o trajeto propriamente dito, que este é o processo analítico; o *caminhar no trajeto* é nosso método, tal como os passos rumo ao Tahai, que propiciaram ao tempo de Rapa Nui que nos penetrasse o bastante para deixar surgir a voz do grande moai em nosso espírito. O resto, este texto, por exemplo, constitui apenas a segunda parte do ato analítico, o *tomar em consideração* o trajeto, procurando retratá-lo o melhor possível.

Cabe à psicanálise trabalhar (im)piedosamente as fantasias: com impiedade atéia e crítica pelos ditames fantásticos do antepassado, com piedade fraternal pelo cliente e pelo homem. Um processo de despojamento risonho. Meu amigo, esses sete moai que nos miram sobranceiros não estão aí para se despedirem de nós; datam de 1460 d.C., foram reerguidos por W. Mulloy, exatos quinhentos anos depois de construídos, em 1960, tempo demais para esperarem por nós. Tampouco olham para o mar, como se costuma pensar, situam-se a mais de 2 quilômetros da costa; zelavam provavelmente pela vila que se lhes defrontava e pelo pátio cerimonial a seus pés. Os seixos redondos, nessa ilha tão inusuais, que cobrem o átrio cerimonial e que os turistas carregam por lhes atribuir energias positivas, são de fato estranhos à geografia local, mas não por virem do espaço: eram o lastro de um cargueiro que os despejou na baía de Hangaroa[51]. Desiluda-se, mas sem ressentimento. A função desilusória da interpretação psicanalítica não é, felizmente, sua essência. Está a serviço do *por*, quer dizer, do melhor sonhar. O *por* analítico conduz a certo despojamento, é verdade, mas não rompe com o sonho, essencializa-o; afastando a dimensão de comodidade das fantasias — explicações como a dos extraterrestres, a da ascendência inca dos rapanui ou a do transporte por arrastamento circular das estátuas —, leva-nos a outro sonho, mais lúcido, como o de escutar a voz do tempo proferida por um moai e à revoada dos tangata manu.

Do despojamento e da imersão resta o porquê. Ensaiando analisar a ilha de Páscoa em nós dois, *por* (método) em direção a *quê* (inconsciente), começamos e terminamos no tempo. Em cada caso da presença humana, num recanto do mundo habitado ou no consultório, a junção de *por* e *quê* só se pode dar no tempo característico das ações que tomamos em consideração. Não só a pergunta ganha sentido unicamente pela imersão num tempo específico, como também a resposta, a forma humana em ação de descendência, possui o sentido exato do tempo em que se dá. Para os fins técnicos da clínica psicanalítica, pode-se dizer que o porquê, sendo o homem, é o tempo. A sentença que exclui o tempo do inconsciente tem de ser, por conseguinte, reavaliada. Com certeza, o tempo pragmático da consciência comum não cabe no inconsciente — não se poderia falar de sucessão, ordem cronológica, silmultaneidade versus continuidade, datação, esvaimento. Todavia, o tempo da descendência, examinado aqui, é indiscutivelmente uma forma inconsciente, se não nos mentem os moai.

---

51. Lee, G. *Un Uncommon Guide to Easter Island*, op. cit., pág. 80.

Projeta-se, mas já sob aspectos particulares e distorcidos, nas análises concretas, nas instituições psicanalíticas, nas fantasias de imortalidade, no quotidiano miúdo. De fato, em cada lugar e condição onde tentamos encontrar o sentido do porquê humano, a perfeita ou aproximada imersão no tempo parece ser condição inelutável do *deixar que surja*, prévio a todo *tomar em consideração*.

Foi preciso virmos até aqui para pensar tudo isso? Creio que sim. Há um paradoxo em nosso trabalho analítico, que se evidencia ao considerarmos o papel clínico das teorias que nos norteiam. O ponto de fuga de toda ação psicanalítica — que lhe dá perspectiva, como na geometria — situa-se para lá das teorias, nesse *quê* metateórico, almejado como alvo, inalcançável como porto. Já o ato mesmo de buscá-lo, o *por* que move o homem, no seu duplo papel de método de investigação e de encaminhamento da vida humana pelos ditames do desejo, situa-se para aquém das teorias, na absoluta singularidade da condição em apreço, seja qual for o tema psíquico considerado. Vem daí que sempre precisemos perdernos no particular, que cada análise deva começar pela ignorância do inconsciente, como aposta cobrada pelo método aos praticantes de seu jogo. Fatiga-o, colega, dever começar sempre no mesmo ponto, com cada paciente, cada dia e hora? Enquanto suportar essa fadiga, pratique a psicanálise; se ela o vencer, se por falta de prazer não souber mais começar com uma imersão no paciente, se as resistências e dúvidas de cada primeira entrevista o levarem a querer apressar as coisas, falando a partir de teorias, é melhor procurar um digno adeus da profissão de analista, com ou sem sete moai para acenar-lhe. Tivemos de vir à ilha de Páscoa, para esta análise, para outra, a qualquer outro fim de mundo e esquina do tempo, onde porventura começar de novo o homem.

Por fim, descobrimos algo de importante? Não saberia dizer. Experimentamos juntos uma maneira de escrever e ler; de dialogar, espero. Não posso avaliar o efeito produzido em você, que me deixa. Um escritor escreve por necessidade, o leitor o lê por caridade e simpatia, mas o valor do escrito se dá no porquê de sua vida; e um escrito psicanalítico deveria produzir algum efeito psicanalítico. Tentamos mais uma vez reinventar nossa escrita, mas é no mínimo discutível se ampliamos nossa capacidade de visão. Como saber que uma análise terminou e que se leva dela?

Os sete moai estão a nossa frente. As cabeçorras voltam-se para o mar a distância e para o céu. Os narizes duros indicam um caminho. Se encontram as mãos nobremente assentadas no ventre, na atitude de quem espera o que nunca mais virá. Cuidado ainda uma vez, eles pensam em você, e agora são sete a pensar. Sete anos de análise, cinco dias de ilha? Devemos voltar ao hotel de Hangaroa, fazer as malas, seguir para outra parte. Mas nossos passos recusam-se a romper o tempo acabado do fim de análise. Quem nos dará alta aqui?[52] É um derradeiro perigo: ficar para sempre, não terminar um texto, recusar-se a mergulhar noutro particular, prolongar uma análise ao infinito e imortalidade. Requer-se um ato meio cego de vontade no fim, um ato só, para decidir-se a partir. Outro visitante já o notara e escreveu:

"Llegamos hasta lejos, hasta lejos
para entender las órbitas de piedra,
los ojos apagados que aún siguen mirando,
los grandes rostros dispuestos para la eternidad.

Oh Isla de Pascua, no me atrapes,
hay demasiada luz, estás muy lejos,
y cuanta piedra y agua:
too much for me! Nos vamos!"[53]

Hangaroa, São Paulo,
janeiro e fevereiro de 1991.

---

52. Disse-me um paciente ao fim de longa análise: "Parece que você acabou sumindo dentro da análise; foi de tal jeito que hoje sei menos de seu jeito de analisar do que quando começamos..." Nesse momento, suponho, ele deu-me alta.
53. Pablo Neruda, *La Rosa Separada*, Barcelona, Ed. Seix Barral, 1973.

SEGUNDA PARTE

A Teoria

Da Metapsicologia

O Escudo de Aquiles:

Sobre a Função Defensiva da Representação[54]

1

Conta Homero[55] que, ao ter notícia da morte de Pátroclo, mais querido que qualquer outro companheiro, Aquiles deixou escapar tal brado de dor que sua mãe, Thétis, pôde escutá-lo no fundo do oceano. Vindo em consolo do filho, a deusa de argênteos pés obteve

---
54. Ampliação de trabalho apresentado ao XXXV Congresso da Associação Psicanalítica Internacional, Montreal, 1987.
55. Edições utilizadas: Homero, *The Iliad*, trad. E. V. Rieu, Penguin Classics, Harmondsworth, Midlesex, Penquin Books Ltd., 1980; *Odissey*, trad. E. V. Rieu, Penguin Classics, Harmondsworth, Midlesex, Penguin Books Ltd., 1980; *Obras Completas de Homero*, trad. L. Segalá y Estalella, Barcelona, Montamer y Simón Editores. 1927; e Robert Graves, *The Greek Miths*, Harmondsworth, Midlesex, Penguin Books Ltd., 1979.

de Hefaístos, em reposição das armas que Aquiles perdera com o amigo, outras ainda mais suntuosas, como nenhum mortal jamais envergou. No escudo de cinco camadas, o deus ferreiro gravou primeiramente a Terra, o Céu, o Mar, o Sol e todas as Constelações. Ornou-o em seguida com duas cidades, uma em paz, exibindo várias cenas urbanas — casamento, juízo etc. —, a outra sitiada, onde se desdobravam os lances de violenta luta, cuja perfeita figuração reproduzia em pormenor as vestes mesmas dos inúmeros soldados. Acrescentou então "*um campo a receber sua terceira arada*", "*um reino e seu rei*", "*uma vinha carregada durante a colheita*", "*um rebanho bovino atacado por leões*", "*outro de carneiros*", "*uma espaçosa pista de dança, animada por dançarinos em meio à multidão, dois acrobatas e um menestrel cantando divinamente à lira*". Por fim, cercou a orla do escudo com as poderosas correntes do Oceano.

Essa meticulosa peça descritiva, Homero interpola-a no momento crucial da *Ilíada*, quando Aquiles decide voltar à luta. Para o leitor moderno, soa estranha a quebra de tensão, como se fora um capricho virtuosístico do poeta. Talvez o seja, e dos melhores que a literatura universal registra, mas decerto desempenha também outro papel muito mais importante. Lançando-se ao calor da batalha, os heróis são tomados de fúria ensandecida, como "*a mosca que, provando o sangue humano, retorna ao ataque tantas vezes quantas seja afugentada*". É assim que Menelau combate, enfurecido pela coragem da mosca, que lhe infundira Atenas. Eles deitam mãos aos cadáveres, disputam-nos com as mãos nuas: Heitor agarra a cabeça de Cebriones, enquanto Pátroclo puxa-o pelos pés. Eles mordem, chutam, esbravejam selvagemente. Arriscam a vida na contenda, é certo; porém talvez se arrisquem a perder um bem mais precioso do que a vida. A proximidade dos lutadores, seu empenho comum e a ferocidade ameaçam confundi-los num contágio final, indiferenciado. Há que distinguir gregos de troianos: ainda mais séria, todavia, é a necessidade de distinguir homens de feras, civilizados de selvagens que lutam sem ordem nem motivo. Por causa disso, os lutadores encontram tempo para proclamar suas linhagens em longos desafios — por exemplo, aquele lançado por Idomeneu a Deífobo, na batalha junto aos navios.

São interpolações imprescindíveis essas. Entre outras funções, cumprem a de sustentar a identidade da personagem, fazendo-a declarar explicitamente a quem representa, que ancestrais, que terra, que obras anteriores, que títulos e que poder estão em jogo.

Em suma, o herói representa. Mercê da representação que o investe, diferencia-se do contágio furioso, ainda quando seu comportamento não deixe isso claro.

Aquiles, reconciliado com Agamêmnon, deseja sair à luta de imediato. De novo uma pausa. Agora é o sábio Ulisses que susta a ação; pede ao herói que modere sua sede de sangue, para que os soldados aqueus possam almoçar e para dar tempo a que a reconciliação se firme, mediante os presentes indenizatórios do Átrida, de um sacrifício aos deuses e de juramentos de bom juízo futuro em suas relações. Bem contado e bem pesado, chega a parecer que os intervalos são tão vitais quanto a ação. Quem sabe até mais; mais difíceis de obter. Tudo se passa como se o calor das paixões fosse incontrolável, ou se, ainda melhor, a conduta oscilasse entre dois extremos: imobilidade ou fúria. Assistimos maravilhados, por conseguinte, à invenção da pausa para a representação; este novo estado do homem, onde os símbolos conquistam seu lugar, a ação sopesa seus motivos, a cidade constitui-se em torno da meditação e é defendida pela ação organizada.

A vida civilizada, a cuja invenção parecem aludir os poemas homéricos, depende da laboriosa diferenciação entre o reino do contágio e o plano superficial da representação. Ódio e paixão amorosa, morte e geração, fome e sexo e acima de tudo o impulso torturado de se agarrar aos semelhantes num abraço fundente permanecem como se fossem um magma borbulhando sob a organização do quotidiano. Durante a batalha homérica, é bem verdade que o risco se torna maior, para aqueles homens que se equilibram na borda externa do novo estado, sendo exigido, a título de lembrete civilizador, um intervalo temporal em que se interponha a representação que os diferencia. Em nossas vidas, tal intervalo pode ser via de regra dispensado; mas não a função de representação — há condições particulares, aliás, como as neuroses obsessivas, onde se reedita esse intervalo, para criar uma espécie de superproteção, diminuindo o poder de atração afetiva da profundidade pulsional do mundo, isolando o afeto e retendo a representação. Com intervalo temporal ou sem ele, no entanto, a superfície representacional desempenha sempre papel defensivo. Reveste, em primeiro lugar, a subjetividade com a película demarcadora de limites que representa a identidade; em segundo lugar, é o representante da desmedida inter-relação entre os homens, em que os grandes motivos humanos — paixão, guerra, morte etc. — estão perpetuamente ativos, estrato a que podemos chamar reino do contágio ou *real*.

Neste segundo sentido, a representação está investida por uma forte carga pulsional, furtada à desejada fusão no real, em que os homens são plenamente corpos em ação comum. Reforça-se a coesão das representações graças ao investimento que as sustentará, mas, ao mesmo tempo, torna-se problemática sua sobrevivência. O verdadeiro objeto dessa carga não reside propriamente na superfície onde se concentra. Ela aspira a reintegrar-se na profundidade a que se lhe negou acesso; a representação interpõe-se como preposto do real, admitido pela renúncia instintiva no papel de um quase-corpo, porém nunca em caráter permanente. É uma superfície em constante neoformação.

De outra parte, como superfície identitária, a representação possui a inequívoca utilidade de oferecer ao sujeito os contornos definidos de um objeto altamente valorizado: o eu. Contudo nem sequer esta função pode ser desempenhada com segurança. A distinção forçadamente imposta entre real e sujeito equivale a uma restrição um tanto artificial. Assim como, na epopéia homérica, certo esforço é requerido para distinguir o nosso lado do lado deles — heróis dos dois bandos reclamam ciosamente sua descendência da mesma matriz divina, linhagem de Zeus —, assim também os componentes do sujeito têm a mesma origem no real que aqueles do mundo objetivo. A identidade expande-se até tocar a camada que representa o real, pela tensão interna dos componentes subjetivos e pela atração dos complexos reais que os geraram, a superfície identitária cola-se à superfície da realidade, representação do mundo. O resultado é uma camada representativa, cuja duplicidade, perfeitamente ajustada no melhor dos casos, permite que o sujeito se reconheça numa das faces, estando a outra destinada a representar o resto do mundo humano. Só nos estados de conflito entre desejo e real, porém, é que se evidencia a separação entre as duas faces virtuais: na vida comum, a identidade nada é senão a realidade subjetiva.

O escudo de Aquiles era feito de cinco camadas, o nosso possui duas apenas, conquanto ainda teremos de pensar se algum recheio mediador não se esconde entre realidade e identidade. Na face côncava está o herói de pés ligeiros, solidamente protegido, na face convexa, enfrentando o contágio furioso da porfia, ostenta-se a representação genial do mundo homérico. Cidades em paz e em guerra, rebanhos e campos, entre o céu e o oceano, entre os deuses e as feras. O homem tem de ser lembrado de que a guerra serve para garantir a paz, a colheita, os animais e a vida social: lembrado do que ainda não sabe, do que se está a instituir. A rigor, essa ordem de prioridade nem sequer diz respeito a Aquiles. A presciência oracular já lhe tinha antecipado que se partisse para a campanha de Tróia havia de gozar vida curta e gloriosa. Thétis, com zelo maternal, relembra-o que, matando Heitor, segui-lo-á ao Hades em tempo breve. Paradoxalmente, ele empunha como defesa os símbolos da realidade de que logo se há de separar.

É evidente que o escudo de Aquiles seria da mesma forma invulnerável se lhe faltassem os adornos. De resto, a crer numa das lendas de sua morte, a flechada no calcanhar, desferida por Páris ou talvez por Apolo, somos forçados a reconhecer que seu escudo foi de pequena valia — melhor lhe houvera servido uma bota reforçada. E se havia de morrer em data certa e se havia voluntariamente optado pela vida breve e gloriosa, para que as armas divinas? Não seria igual lutar nu? Não, por certo. Aparatosamente armado, sustentando seu rico escudo, Aquiles pôde perecer como representante da civilização — ele que, com suas fúrias e birras, parece-nos muito mais um menininho mimado, um pequeno selvagem. Tiram-lhe Criseida, ele se amua, recusa a luta e suplica a Zeus que prejudique seus companheiros gregos para vingar a desfeita. Herói da civilização?

Pois bem, nossa vida civilizada, como a de Aquiles, carrega o mesmo destino seguro, o encontro marcado com a morte, mais ou menos breve. Suas paixões e ressentimentos são os nossos: um amigo morto, uma mulher roubada, fúria impotente e, no fundo, o mesmo súplice pedido de consolação à deusa mãe. Os grandes temas da fusão com o real estão em nós presentes; destarte, armamo-nos com o escudo da representação, ainda conhecendo que não terá valia quando a fusão final da morte vier cobrar sua dívida. No meio tempo, seu valor é considerável. A convexidade externa figura o mundo real em forma plana e selecionada, é aquilo que denominamos realidade; por conseqüência, a face côncava, interna, limita um espaço solidário ao anterior, convergente na mesma figuração, porém invertido, cujo nome é identidade. Não nos chega a proteger o calcanhar da alma contra a fervente pulsação do real em que esta se atola, não evita a paixão nem a desilusão, escapam-lhe nascimento e morte, inúmeras condições de contágio afetivo simplesmente o circundam; mas, ao fim e ao cabo, o escudo da representação é um ornamento bonito de carregar.

2

Essas considerações sobre a representação, que Homero inspira, parecem conduzir-nos ao limiar de um estudo metapsicológico. Real e realidade, desejo e identidade, funções defensivas e a própria noção de representação fazem parte desse âmbito extremamente geral da inquirição psicanalítica. A Teoria dos Campos, no entanto, não é em si mesma uma metapsicologia. É um instrumento teórico, um operador de teorias, que deve servir para esclarecer a constituição de conceitos, instrumentar sua aplicação prática e acima de tudo fazer com que a teoria produza mais teoria e daquelas consagradas surjam novas e diversas produções. A Teoria dos Campos espera que o analista sempre comece de novo, sem perder o patrimônio anterior.

Todavia, se nos dispomos a discutir uma dimensão fundamental da representação, não há como fugir de sentenças metapsicológicas. É conveniente, então, abrir um parêntese para discutir a posição das teorias metapsicológicas dentro de nosso sistema crítico. Que nos pode ensinar a Teoria dos Campos acerca da metapsicologia? Numa primeira e breve aproximação, nossa teoria funciona como uma espécie de lâmina, separando dois níveis de asserções metapsicológicas: as especulações a propósito da essência desconhecida dos processos psíquicos, valor que tradicionalmente se atribui à metapsicologia, e a descrição objetivada das condições próprias ao método da Psicanálise, que constroem um ser ficcional adequado ao método, o Homem Psicanalítico.

O primeiro sentido, o de especulação metapsicológica sobre os processos psíquicos, redunda num curioso artifício teórico, que permite afirmar quase qualquer coisa que mantenha coerência interna com o todo de que faz parte. Nesse sentido, a metapsicologia propõe entidades modelares, como os impulsos; princípios de funcionamento, como o ponto de vista econômico; leis de funcionamento, como os processos psicoprimários ou a dinâmica das relações entre os sistemas psíquicos. Tudo isso, sendo formulado a título de especulação, recebe imediato assentimento do leitor, que se imbui do jogo de livre invenção reinante no espaço especulativo. Com tal liberdade, muitos modelos alternativos do psiquismo poderiam ser inventados dentro da Psicanálise. Como impedir, portanto, que as metapsicologias proliferem à vontade em nossa disciplina? Há dois recursos.

O primeiro é extremamente coerente, conquanto cientificamente inaceitável. É o clássico argumento da autoridade de fundação. Consiste este em afirmar que o próprio método da Psicanálise depende da metapsicologia freudiana; assim, qualquer especulação diversa da de Freud, ou daquela da escola dominante num certo tempo ou lugar, que passa por haver interpretado corretamente a doutrina freudiana, fica imediatamente impugnada. Não se diz que seja desinteressante ou infrutífera, mas que não é psicanalítica a construção discrepante. E, com efeito, não o seria, caso definíssemos, tautologicamente, a metapsicologia como produto e origem simultâneos do método psicanalítico. Então haveria uma só psicanálise, simplesmente porque as outras estariam proibidas de usar o nome. Este procedimento teórico, a expulsão conceitual, foi inaugurado pelo próprio Freud, quando fixou conjuntos de pressupostos mínimos para admitir que certas contribuições fossem incluídas na rubrica *Psicanálise*, e até hoje se emprega largamente entre nós. Em parte, como reflexo de tal operação teórica, a expulsão concreta de pensadores e de obras continua a fazer parte da política científica da Psicanálise. Talvez seja o caso de um deslizamento do plano teórico para o da administração política; ou, como se dizia antigamente, passa-se do julgamento teológico ao braço secular.

O segundo recurso não é tão drástico, sendo, porém, mais insidioso e menos fácil de detectar. Consiste num pensamento duplo, de feição muito inocente. Declara-se, com franqueza, que a metapsicologia é fruto da especulação teórica, que não necessita de prova empírica, tanto quanto a metafísica, por exemplo. Mas, em seguida, busca-se encontrar argumentos fatuais que efetivamente demonstrem as teses metapsicológicas. "Que mal há nisso?" — perguntará o leitor. Há um mal, um perigo pelo menos. Toda vez que campos diversos são colocados em série, praticamente qualquer argumento pode ser demonstrado. Suponha que construíssemos agora uma dessas vulgares especulações metafísicas com que se entretêm os adolescentes: a de que o mundo é produto de um sonho, por exemplo. Não está certo nem errado, imagino; é só uma idéia inútil, pois pressupõe um sonhador transcendental. Se ajuntamos, contudo, a título de corroboração, os dados da investigação fisiológica sobre a fase *REM* do sono — esses períodos em que há movimentos oculares rápidos e onde aparentemente os sonhos ocorrem — e fazemos derivar, do fato estabelecido de que o sujeito privado de sonhos pode padecer de alucinações, uma demonstração da tese da origem onírica da realidade, ter-se-ia agora disfarçado a especulação indemonstrável sob uma aparência convincente. Que fizemos? Colocamos dois campos em série, o da especulação, que só cuida de não ser contraditória, e o da demonstração empírica, onde a experimentação é necessária e as conclusões afetam os procedimentos concretos de uma ciência. Ora, tanto a especulação quanto o dado experimental são válidos em princípio, como campos distintos, sua comunicação, todavia, só pode se dar legitimamente por ruptura, já que se situam em planos distintos do saber, o acoplamento arbitrário resultando numa miscelânea conceitual capaz de autodemonstração indiscriminada.

Pois bem, algo parecido acontece com a metapsicologia. Qualquer sentença que se refira a impulsos, economia psíquica, instâncias etc. deve decidir se se quer inscrever no campo da metapsicologia especulativa — e apenas deverá responder à questão da coerência —, ou se tem a ambição de descrever fatos concretos — quando então há de poder provar-se empiricamente. A bem da verdade, podemos conceber uma terceira situação. Um conceito metapsicológico poderia também organizar a pesquisa empírica; porém, nessa circunstância, todas as mediações que se interpõem entre a formulação especulativa e o plano da eficácia concreta devem haver sido mapeadas, de maneira a estar plenamente esclarecida a relação de dependência entre um ato clínico, por exemplo, e certa concepção tópica ou estrutural da Psicanálise. Assim se evitaria qualquer arbitrariedade ou efeito especular, do tipo que produz interpretações autodemonstráveis. Mas isso, tanto quanto sei, nunca ocorreu com qualquer dos conceitos psicanalíticos de alto nível. O que se proíbe formalmente é começar com uma especulação coerente e logo passar a argumentos empíricos, para em seguida, quando estes faltam, voltar à especulação e continuar assim, oscilando entre os dois campos, até criar uma aparência de demonstração, defendida pela liberdade de fantasiar metapsicologicamente.

O remédio preventivo contra a proliferação incontrolável de metapsicologias que nossa Teoria dos Campos sugere, não obstante, é de outra ordem e implica o segundo dos estatutos enumerados acima para o conceito metapsicológico: o de representação metafórica e objetivada do método. Partindo da situação analítica concreta, podemos definir quais operações estão de fato em jogo. Em seu sentido mais amplo, tais operações designam o método geral da Psicanálise. Assim, pondo o método em primeiro lugar, podemos ir generalizando e abstraindo seus procedimentos até encontrar linhas de balizamento para a construção de uma hipótese metapsicológica adequada ao ato interpretativo. Evita-se a tautologia, pois o método já não deriva da metapsicologia, porém a um preço calculado: o ser que esta metapsicologia descreve não é o homem total, senão o ser do método, isto é, a configuração subjetiva que a análise cria e desvela, ao mesmo tempo. A este ser cabe o nome de *Homem Psicanalítico*, com todo o direito. Sua metapsicologia e sua ontologia devem incluir todos os correspondentes da operação metodológica da Psicanálise, de que ele é uma extensão metafórica, estatuto similar àquele do puro objeto físico, que é a projeção objetivada do método da física. A distinção entre real e realidade ou entre desejo e identidade faz parte desse acervo, assim como a própria idéia de superfície representacional defensiva; também fazem parte seu estatuto temporal, a que nos referiremos ainda, e a própria noção de crença, pois, cada um desses conceitos convém ao método psicanalítico, vale dizer, descreve ontológica ou metapsicologicamente as condições da eficácia do método. É como se criássemos um homem para o qual funciona a Psicanálise, apoiados no fato de que ela funciona mesmo e apostando em que a razão de seu funcionamento seja o método que temos tentado recuperar. Por esse caminho limita-se a especulação metapsicológica a fornecer um modelo concretizável, ainda que imaginário, da espessura ontológica do método psicanalítico, não podendo pois proliferar doidamente: cada novo conceito, além de coerente com os demais, deve provar que reflete um movimento do método, ou será irrelevante. Quando encarada como conjunto de asserções especulativas sobre a essência concreta do psiquismo, a metapsicologia procura limitar a uma só as psicanálises possíveis, evidentemente sem o conseguir, porém reduzindo a área permissível de nossa investigação aos temas freudianos ou, ainda mais restritamente, aos de certa escola; quando se concebe a metapsi-cologia como ficção metodológica, fixa-se uma só forma para a Psicanálise, mas inúmeras psicanálises passam a ser legítimas, tantas quanto sejam necessárias para abarcar a inabarcável extensão da psique humana.

Assim é que, em nosso caminho em busca do sentido psicanalítico da representação, fomos obrigados a fazer nós mesmos uma interpolação de mais de cem linhas, para falar de um artifício teórico que, senão pela beleza infelizmente, pode comparar-se às interpolações homéricas pela função. Como a gravação do escudo de Aquiles, a metapsicologia psicanalítica reúne as representações mais caras a nosso saber, porém não faz parte da ação principal; distingue e ostenta-se como selo identário do psicanalista, mas decerto não o protege dos golpes da clínica, que o acertam no calcanhar transferencial mais freqüentemente do que no escudo teórico.

3

Tomemos, pois, por assentada a forma de nossa hipótese sobre a função fundamentalmente defensiva do conjunto das representações. Não é o caso de tentar demonstrá-la — logo, não se trata de uma verdadeira hipótese, mas de uma *objetivação metapsicológica metodologicamente relevante* — e sim de procurar explorar as conseqüências da idéia. Se contamos a representação em geral entre os produtos defensivos descritos pela Psicanálise, três questões ocorrem de pronto a nosso espírito. Contra que é defesa? Onde reside a falsidade sintomática que a Psicanálise atribui a todo produto defensivo? Por fim, qual mecanismo assegura essa função?

O primeiro tópico não parece dificultoso. A representação, como vimos, salva o homem do reino do contágio. Que riscos, porém, oferece o contágio, a ponto de justificar tão extenso processo defensivo? À frente procuraremos julgá-los com certo cuidado. De imediato, há que reconhecer que o mergulho nos grandes temas da vida e da morte, sobretudo a convivência íntima e desprotegida com a lógica de concepção do real humano — as regras produtoras de sentido, imersas e ocultas no estofo da cultura, ativas na sociedade e no indivíduo, como campos organizadores — desfazem a diferenciação cuidadosa entre o eu e o mundo, ao mesmo tempo que impossibilitam nossa razão comum e quotidiana de funcionar satisfatoriamente. Pulando a cerca da representação o homem vai ao encontro da loucura. Loucura, como adiante poderemos constatar, é o estado de fusão e confusão entre identidade e realidade; ou, com mais rigor, a condição de contágio, em que o sujeito se desfaz no real, retorna às origens.

No entanto, o estado puro de loucura nos é desconhecido, não por inexperimentável, porém porque, inviabilizando a superfície representacional (identidade e realidade), esquiva-se de toda e qualquer comunicabilidade. Nossa é a linguagem da representação. A impossibilidade radical de comunicação da experiência pura de dissolução no real faz com que o nome *loucura* venha a ser mais comumente empregado para designar a recuperação defeituosa de um mergulho no real, do que o mergulho em si mesmo. Vale dizer, a palavra *loucura* acusa as representações enganosas que proliferam quando o sujeito, que perdeu as representações de si e do mundo, é forçado a refazê-las apressada e arbitrariamente, para continuar a viver em sociedade.

Reconciliando-se com Aquiles, Agamêmnon desculpa-se pela rudeza com que o tratara na repartição dos despojos de guerra, no início da ação épica, alegando ter estado cego pelo poder de "Ate, a filha mais velha de Zeus". Ora, pondera o Átrida, se o próprio Zeus todo-poderoso já se deixara enganar por aqueles maléficos poderes (quando do nascimento de Hércules) e em castigo atirara a "arquidestruidora de mentes" ao mundo humano, com a proibição eterna de voltar a pôr os pés no Olimpo, como não desculparmos as faltas a que ela nos induz, em seu passeio terreno. Sob a ação de Ate, os homens enchem-se de enfatuação e arrogância, cegam-se às conveniências, acabam por destruir-se. Esta, a fonte principal da loucura, para os gregos. Com efeito, a *Ilíada* é fértil em exemplos de descomedimento e vigilante em sua correção. As paixões enlouquecem. Sirvam de exemplo a fúria guerreira do "louco Heitor" ou a tristeza paterna de Príamo, rei de Tróia, chorando o filho morto, a quem diz Aquiles: "estarás morto tu mesmo, antes que, lamentando-o, o tragas de volta à vida". Mas igualmente entram nessa conta a louca paixão de Páris por Helena, assim como a impossibilidade de dar ouvidos às profecias, aos conselhos e aos sinais; isto é, o desregramento passional e sua conseqüente surdez ou cegueira são elencados na categoria da loucura. E Heitor, fugindo a correr de Aquiles três vezes à volta da cidadela troiana — "como a caça, num pesadelo, onde nenhum, perseguidor e perseguido, podem mover os membros" — sem poder livrar-se nem ser alcançado, não é miseravelmente enganado por Atenas, na forma de Deífobo, para que se volte e lute e morra? A penetração do regime onírico na vida de vigília, em forma de alucinação, poucas vezes terá sido tão concisamente enunciada, ilustrando o dito clássico de que "os deuses primeiro enlouquecem aqueles a quem desejam destruir".

Na verdade, o mundo homérico, como aliás o nosso, move-se nos limites da realidade representada, porém cuidando de contornar os valos e fossos de outra realidade, mais violenta, ensandecida pela paixão, pela fúria, pela culpa ou pelos deuses — a que, a rigor, o nome de *realidade* cabe mal. As exceções estão à espreita de se apoderar da regra, as violações da ordem natural tocaiam o espírito. Cuidados extremos na representação do real e do desejo protegem-nos precariamente contra tais ciladas. O *contágio*, nome pelo qual designamos aqui o estado de máximo contato entre os homens, dissolve os limites entre sujeito e objeto, aniquilando o sistema de distinções que orientam cada homem em seu percurso habitual pela vida. Logo, o contágio é perigoso e sempre atuante; só a superfície tênue das representações mantêm-nos dele separados.

Passando à segunda questão, que diz respeito ao caráter equívoco de todo produto defensivo, é preciso convir que seríamos ingratos ao acusar de falsidade a superfície representacional. Ela só se pode dizer falsa em dois sentidos; nenhum dos quais por culpa própria, diga-se de passagem, e ambos intrinsecamente característicos da representação, sendo pois tanto condição do falso quanto do verdadeiro. Primeiramente, a realidade é parcial, assim como a representação identitária. De tudo o que há para ser representado, apenas o coerente e não-contraditório figura em nosso escudo. Nas beiras da representação, admitem-se ainda alguns sinais borrados dos componentes do real e do desejo, cuja incoerência em face do conjunto não chega a ser de tal monta que os proscreva totalmente — a isso se chama, comum, mas impropriamente, *fantasias*. O mais está desrepresentado, ou seja, figura negativamente. A periferia representacional, composta de exceções à ordem da razão — tais como a infiltração da vigília pela ação onírica, que vitimou o pobre Heitor, nossos devaneios megalomaníacos, as superstições, a maior parte de nosso negado repertório sexual etc. —, deve ser mantida sob estrita vigilância. Que uma só de tais figuras, espíritos ou paixões negadas, de produtos híbridos de sujeito e mundo, que uma delas avance para o centro de consideração da consciência e o conjunto harmônico de minha representação bascula em seus alicerces. Logo, mal cabe dizer falsa a representação, porém parcial e ativamente controlada.

A segunda falsidade da superfície de representação, por seu lado, é ainda mais inocente. Dá-se que a própria montagem do sistema está proibido de figurar, com boa razão, em sua superfície. Para que realidade e identidade valham-nos de defesa adequada, devem ambas parecer naturais: uma vinda do mundo, a outra, do interior do sujeito. Não convém, absolutamente, que desconfiemos de nossa autoria nem do complexo sistema cultural que a determina. A lógica de concepção que cria as imagens de mim e de meu mundo, deve operar em surdina; do contrário, tais imagens não seriam críveis, se fosse eu exposto simultaneamente à consciência de que as estou a inventar, ao mesmo tempo em que sou inventado. Entretanto, a lógica de concepção é vagamente anunciada por sinais contraditórios, na rotina de nossas vidas. Ela quase se manifesta quando, por exemplo, ao substituirmos auto-referências fundamentais — tais como amores, ideologia, concepções de vida —, esquecemos tão rapidamente as anteriores, obscurecemos seu resto e seus ecos, renegamos nossa imagem superada, enfim. O choque de subseqüentes auto-representações identitárias substituídas, deixe-se claro, ameaçaria denunciar a montagem toda do sistema, embora contivessem, é forçoso reconhecê-lo, lições de vida excelentes, presságios certíssimos. Contudo, há que optar. Ou retemos nosso escudo, pensamos saber quem somos e vivemos na realidade; ou temos notícia da fabricação da realidade a partir do real, da identidade a partir do desejo e não nos podemos furtar à contemplação do processo pelo qual a lógica de concepção cria a preciosa superfície onde a razão comum pode reger as representações — com o quê se perderia inteiramente a solidez quotidiana. As lições e os presságios daí advindos compensam a perda? O destino de Cassandra — a mísera jovem fadada a sempre ter razão em sua vidência vã, pois nunca era crida pelos conterrâneos — parece assegurar que os homens acham que não. Melhor crer que se sabe, e ser enganado pela vida e pela morte, que ter a presciência do engano, mas perder a fé na paisagem do momento. A eliminação da lógica de concepção da superfície representacional é, portanto, o segundo aspecto da falsidade sintomática da representação, quando encarada como fruto de um processo defensivo.

Como qualquer mecanismo de defesa, mas privilegiadíssimo e ubíquo, a representação esconde o que deve esconder. É necessariamente parcial; representa desejo e real, aplainados e empobrecidos de sua essencial função geradora, sob uma aparência estática; isola as contradições e disparidades, despista, tanto quanto possível, os resquícios de lógica de concepção, origem processual de sua superfície, cuja manifestação havia de ser devastadora para a plausibilidade do conjunto. Por fim, ela mente, com a melhor das intenções, negando o descompasso profundo entre real e desejo, seu berço natal, descendente que é da satisfação alucinatória do infante, nos termos do modelo freudiano. O desencontro entre o desejo e suas fontes reais de satisfação não cessa com o crescimento e a relativa autonomia do sujeito adulto. Tampouco cessa a produção de imagens de satisfação fictícias; apenas, como mostra Freud, a satisfação alucinatória da primeira infância diferencia-se em parte, transformando-se em pensamento instrumental, apto a modificar o mundo; outro tanto, porém, continua ativo e exprime-se na criação de representações que negam, a cada momento, a impossibilidade de satisfação pulsional efetiva: a superfície de representação é como que um imenso *play-ground*, onde a evidência do desprazer disfarça-se na esperança de novo jogo. Da superfície da representação também se poderia dizer: *superfície de consolação*.

Por último, fica o problema de quem ou o que assegura a manutenção da superfície representacional. Aqui, no entanto, a resposta já não é tão simples. Os heróis homéricos nascem, amam, lutam e morrem na crença em sua própria realidade. Nós, na nossa. Em larga medida são uma e a mesma crença, partilhada ao longo dos séculos por nossa cultura ocidental que, então, estava a ser engendrada. A gente crê como o ar que respira, sobretudo crê no ar que respira. Outros homens, de outras culturas, crêem quase no mesmo; talvez haja pequenas diferenças, certo que as há, mas nunca a realidade da representação é inteiramente posta em dúvida. É, pois, a função da crença que assegura a representação. Contudo, para chegarmos a saber em que consiste a crença, como ela opera no asseguramento da representação e como pode degenerar em crença absurda, sustentando, por exemplo, a representação delirante, algum caminho ainda deve ser percorrido.

4

E já que percorremos o caminho inverso daquele do célere Aquiles — caminho que procede de Homero e vem sendo pavimentado através dos séculos, desde as lajes das estradas romanas até o asfalto de nossas rodovias, para que os atalhos da rotina estejam sempre bem recapados de representação consensual —, não é preciso termos demasiada pressa. A noção de crença aguarda-nos pacientemente à frente: se algo já se pode antecipar da função da crença é que ela é, antes de tudo, paciente na defesa das representações. Por isso, gastemos algum tempo mais na consi-deração de que significa, para nós psicanalistas, a representação.

O sentido mais vulgar de representação, na Psicanálise, é, como se sabe, o de representação de impulso. Pensa-se a representação como um dos passos da emersão do impulso, como etapa do trajeto. Talvez se pudesse dizer que a idéia psicanalítica de representação é uma noção *parafisiológica* — no sentido em que se diria, da telecinesia, que é uma noção parapsicológica. Pertence a uma fisiologia fantástica, por esta razão é fascinante e útil. Faz do homem a curiosa imagem de uma espécie de máquina pulsante, tendo por pistões os impulsos; a consciência seria algo assim como uma tela de controle, para cuja eficácia é indispensável que as operações internas se representem, sob forma de fantasias. Quem sabe por influência desse modelo, a representação seja sempre investida do papel de representante instintivo, dando ensejo, às vezes, a complicadíssimos jogos verbais — representação representativa etc. Lógico, se a representação fosse tão-só o representante de jogos de força interior, sua condição de imagem do mundo real nunca poderia ser alcançada, pois estaria fadada a uma permanente introversão; um imenso esforço teórico tem sido realizado para percorrer o espaço entre pulsão e objeto, mas este apenas aproxima a representação psicanalítica da realidade comum em que vivem os homens, aproxima-a tantalizantemente, nunca identifica as duas. Talvez por causa disso, a noção psicanalítica de realidade tenha tido de permanecer profundamente ingênua: como é uma espécie de limite inalcançável, a realidade ganha o estatuto de ponto final do ônibus do saber e ninguém cogita naquilo que pode estar, psicanali-ticamente falando, para lá dela. Assim, chegamos ao paradoxo de construir um sistema de plena insegurança ontológica — como é de direito esta filha da equivocidade da palavra humana, a Psicanálise, que jamais deveria aceitar positividades ou conceitos unívocos — e, ao mesmo tempo, sustentar a crença na realidade objetiva, mantendo concepções simplistas como a de *atitudes realistas* ou de *dados de realidade*[56]. De um lado, a profundidade insondável da psique, de outro, um real raso como um pires, eis um dos paradoxos maiores da Psicanálise. Penso que a fé ingênua dos

---

56. O problema posto para a Psicanálise por sua noção ingênua de *realidade* está desenvolvido na última parte de *Andaimes do Real*, vol. II: *O Quotidiano*, Editora Vértice, São Paulo, 1985, que será republicado em breve pela Editora Brasiliense.

analistas na prova de realidade seja a contrapartida de uma concepção de representação totalmente solipsista — representação de impulso, fantasia interna —, que é impotente para dar conta de qualquer mísera porção da *psique do real*, conceito que seria o justo equivalente no mundo da profundidade da psique do sujeito individual. Não é preciso abandonar completamente a idéia de representação pulsional; reservemo-la como um campo teórico utilizável para fins específicos, que merece consideração.

Os conceitos metapsicológicos, uma vez estatuídos, padecem, via de regra, de um destino ingrato. Como procuram reproduzir a existência humana, mas são criações abstratas, logo que dão conta de descrever uma função, começam a ser esticados, espremidos, repuxados, para que alcancem a outra margem da divisão arbitrária que se praticou no homem concreto. Poucos terão sofrido tanto quanto o de representação. Se a representação é unicamente representante dos impulsos, ela pode informar-nos com precisão acerca da condição presente de nossa química sexual, das sutilezas hormonais que regem o estado de alerta e a agressividade, ou das perturbações da homeostase, mas dificilmente servirá para que se cumpra o mais trivial dos atos. Não se concebe, por exemplo, como alguém pode abrir uma porta, se a representação da porta é, na verdade, representação de um impulso *portal*. Conseguirei, quanto muito, enamorar-me da porta do consultório, odiá-la, até quem sabe digeri-la imaginariamente ou, graças aos efeitos de equivocidade que nutrem a operação analítica, pode talvez meu espírito adentrar a circulação portal do fígado; mas minha mão atravessará, com toda certeza, o fantasma da maçaneta sem a tocar. Talvez por isso tantos psicanalistas se tenham convertido em prisioneiros de seus consultórios, interpretando toda e qualquer idéia humana como produto de fantasias internas edipianas ou pré-edipianas: é que nunca encontraram a maçaneta da porta de saída.

Noutro sentido, a representação tem sido tensionada para que, significando uma *versão segunda* das coisas (a forma elaborada de sua presença), garanta ao mesmo tempo o fundamento imediato de sua verdade eficaz. Isto é, a representação da maçaneta não apenas tem de indicar a forma pulsional que dirige minhas mãos para torcê-la, como deve, ao que parece, ser capaz de abrir a porta. É verdade que, nesse caso, às vezes se faz a distinção entre presentação e representação: mas quem pode descrever uma presentação? A concepção de representação original, da qual nossos produtos mentais efetivos seriam a segunda versão, envolve uma descomunal falácia. Nalgum remoto lugar, quem sabe no fundo da palavra ou no fundo da alma, no significante ou no significado, no inconsciente ou no id, está o ponto de partida, a alavanca no real (ontológico, lingüístico, afetivo) que permite mover a realidade por meio de uma representação. Ora, a realidade *é* representação, não há qualquer dificuldade em mover a realidade da porta, basta pensar; mas a porta material já exige o uso das mãos. De resto, a Psicanálise não tem a pretensão de explicar a materialidade, basta que não lhe impossibilite o acesso nem a impugne teoricamente. Tampouco creio que a Psicanálise esteja na obrigação de fundar nossas representações num estrato originário, demonstrando a versão primeira de que decorrem as imagens de sujeito e mundo com que vivo minha vida. Opinaria antes que só conhecemos segundas versões, ou melhor, enésimas versões do *objeto primário* ou *do psiquismo original*. Estamos às voltas, durante uma análise, com o jogo das representações possíveis, com personagens de que não se conhece o autor nem muito menos o ator. Nosso assunto não é a verdade final, mas a mentira originária que funda o mentar.

Dessa forma, a situação presente do conceito de representação não é propriamente invejável. Foi condenado ao suplício do esquartejamento. Numa direção é esticado entre origem e atualidade; noutra, entre pulsão e realidade. Por enquanto, seu corpo metapsicológico ainda resiste ao abuso, porém deforma-se e torna-se paulatinamente inviável para a teoria da psique. Qualquer desvio clínico pode rompê-lo de vez. Sugiro que, preventivamente, lhe ofereçamos um leito mais confortável que o da tortura. E já que nosso apetite por modelos tem de ser satisfeito, quem sabe possamos criar uma ficção diferente para o papel da representação. Vejamos.

Do real, nascem o mundo e seu homem. O real, do ponto de vista da Psicanálise, não vem a ser o mesmo que a materialidade das coisas. Não a negamos decerto, não a impugnamos teoricamente, pois só quebraríamos o nariz tentando atravessar uma porta, mas também não nos ocupamos dela. Nosso, é o real humano, isto é, o estrato de produção de sentidos — em princípio, perfeitamente desconhecido. Todavia, com cada homem concreto, com cada ato cultural, é como se o real se dobrasse sobre si mesmo — como uma folha de papel de que se dobrasse um canto, pequena dobra que é você, eu ou Aquiles —, pondo-se em posição de contemplar-se: o real defronta-se consigo próprio por intermédio da consciência humana. À ponta dobrada, costumamos chamar de interioridade — o que, embora correto, costuma levar a certa confusão, porquanto a realidade não é um dado exterior oposto à interioridade e objetivamente apreendido, mas uma laboriosa construção da subjetividade: minha interioridade psíquica não existe à parte, mas realiza-se nos atos mentais que visam o mundo. Digamos, então, que a parte dobrada, sendo sempre parte do próprio real, tem como característica principal produzir segundo regras muito particulares, que distinguem um sujeito de outro, que distinguem singularidades: Aquiles tem seu modo de ser, inconfudível como o nome, mesmo que, como personagem que é, não possa dispor de um ponto de vista *interior*, na acepção corrente do termo. O conjunto dessas regras determina a maneira exata e inimitável pela qual a parte seqüestrada pela dobradura do real, o *desejo*, apetece seu real de origem. O desejo é um real diferenciado, *interior*, *singular*, que apenas existe na medida em que se dirige ao todo de que faz parte. Logo, o desejo conecta-se ao real de duas formas: é uma apetência, um *dirigir-se a*, desejamos algo, embora o possamos desejar até na forma do ódio, do tédio, do asco, e não só na do amor ou da ambição; mas o desejo é também, por seu lado, parte diferenciada do real. A ponta dobrada confronta o resto do papel, mas é também parte dele, há uma continuidade entre real e desejo: o desejo pode dirigir-se ao real, representando-o, ou perder-se no real, por contágio. Para que o segundo tipo de conexão não destrua o primeiro, o desejo exprime-se, pois, em representação, com o que ele se defende da fusão e da desdiferenciação, do contágio com o real. À representação do real chamamos *realidade*, nome perfeitamente comum, mas que não se deve confundir com as coisas em si nem com o estrato produtor das mesmas; realidade é apenas tudo o que existe para nós, diante de nós. À representação do desejo, já que tem por característica maior sua pretensão a igualar-se a si mesma, a manter-se constante e identificar o sujeito, cabe o nome *identidade*. E aí está tudo de que precisamos para aliviar o tormento da representação.

A *Ilíada*, inauguração paradigmática do mundo representável, é como uma folha de papel dobrada bem ao meio; a identidade é coextensiva à realidade, inexiste a sobra de real que faz o mistério, já que este, assim que enunciado, se explica de pronto, creditando-se a deuses humanizados, que possuem também identidade e realidade; logo, os feitos de Aquiles são a um só tempo sua representação inteira e a origem mais profunda de seu ser: ele não tem espessura, está lá só para representar, como se participasse de uma cena teatral. Nossa auto-representação, ainda que menos completa e mais sujeita a zonas obscuras, por não cobrir o real inteiro que lhe toca, concentra em sua superfície tudo o que é necessário para compreender-se o sujeito humano: todo meu psiquismo está contido na simples representação da maçaneta, com todas suas intenções e subterfúgios, assim como a estrutura completa do real lá está, com as intenções e subterfúgios que lhe são próprios. Identidade e realidade constituem uma e a mesma representação. Se tentasse dizer onde estou e quem sou agora, deveria apontar para a maçaneta da porta de meu consultório, que me preocupa com boa razão: minha forma de representá-la sou eu mesmo, nesse instante.

A superfície da representação, como qualquer superfície geométrica, só tem um lado, quando considerada em si mesma. Porém, como esta serve tanto para unir como para separar dois reinos, o homem de seu mundo, é melhor que pense, paradoxalmente, que a inscrição, ainda que seja uma só, possui duas faces virtuais — e nem sempre virtuais, pois há condições concretas, como as psicoses, que nos obrigam a considerar o dilaceramento da superfície de representação de identidade e realidade e mesmo inversões da posição relativa dos lados opostos. Vem daí que a imagem de um escudo convenha à maravilha. Na medida em que tem valor defensivo, a superfície representacional, para fins práticos, possui dois lados, como um escudo.

Se nos apetecesse, a essa altura, reintroduzir a hipótese pulsional em nosso modelo, deveríamos dizer que, enquanto segmento do real, a pulsão é irrepresentável em sua ação. Sua melhor representação seria o objeto, lugar de encontro representacional entre pulsão e real, onde se constrói o sentido subjetivo das ocorrências do mundo. Isso é sabido, suponho. O que problematiza, no entanto, essa noção simples e elegante da construção do mundo subjetivo é que a Psicanálise não pode reconhecer o estado de encontro, mas interessa-se malignamente pela exata medida do desencontro entre pulsão e real. Para nós, a representação figura, negando-o, o descompasso entre impulso e objeto instintivo, origem do conflito, o estado de paz é perfeitamente irrelevante para nossa interpretação. Podemos até concebê-lo, porém gravado sempre na superfície externa de um escudo: o estado de encontro é pura realidade, psicanaliticamente inerte. Por outro lado, o princípio de investimento energético das representações, se não quisermos pôr fé na idéia de representações inconscientes vagando à espera de carga libidinal mais ou menos aleatória, restringe-se grandemente. O investimento de uma representação será simplesmente a medida de sua corporificação; isto é, o quanto de corpo que lhe devolve a função psíquica da crença, a fim de mantê-la eficaz e satisfatória, como se verá adiante. Viver num mundo representacional implica, como foi dito, renúncia ins-tintiva — *parêntese instintivo* talvez fosse mais preciso dizer, já que o êxito é sempre provisório e a superfície das representações deve ser constantemente criada de novo. As coisas almejadas pela fisiologia do sujeito devem afastar-se, ou ele delas, para que o espaço da representação possa instaurar-se, ainda que às custas de certa dose de mentira intercalar, como a que nega a premência da necessidade infantil, dando ensejo à tentativa de satisfação alucinatória. Em seguida, porém, para que um tanto de satisfação seja alcançada — há certa satisfação libidinal mesmo no simples estalar macio da maçaneta azeitada que roda sobre si, abrindo uma porta que ocultava a imensidão variada do que está fora do consultório —, faz-se mister reinvestir a representação da corporeidade eficaz que o afastamento eliminou, donde resultam representações de realidade com valor emocional suficiente para manter um equilíbrio pulsional mínimo. E é assim que mesmo a representação da maçaneta da porta do consultório chega a concentrar suficiente impressão cenestésica de liberdade corporal, para que sua simples concepção psíquica mitigue nossa claustrofobia de terapeutas.

Mas deixemos em paz instintos e pulsões, em seu campo próprio. Nosso problema, bem se vê, é o de distinguir representação de contágio. Que vem a ser contágio? Pois, simplesmente a porta dos fundos do desejo, onde este é solidário com seu real de origem. A palavra *contágio* é pesada, admito. Lembra doença, especialmente doença venérea. Acontece que é bem isso que tenho em mente. Quando o contato entre os homens é demasiado próximo, nos estados afetivos mais quentes, algo se transmite, que não é de um nem do outro, também não é uma doença em sentido estrito; a proximidade humana, sexual, belicosa, laboriosa, cria uma nova entidade subjetiva, um desejo comum irrepresentável pelos parceiros em separado, que os contagia de real. Daí dizer-se que a paixão é cega, caolha pelo menos. Para os fins da representação, trata-se de uma doença, ainda que seja a mais bela e inspiradora das vicissitudes do encontro humano. A história do contágio, quer dizer, do encontro dos homens no real, é paralela e antagônica à da representação; seria permissível, imagino, concebê-la como a antítese dialética da evolução da pausa homérica para a representação, caso a dialética tivesse algo a ver com a Psicanálise e se coubesse aí algum tipo de síntese. Infelizmente, uma síntese que supere a antítese entre representação e contágio implicaria, quase com certeza, a superação do homem, tal como o conhecemos hoje. O que às vezes se pode pensar se não seria má idéia.

Agora, para nós, a representação designa unitariamente realidade e identidade. Ela se recusa a trabalhar no exterior a soldo do *mundo interno*, mas designa, para o sujeito humano, uma posição peculiar. Sua psique está representada na superfície de contato com o mundo real, o homem está inteiro na realidade, que é também sua identidade. A interioridade do sujeito, o desejo, pode ser apreendida no trânsito entre as representações, pois diferentes imagens do objeto têm em comum a forma mesma do sujeito que as produz. Assim, a maçaneta da porta pode ser virada com efeito concreto, mesmo que os sentidos de virar a maçaneta sejam suficientemente ricos e ambíguos para que contenham toda a complexa história de minha vida interior: em cada ato relacional estou inteiro, com todas as contradições que o campo inconsciente deste ato sustenta, mas posso cumprir tal ato com perfeita naturalidade, sem ter de fazer uma digressão teórica ou submeter-me a uma prévia auto-análise.

Ainda assim a posição prática da representação psicanalítica é algo instável, pois a realidade nem sempre espelha pacificamente a identidade do sujeito. Existem despersonalizações, desrealizações, a loucura é o vizinho silencioso de cada ato humano. Algo deve manter solidárias as duas superfícies virtuais, de maneira a que o sujeito se possa reconhecer ao longo do tempo, em condições normais; embora ocorra igualmente perder-se de si próprio, quando transpõe um misterioso limiar. Que pode fazer com que Aquiles acredite que saiba quem é, mesmo no fragor da batalha troiana, mesmo no Hades, quando se lamenta a Ulisses da perda da carne e do sol? Bem, a crença, certamente. Entretanto, tão adiado, o encontro com a crença exige ainda um pequeno percurso dilatório, dessa vez pela condição quotidiana do Homem Psicanalítico.

5

Por quem passamos ser? Quem somos? Como nos fazemos? Rastro de uma sombra somos, que deixou um transeunte. Ele — que se fez pressa e determinação e passa por ter objetivo claro, um emprego ou um encontro de prazer —, outro não é, todavia, senão pressa transeunte. Nosso homem, o Homem Psicanalítico, é de certa forma um ente insubstancial, um jogo de representações que, bem espremidas, deixariam esta essência de ação: pressa transeunte. O Homem Psicanalítico tem seu tempo de estar; mas este é futuro. Lá, no futuro de sua vida, psicanaliticamente encarada, concretizar-se-á a identidade que passa por ter, perante os outros e perante si próprio. Lá, no futuro, haverá de cruzar alguma ruazinha, pavimentada de lembranças aprazíveis e de ressentimentos; alternará passadas curtas de ser e de não-ser, certo de perseguir um objetivo meritório; porém, probabilissimamente ignorará que a cruza tão-somente para deixar atrás de si uma sombra móvel, cujas pegadas insubstanciais nutriram aquele que era, mas de que já se esqueceu.

Assim se fabrica o homem da Psicanálise. A cada momento ele afirma certo modo de ser, certa intenção, projeto ou memória. Tal representação, no entanto, quando pronunciada no contexto da análise, deixa de ter o sentido congelado do ser material e do fato posto para sempre, ganhando em troca uma mobilidade prolífica de significações possíveis. O sentido que prevalece num instante analítico só se desvela no futuro da análise; e como é apenas o desvelado que conta, a história psicanalítica caminha ao contrário: faz-se no futuro o sentido do presente. Este é nosso homem.

Do outro lado daquela rua, a lâmpada da identidade final cega-lhe momentaneamente os olhos. Luzinha magnânima. Ofuscado, ele concentra-se no presente imaginário. Planeja e arquiteta, entre a luz e a sombra. Como havia de estar confuso, soubesse ele que presta um serviço pessoal e intransferível a seu ser passado. Creria ainda em si? Lamentar-se-ia da sorte e dos azares que lhe tramaram a rota mental, para fazê-lo dar justamente nessa ruazinha insignificante? Ou, baixando-se, colheria um calhau para alvejar o poste fronteiro? Pois a identidade final vem da morte, da aziaga morte, como diziam os antigos. Aquiles torna-se quem é apenas quando seu destino está traçado. Há aí um paradoxo, com toda a certeza. O oráculo que lhe previra a vida curta e gloriosa (ou insossa e longa) já selara, desde o nascimento, sua identidade heróica — ou estúpida, mas esta não poderia figurar numa epopéia. A personagem morre, ao nascer na mente do autor; o homem também, pois a morte está inscrita em seus genes, mas não menos porque sua vida está determinada pela cultura, pelos pais, pelo clima, pela dinâmica social. Isto é, cada momento é mortal ou final, cada passo de ser contém o passo do não-ser como complemento necessário. Minha identidade abre-se em possíveis, ao passo que cerra os possíveis anteriores. Este encerramento — que, na análise, corresponde ao momento em que uma sentença interpretativa[57] explica e coroa um percurso qualquer — é tão importante quanto a abertura de possibilidades. Por meio dele, o sujeito *passa a ter sido algo*, para empregarmos o verbo *ser* em seu tempo psicanaliticamente correto, isto é, adquire sua identidade. Este, o serviço que presto a mim mesmo: construo o sentido de um passado que determina o leque de possíveis presentes — que ignoro também, concentrado por minha pressa transeunte em desígnios mais imediatos. Deve o homem amar ou odiar sua desconhecida história total, que, enquanto morte, reduz os possíveis a "pensamentos idos e vividos"? Como não sabe nem desconfia, não faz nada disso. Caminha só, meditando no emprego, ou no amor, ou no jantar. É isso, ele medita no jantar: frango, dois copos de vinho e sobremesa. E os vai antegozando, transeunte.

A lâmpada segue, entrementes, retroprojetando sua sombra. Esta assombra outro tempo. Nutre um movimento anterior, que somente como rastro e forma se pode apreender — ainda assim, se uma interpretação o detiver, desvelar o rastro sombrio, fizer que surja. Senão, será também transeunte de outro passado. A cada pequena re-significação, seu passado é outro, redeterminando um futuro compatível, mas ele não se apercebe, claro, pois esse futuro é seu novo presente. Sempre outro, continua caminhando e se re-significando a cada passo.

---

57. Entende-se por *sentença interpretativa* a formulação convencional, explicativa, que o analista oferece a seu paciente. Distinguimo-la da interpretação, que é um estímulo para a emersão dos sentidos possíveis, geralmente curto, entrecortado, gramaticalmente incompleto. A explicação tem sua utilidade na análise: ela fecha um ciclo e dá conta do resultado alcançado. Cf. *Clínica Psicanalítica, A Arte da Interpretação*, cap. 6.

Rastro de uma sombra móvel, a retroprojeção pensa, age e diz. Revelando sua autêntica condição, uma vez que seja, pode muito bem ser que se veja prisioneira para sempre da perturbadora consciência deste trânsito, ou que tenha de inventar para si outra identidade fictícia, agarrá-la, vesti-la, grudá-la ao corpo de sombra — e nunca mais cruzar rua alguma. Terá enlouquecido então, como se diz, e adotará uma identidade delirante definitiva, pois patenteou o oculto, a raiz indiscreta de todo ocultamento: conheceu a condição temporal da identidade. Se se patenteia, chama-se delírio a esta condição; do contrário, recôndita, chama-se quotidiano.

O homem da rua é um e é muitos. É um ser físico, químico, sociológico, psicológico, logo é também um ser psicanalítico. Esse estrato psicanalítico caminhante — como todos os demais estratos — deve poder ser pensado como homem total. Senão, para que serviria? Pode ser mentira, mas prefiro chamar esse recurso de *licença científica*, como se diria licença poética. Usando de *licença científica*, fazemos mover-se o Homem Psicanalítico; ele não é mais do que a retroprojeção das sucessivas soluções de uma crise identitária produzida pelo método da Psicanálise. Adere a cada representação, sustenta-a heroicamente contra o assédio interpretativo que lhe mostra tantas outras possibilidades de ser, até que se dê plena conta da construção retroprojetiva de seu sentido. Então, pode criar ou enlouquecer; nesta hipótese, optará por uma identidade final antes da hora, morrerá em vida para o mundo das representações, fixando-se numa representação-coisa, numa forma terminal — ser perseguido, estar arruinado, ser genial etc. —, que se verá obrigado a sustentar por meio de produção delirante, o que equivale a andar sempre de um lado só da rua.

Há, portanto, delírio no quotidiano; mas nossa vida miúda pugna com denodo contra a estranheza. Este esforço ambiciona suprimir o isolamento impronunciável da identidade claustrofóbica. Veste-a de convenções, enverga hábitos partilhados pelos demais, orna-se com idéias de empréstimo, reúne e assimila a si o cabedal inteiro da comunidade. Sobretudo crê. Crê na identidade e crê na realidade.

É a crença um equilibrista sutil, desliza cada pé em corda diferente. Graças a tal expediente é que mantém o equilíbrio bambo. Que se aferrasse apenas à realidade comum e compartida, bem cedo se desenganaria a crença, por ver eternamente glosados os mesmos motes, e acabaria por se perguntar donde vêm eles e se não há outros; ou seja, com todo o peso posto na realidade, escorregaria dela. Afinal, se apenas comparto idéias, posso muito bem indagar qual a faculdade coletiva que as produziu. Por isso, é preciso que me rebele, que investigue a realidade por conta própria e afirme minha identidade original, na adolescência pelo menos, para que a mesma realidade me ensine como é vã a rebeldia — ou melhor, como aquilo contra o que me rebelo é precisamente o centro de minha adesão futura, serei nem mais nem menos aquilo contra que me tiver rebelado. A crença questionadora só o é pela metade. A metade desconfiada acaba dando sempre com o tecido das regras que levam a outra metade a crer. Ocorre que a realidade, onde julgo descobrir coisas diversas das que me ensinam, é criação coletiva, uma representação compartida e a mais completa de todas, a que tudo reúne, menos o inaceitável. A momentânea rebeldia é, por conseguinte, parte de uma estratégia de autoconvencimento. As leis do pensar quotidiano, que minha questão descobre, não constituem o solo do real. Tal e qual a rede que protege o aramista, formam uma tela protetora, muito próxima da superfície representacional. Quer dizer, falhando o pé que se apóia na realidade comum, descubro um de seus ingredientes e acho que descobri a América. Então, vendo que os mais experientes me fitam compassivamente, aproveito o embalo da queda para voltar ao arame, guardando ciosamente minha pequena suspeita a respeito do mundo para um uso que talvez jamais venha a ocorrer.

Há, porém, tombos e tombos. Se alguém chega verdadeiramente a problematizar a representação de realidade consensual, se afunda na rede de confecção do pensamento comum até nela enredar-se e quase tocar o real subjacente, a reação do público há de ser mais severa e terá o incompetente que suportar a assuada da comunidade. Quem manda descobrir o que todos são, mas todos negam? Aí, a malha das regras do pensar comum — de que o real trança os fios e o desejo introduz os buracos — não protege, agarra a mente e desfaz a razão. Enredado nela, o homem descrê da realidade e recolhe suas emoções, pois a linguagem quotidiana proíbe a existência de palavras que denunciem a lógica de sua concepção. Mudo, taciturno, ensimesmado, ele isola-se com seu conhecimento indesejado, inventa parábolas absurdas do indizível e, afinal, é trancafiado como esquizofrênico. Conseguintemente o é.

Todavia, se o pé no arame da identidade é que falseia, por nela se apoiar demais, nosso funâmbulo faz-se muito cônscio de si próprio, ele se perscruta e examina. Tais ou quais traços identificatórios vêm de fontes conhecidas: de um amigo ilustre, os trejeitos do supercílio; a inflexão irônica, do esquerdismo adolescente; dos pais ou contra os pais, certo apego à cupidez financeira. Depois, são os sentimentos, dos sentimentos aos gestos, dos gestos aos costumes, à memória, às figuras da imaginação, aos projetos, ao nome próprio. Que há de espontâneo, onde estou em meio a mim? — parece perguntar-se a crença cambaia. Cada pormenor da identidade promana de uma identificação contingente. O tombo, como no caso anterior, leva ao mesmo lugar: à rede protetora constituída pelas regras do pensar quotidiano. Aprendendo da lição, o acrobata volta ao arame, fortifica sua convicção na própria identidade, pára de perguntar. Se se recusa a isso, acaba enredado pela desconfiança nos sinais identificatórios, percebe-se sempre possibilidade improvável e termina por fabricar uma identidade fictícia, convicto de ter encontrado o verdadeiro corpo de sua alma. Crê-se Napoleão III ou Tamerlão, como os infelizes doidos machadianos; crê-se inventor ou perseguido; crê-se descobridor da ordem do mundo, ou pior, sendo psicanalista, vem a se convencer de que virou Schreber e descobriu a *Ursprache*, a linguagem primordial.

Nem a realidade nem a identidade, separadamente, podem sustentar o sujeito da representação. Tentando firmar-se só na realidade, estaria obrigado a provar sua identidade, coisa sabidamente impossível; apoiando-se apenas na identidade, a tentação seria de criar uma realidade original; em ambos os casos, o campo da representação em geral rompe-se, torna-se relação, o sujeito enreda-se nas regras do pensamento, tematiza-as. Para ser normal, devo, por exemplo, pensar persecutoriamente mas não muito, isto é, ter medo de ladrões. Se descubro que sou o ladrão que temo, se o campo vira relação, minha correria não mais terá fim, já que fujo de mim: nem os ladrões suportarão minha convivência.

Só a dupla crença na identidade e na realidade comum pode sustentar-se. Esta é risonha e confiante. Acredita estar a descobrir aquilo que lhe oferece a comunidade de idéias quotidianas, cria originalmente o almoço ao meio dia e, como Deus, vê que é bom — pois tantas opiniões independentes não concordam? Crê em ser tal como a si mesmo parece, não o vêem os outros assim? Assim ou assado, que as pequenas diferenças entre o ver-se e o ser visto vão por conta de seus pequenos segredos inconfessáveis, desconhecidos do vizinho.

Resumindo, a crença confia implicitamente no futuro concreto de suas auto-representações insubstanciais, se dispõe do aval da realidade do mundo social, se consegue incluir-se nele como uma realidade a mais. A opacificação das regras construtoras do mundo e de seu homem, a rotina, depende do acordo cavalheiresco de duas ilusões: identidade e realidade.

6

Na Psicanálise, até mais talvez que na filosofia, é preciso tomar cuidado com as palavras. Palavras designam conceitos, conceitos conduzem o pensamento em ambas as disciplinas. Mas os caminhos então se dividem. O filósofo tem o saudável e obsessivo hábito de voltar atrás pelo menos três vezes sobre suas pegadas conceituais, a fim de refletir sobre o que implicam. O psicanalista não. Ele pensa uma vez, depois aplica e, finalmente, convence-se de que não é o conceito mas a experiência que criou o panorama de que desfruta.

Quando falamos de representação da realidade, que supomos? Ora, é óbvio, supomos que há representação e realidade. Logo, a realidade é, no uso psicanalítico vulgar, aquilo que a representação de realidade representa, ou seja, algo que difere da própria representação e que lhe corresponde exatamente — ou quase exatamente, com pequenas distorções da representação por efeito emocional. Porém, se me perguntam que algo é esse ou se me pedem que dê um exemplo de realidade, respondo naturalmente com uma representação (de realidade) — de que outra maneira poderia responder? Minha imagem vulgar sobre esse assunto é que há algo assim como uma maçaneta e a fotografia de uma maçaneta — para ficarmos nesse simples e útil objeto —, antepostas a um olho infinitesimal, que é minha consciência. Naturalmente, isso está errado. Consciência é representação, e seu objeto, ela o constrói ativamente, construindo-me no mesmo movimento. Da maçaneta, para lá de todas as representações, nada há para dizer — pois dizer já é representar.

No fundo, ao postular uma realidade igual (na forma) e diferente (na substância) da representação de realidade, estaria fazendo uma estranha afirmação, indemonstrável e improvável, além de um tanto contraditória. Sem embargo, justamente porque não desejamos em absoluto meter-nos a filosofar, sendo psicanalistas, essa dicotomia transforma-se num padrão de pensamento típico, que afeta nossa clínica. Primeiro, convenço-me de que isso tudo não é conceito, mas natureza. Depois, passo a cultuar a natureza concreta da realidade, exigindo submissão aos *dados de realidade*. A essa altura, minha prática já se contaminou de realismo ingênuo, pois passo a exigir do paciente que se submeta à realidade — à minha realidade subjetiva, que declarei ser natural e universal: toda suposição de realidades finais convida ao autoritarismo mais pueril. Por fim, acabo por construir um sistema psicológico prático que espelha esta ontologia primária; vale dizer, separo da representação de identidade um mundo interno concreto (com o mesmo poder decisório final dos *dados de realidade*), que meu paciente não conhece senão imperfeitamente, mas que constitui o estofo de seu espírito — que eu o posso conhecer perfeitamente, tanto que sei julgar a diferença entre suas representações de identidade e a *realidade interna* de seu psiquismo, com o qual, portanto, imagino ter contato direto e privilegiado.

À tensão conceitual imposta à representação pela metapsicologia, junta-se agora um pequeno talho clínico. A prática analítica, separando as representações de realidade externa e *interna*, renomeia a representação que lhe interessa tratar como *fantasia*, entidade que pareceria vincular os dois mundos, mas que na verdade os isola. Pois a fantasia, no emprego clínico comum, implica um falseamento relativo dos dados da *realidade objetiva (externa e interna)*, que cabe à análise corrigir. Agora sim, o corpo esticado da representação abre-se de cima a baixo: o psiquismo funciona em paralelo com o mundo e ele próprio sofre uma fragmentação radical. Contrapõem-se realidade e representação, fantasia e representação realista, mundo interno e mundo externo. Perdida a unidade do ato representacional, sobrevêm todas as figuras místicas da dualidade: instintos de vida e morte, processos psíquicos reificados, ficções metapsicológicas de toda a sorte, afetos puros em estado de combinar-se quimicamente a representações, energia anímica mensurável, complexos psíquicos que se parecem a um complô mafioso, sentimentos materializados, por fim um verdadeiro palco de objetos internos em conflito, cada qual com seu interesse e onde a representação psíquica decai até ser mera representação teatral. Como rejuntar os pedaços e eliminar a dicotomia fantástica, qual o herói que salvará a donzela da representação do esgarçamento produzido pelo realismo psíquico? Ela que se salve a si mesma, pois o conceito de representação não é propriedade da Psicanálise. Mas certa ajuda teórica pode receber de outro conceito psicanalítico: a noção de crença.

Já que o mundo externo não garante sua representação na Psicanálise, e o chamado *mundo interno*, que é tão-só o reflexo fantástico daquele, menos ainda pode garantir as representações identitárias, facilmente nosso sujeito teórico se converteria num caleidoscópio de representações mutáveis; coisa que a experiência mais comum taxativamente nega. Bem ao contrário, vemos o Homem Psicanalítico apegado ao que pensa ser. Mesmo as mudanças de representação dão-se num fluxo temporal peculiar, que não chega a atentar contra sua estabilidade: cada vez que mudamos, cremos ter descoberto *nossa verdade*, pensamos ter chegado àquilo que já antes éramos, sem o saber. A permanência das representações leva-nos a inferir o trabalho de uma função psíquica, a crença, que não as prova na coisa do mundo ou na coisa do espírito, mas na conexão adequada entre as duas dimensões da representação, realidade e identidade, em sua reciprocidade harmônica.

Viverá o Homem Psicanalítico num domínio etéreo, sem corpo ou substância? Sim e não. Dá-se simplesmente que onde existe o corpo, onde ele é potente e ativo, a representação não se faz presente. O reino do corpo é o reino do contágio: ao correr, o atleta é plenamente sua corrida, as pernas que superam a dor, o alento que falta, levado ao limite da exaustão, e que se recupera sabiamente. Também no embate amoroso ou no corpo-a-corpo da guerra, no nascimento e na morte, nos estados de imersão ontológica, se cabe exprimi-lo assim, a representação não comparece: não se distinguem sujeito e objeto, o corpo é mundo e o mundo é extensão do corpo ativo. Entretanto, se o corpo se retira, ainda que parcialmente, a representação ocorre, mas sem garantias. É aí que opera a crença, soldando realidade e identidade, com isso dando corpo à representação. A crença é um suposto necessário para o pensamento psicanalítico. Ela cancela o espaço corrosivo entre realidade e identidade, é a sólida camada de couro endurecido que consolida o escudo de Aquiles, mediando o côncavo e o convexo.

Aquiles, quando não está correndo, quem é ou que pensa ser? As personagens das epopéias homéricas têm um gosto todo especial pelo disfarce. Do mesmo modo que proclamam suas representações, valem-se também de nomes falsos e de falsas aparências. Diz-se que Aquiles — o colérico, o bravíssimo, o único a conseguir erguer a lança de bronze, arma terrível presenteada por Quíron a seu pai Peleus — fora escondido entre meninas, disfarçado de mulher, sob a guarda do rei Licômedes, em Ciros, onde, só por um truque, Ulisses o descobriu. Atenas instrui Telêmaco sob o aspecto de Mentor. Ulisses, o sagaz e sensato estrategista, retira grande parte de sua sabedoria da arte do disfarce. A *Odisséia* é um constante disfarçar-se e tergiversar nas respostas. Ulisses volta a casa feito um mendigo. Só o toque familiar da velha ama, Euricléia, reconhece-o na cicatriz deixada em sua coxa pelo ataque de um javali. Declinar nome e linhagem, feitos e pátria, é ato revestido de grande solenidade. Nisso, os heróis são como os deuses, na cópula e na guerra, suas epifanias tanto revelam quanto enganam. A prudência parece consistir sobretudo em furtar ao adversário ou ao amante sua representação axial, cujo epítome é o nome verdadeiro. Quando Odisseu engana o Cíclope, parte fundamental do embuste é oferecer-lhe um nome contraditório: *Ninguém*. Mas, como mendigo, voltaria a ser Ninguém, de certo modo, ao desembarcar em Ítaca. A brutalidade sub-humana do gigante e a pretensiosa tolice dos pretendentes à mão de Penélope ficam patenteadas pelo engodo: o civilizado prudente deve saber que lida com representações potencialmente enganosas.

Estudando as interpolações homéricas, Auerbach, no primeiro capítulo de *Mímesis*[58], lembra-nos que a polêmica sobre sua função data pelo menos da correspondência entre Goethe e Schiller, nos fins do século XVIII. Estes a consideravam como "elemento retardador" da ação, para garantir uma posição algo distanciada do leitor ou ouvinte. Auerbach opta por outra explicação. Parece-lhe que as interpolações visam a "não deixar nada do que é mencionado na penumbra", pois Homero "não conhece segundos planos", todos os elementos devem figurar claramente, ser localizados no tempo e no espaço, há que esclarecer quem conta o quê e como ficou sabendo disso, quando e porquê, exige-se uma "exteriorização dos fenômenos". Tanto a idéia de *retardamento*, quanto a de *esclarecimento* parecem convergir na função de *pausa para a representação*, embora digam respeito a uma outra dimensão interpretativa, a da eficácia narrativa, e não fossem de meu

---

58. Erich Auerbach, *Mímesis, A Representação da Realidade na Literatura Ocidental*, 2. ed., São Paulo, Editora Perspectiva, s. d.

conhecimento quando da publicação original deste texto, que, afinal, não é de teoria literária. Não obstante, a questão do embuste pode ser melhor compreendida à luz da noção de primeiro plano. A realidade homérica tem a vocação de completo desvelamento, assim como a identidade de suas personagens. O embuste, portanto, só pode ser um engano declarado, assim como o da criança que esconde o rosto com as mãos e pretende estar invisível ou que se mete em sapatos de salto alto e quer que a tomem pela mãe. Um sinal de realidade já basta para construir nova identidade neste mundo sem sombras, como mostra Pátroclo, ao envergar as armas de Aquiles para amedrontar os troianos. Esse ideal de aparência e de transparência provavelmente nunca mais será alcançado na história da representação. Pois a obra homérica é ela própria uma pausa para a representação, um corte abrupto na confusão do mundo que se pretende organizar. É como se o corpo do real houvesse retrocedido um tanto, dando espaço a uma representação global, embora limitada a certo contexto, e fosse necessário ao homem defender o terreno conquistado à *híbris*, por meio de um primeiro e definitivo ato de fundação. O embuste é, por conseguinte, a figuração explícita e plenamente representada do equívoco criador de nossa civilização, pelo qual se reduz a interioridade a uma fração representativa (identidade) e o exterior, àquilo que se pode conhecer (realidade).

Da prática do embuste, parece derivar uma problemática lição moral da obra homérica. A civilização exige a supressão parcial do corpo. Não apenas se põem limites ao prazer, não apenas o universo permissível do acasalamento se contrai, mas, ao que tudo indica, é necessário que sempre o corpo regrida, um pouquinho que seja, descole-se de sua plena ação. A marca declarada desse retraimento seria então a representação falsa; a mentira sobre a identidade do herói funciona como um lembrete de que, para sermos mais do que um simples corpo em ação, de alguma maneira devemos ser menos do que um corpo. É como se dissessem as personagens homéricas: para que eu possa ter um nome e uma linhagem, é fatal que outros nomes e descendências várias também sejam concebíveis, para que diga a verdade é preciso saber mentir. Os disfarces são, por conse-guinte, experimentos de crença. Esta pode, com efeito, sustentar verdade e mentira, com igual parcimônia de meios e equanimidade de juízo. De hábito, atribuímos o ato de crença ao homem primitivo e incivilizado; talvez fosse mais justo afirmar que a crença é a medida de sua civilização nascente.

O reino do contágio é o corpo comum dos homens. Nele, não se distinguem brutos e civilizados. Nascida da boa mentira fundamental, quando o corpo retrocede e as representações proliferam, a civilização deve apoiar-se na crença. Aquiles é o que pensa ser, sua representação: seu escudo, suas armas divinas, nesse novo reino que então se inaugurava; de pulsão guerreira enfurecida, o desengano o conduz a um retraimento ranzinza, mas, na dor da perda de seu primo e *therapon* querido, Pátroclo, encontra realidade e identidade tão fortes que atravessarão os séculos. Isso o escudo defende, não seu corpo quase invulnerável. O calcanhar, por onde o segurara Thétis ao imergi-lo nas águas estígias, para o imortalizar — o ponto de contato interpessoal — é precisamente sua fraqueza. O corpo, como tal, é invulnerável à mentira, à dúvida, dispensa representação. O calcanhar de Aquiles parece ser a pequena retração do corpo com relação a sua corporeidade bruta, dimensão que os deuses compartem com os animais, mas que define o homem. A partir do ponto de contato humano, quando o sujeito se cria como ser social, já é preciso um sistema defensivo da cultura que se instala no lugar da retração do corpo, um escudo representacional: figuração de identidade e realidade, tendo de permeio a crença, para garantir a solidariedade e permanência da superfície de representação.

7

Podemos enunciar assim a função e a tópica da crença. É uma função pré-consciente que sustenta a superfície da representação, operando na intimidade dessa mesma superfície. Sua ação é discretíssima. A crença robusta e perfeita é aquela à qual não sonharíamos em aplicar tal nome. Crer é sentar-se numa cadeira, por exemplo: ninguém está obrigado a se perguntar se a cadeira existe ou se o traseiro a ela se ajustará; são quase um corpo só, tanto que da parte do corpo que lhe corresponde dizemos também, metonimicamente, assento ou cadeiras. A crença não aparece, é como se o espaço entre identidade e realidade tampouco existisse, materialmente soldado pelo sentar-se, tornado virtual pelo acoplamento entre as duas superfícies. Usualmente, nossa vida de representação é assim também; estamos bem assentados no mundo, nossa realidade é o mesmo que nossa identidade. Se me perguntam onde estou, onde se localiza minha identidade, devo responder sempre com representações de realidade, sou brasileiro e psicanalista, sou isso ou aquilo, sou onde estou, sou meu estar.

Caso a crença chegue a manifestar-se, ela já adoeceu. As crenças que merecem o nome e que me permitem dizer, "acredito que seja assim", denunciam algum desencontro entre identidade e realidade. No mínimo, posso conceber que possa assim não ser; no máximo, tenho de tentar convencer-me de que assim é. A este último e lamentável estado de crença, penso que devemos reservar o nome de *fé*. Fé significa o desespero da crença, onde ela deve gritar para ensurdecer a dúvida que já me ataca. Prova disso é que o sujeito que perde uma representação onde punha fé, passa ordinariamente à fé oposta, como qualquer um pode comprovar com seu vizinho e, apesar da natural repugnância, consigo próprio. O religioso vira ateu, não agnóstico; o esquerdismo converte-se em consumismo assumido. Quer dizer, onde os corpos físico, espiritual ou social retrocedem ou não estão, a crença tem campo livre, mas seu exagero ameaça denunciá-la, denunciando a improbabilidade — a *improvabilididade* — da representação. Assim, no maior exagero, faz-se mister gritar que se crê na justaposição da realidade à identidade, em que meu é o mundo que represento.

Para dizê-lo de outra maneira, a crença opera dando corpo à representação, por isso mantendo-a permanente e eficaz. Tudo se passa como se o desinvestimento do corpo que se retirou retornasse como reinvestimento de igual magnitude. Como vimos, este novo corpo é, em certa medida, falso; falso, no sentido da falsidade sintomática intrínseca a qualquer processo defensivo. Por tal razão, corpos diversos podem ser experimentados, ou a rigor, pode-se dar corpo a representações contraditórias, mentirosas ou fantásticas, como nos ensinam tanto as personagens de Homero, como nossa vida quotidiana. Em cada caso, o mesmo corpo investe a representação; ou seja, o corpo negado, o que se retirou. Pela crença, a representação é uma veste-corpo.

Claro, há representações mais e menos importantes. Há as que são axiais para a identidade, essas que proclamam os guerreiros em seus desafios. Todavia, mesmo aí existem diferenças; o que é axial para o amor pode não o ser para a guerra e muito menos para a construção da cidade. A identidade é solidária com sua realidade, realidades diversas demandam ajustes identitários; não sou o mesmo no consultório e no clube, espero. De outra forma, perco pacientes, parceiros de jogo ou ambos. A crença não é senão o selo da adequação entre realidade e identidade.

Quando a adequação é plausível, a crença submerge no estofo da superfície representacional. Então é como se realidade e identidade fossem uma só e a mesma coisa, como aliás devem ser no quotidiano. No estado de desencontro, porém, sua ação é mais notória. Que se insinue uma hipótese de dúvida do ajustamento, sugerindo que eu não sou a realidade onde estou, ou que esta não tem existência autônoma e exclusiva, mas que a construo, e a crença põe-se a campo para forçar a adequação. Seu argumento básico, como não poderia deixar de ser, é deveras contundente: ela sustenta qualquer representação ameaçando a representabilidade geral do sujeito. É como se me dissesse: "se não sou como penso, então nada sou e nada é". Ameaçada uma representação importante de minha realidade ou identidade, a crença ameaça retirar o corpo de toda e qualquer representação. O analista sabe bem disso. Quando tenta oferecer a seu paciente representações alternativas, este tende a contra-argumentar com estados de despersonalização e desrealização provisórios — parte do que a Teoria dos Campos chama de *expectativa de trânsito* —, ou muito persistentes, quase delirantes, caso a representação problematizada seja axial ou o ato interpretativo, fora de medida. De modo geral, durante a análise, a crença está de sobreaviso e o corpo das representações é um tanto menos sólido do que o comum; por tal motivo, representações alternativas podem sobrevir na análise, mesmo que apenas as sustente de início este corpo espectral que é o da transferência.

8

O delírio, no sentido estrito da psiquiatria, é vitória superlativa da psique sobre o mundo. Consiste na humanização radical da realidade, é o alívio absoluto do cerco de indiferença que a matéria deita ao espírito humano. Idealmente, nem uma mirrada plantinha escaparia de ter sentido referente ao sistema delirante. A matriz produtora das representações — chamada desejo para a subjetividade e real para a realidade — converte-se integralmente em representação no delírio ideal. O exagero da representa-bilidade, inaugurado por Homero, engendra uma forma de ser tão plenamente visível, que beira o delírio. Delírio é visibilidade das entranhas da alma, tomadas como realidade. As personagens homéricas são formas delirantes prototípicas, mesmo quando não delirem de fato. A ira de Aquiles é um delírio sem delirante, a astúcia de Ulisses idem, ou a destemperada e arrogante impiedade de Ajax, o grande, ou a sedução de Helena etc. Os deuses helênicos são feitos de qualidades puras, divinizadas — Afrodite, a deusa do Amor, Atenas, a da Sabedoria, Apolo-Médico, pelo qual se faz o juramento hipocrático —; porém, mesmo os heróis são constituídos por qualidades únicas, ou quase únicas, multiplicadas em proporção heróica. São absolutamente especializados em força, ou astúcia, ou beleza etc.; e, para que não subsistam dúvidas, trazem os epítetos que explicitam tais especializações. Não será demais, portanto, considerar o mundo homérico como o padrão do delírio: total visibilidade, explicação total.

Na prática delirante, é menor a perfeição, decerto, mas sua desmedida vocação para a interpretação totalizante ostenta-se inegável. Para constatá-lo, nós nos podemos valer de uma experiência simples. Projete-se alguma forma delirante na superfície do quotidiano, como se fosse uma teoria; saltará, da imposição, algum tipo pungente de verdade. A melancolia ou a paranóia descerram constituições encobertas do real, são filosofias frustradas por excesso de especialização. O delírio nada mais é do que o destaque exclusivo de um dos esquemas do pensar comum, quando se superpõem indevidamente realidade e identidade. Que há de resultar de tal conúbio fraterno, que funde impossivelmente as duas faces da superfície representacional?

Há outra prática extravagante que se interessa por esse tipo de casamento ilícito. Do discurso comum, seleciona os lugares onde se podem ocultar fenômenos denunciadores, camuflados pela atenção do sujeito que pretende tratar de assuntos mais pragmáticos. São zonas de exceção do discurso as mais propícias. Sonhos relatados, equívocos de linguagem, conclusões que faltam, mudanças de tema bem marcadas, mas pouco convincentes. Levando ao pé da letra qualquer desvio da razão comum, a interpretação psicanalítica instaura o campo da mentira, onde só a verdade se pode proferir, pois qualquer relação potencialmente enganosa equivale ao enunciado de um possível. Nossa prática desfaz a ilusão do mesmo, da identidade e da realidade únicas. O rastro de uma sombra, nós mesmos, aprende dura lição. Descobre-se a serviço do passado, não porque o repita, projeto estúpido e impensável, mas porque o cria *a posteriori* enquanto sentido. Da realimentação que o futuro faz de seu passado nasce o Homem Psicanalítico, a crise de identi-dade e realidade que é o objeto da Psicanálise.

A hora e o lugar da Psicanálise, dentro da história da representação homérica, parecem corresponder a uma socialização do delírio, como fundamento do intercâmbio humano. Dir-se-ia que nosso tempo conseguiu atingir um grau de desmaterialização antes impensável. O homem religioso vivia em duas cidades: tentava alçar-se ao plano espiritual, enquanto permanecia presa da matéria. Nós só vivemos em um, e este, sem ser propriamente espiritual, decerto não é o da coisa concreta e muito menos da coisa natural. Não se veste de roupas, por exemplo, mas de marcas, de *griffes*, a classe medianamente abastada da grande cidade dos fins de nosso século, a que procura o analista. Dirige marcas, ao se locomover da casa para o trabalho, bebe marcas, sonha marcas possivelmente. Talvez venha a ser a heráldica a verdadeira ciência social do próximo milênio. Uma balconista das *Lojas Americanas*, engolida por esse processo que não saberia compreender, dirige-se assim à colega, demonstradora de certa marca: "Oh Gessy, deixa um espaço na prateleira p'ra L'Oréal". De alguma forma, o processo de *franchising* resume o sentido novo que adquire nossa produção. O corpo social retrocede, deixando espaço para as ideologias. Pela primeira vez, quem sabe, podemos falar de um discurso falso, admiti-lo falso e praticá-lo ao mesmo tempo, consolando-nos na idéia de que não existe escapatória. Duvidamos com razão da notícia do jornal, mas agimos e pensamos em conformidade a ela: se o fato relevante é no Iraque e a agência noticiosa é norte-americana qual a opção? Ao progresso do simulacro analógico, nosso mundo acrescenta a representação digital, em que nem mesmo sobrevive a ilusão de equivalência formal entre coisa e representação. Isso leva, por outro lado, a precisão imagética tamanha que se denuncia, na representação, a falácia da versão original: um disco *laser* reproduz o som do interior do piano, o vídeo de alta resolução pode substituir o cinema, permitindo criar imagens de computador indistinguíveis das *reais* — que seriam, portanto, as imagens reais? Ao embuste homérico, replicamos com a simulação em computador. Nessa posição extrema (até o momento...) da representação, a Psicanálise encontra seu lugar apropriado, mas desconfortável; a visibilidade e a explicação completam-se na informática, o velho embuste do falso nome coonesta-se agora na franquia de marcas e patentes. Como corolário deste processo, a realidade encontra sua definição mais denunciadora: como num filme em que se alternam *cenas imaginárias* e *cenas reais*, a realidade entende-se como exceção à fantasia, à mentira, ao sonho; o que significa que estão todas no mesmo campo definitório, isto é, realidade é fantasia, mentira e sonho a um tempo, quando se leva às últimas conseqüências a ablação da substância corpórea do quotidiano. Logo, o psicanalista tem de jogar com representações para produzir crise de identidade e realidade; pois, se se perdeu o corpo, só a crise induzida das representações pode recuperá-lo, embora jamais tão natural como antes. Nossa clínica da crença responde ao chamado da incredibilidade do quotidiano por meio da interpretação indutora de uma crise crítica, que desestabiliza de vez e evidencia os campos das representações convencionais.

O momento mais agudo e problemático de uma interpretação é quando se ultrapassa a representação dominante e, ainda não tendo outra em vista, o paciente experimenta o estado de expectativa de trânsito. É o mesmo estado que pode gerar um delírio, pois o acrobata caiu dos arames, dessa vez porque a interpretação os deslocou, em pequena medida e lentamente. Então, há que aprender a apoiar-se na própria rede dos pressupostos de seu pensar comum, que o campo rompido guardava. Para aproveitar a experiência, contudo, é preciso que o espírito tenha a sábia leveza de uma aranha — que na teia não se enreda, mas que manobra seus fios como extensão da própria sensibilidade —, usando a crise identitária como instrumento de saber. Na ultrapassagem da expectativa de trânsito, quando o espírito aracnídeo testa a teia que pode capturar o incógnito de si, sobre-vém, todavia, o peso da crença irritada pela perda momentânea de representação.

Pode vir como uma tijolada, que não fará grande mal. Rompe-se a teia, perde-se o momento, o espírito volta as costas à aranha importuna que era e volta novamente às crenças rotineiras. Destino comum de tantas interpretações ou experiências de vida, não há que o lamentar.

Talvez chegue como a pérfida aragem de uma suspeita fundamental. Infirme em sua identidade, o paciente faz-se mosca, e se enreda na teia que armou. Pôs em questão a identidade, mas não suspendeu o juízo veritativo; carecendo de uma verdade imediata, adere, pois, às regras da psique como se fossem definições de identidade, debate-se, inventa uma identidade fictícia, reconstrói uma realidade falsificada e restrita. O que seria instrumento de detecção — as regras componentes do campo — é crido como identidade. Filha da dúvida malsã, a convicção apressada congela o presente. Eis formada a crença delirante. Se o Homem Psicanalítico apegar-se ao produto da interpretação, vesti-lo e abotoá-lo até o pescoço — pobre homem enganado! —, põe-se a delirar de fato. É o delírio do bom paciente. Por obediência, vive um obsessivo ou um invejoso, um obsequioso ou um ingrato; isto é, o que era uma possibilidade a testar transforma-se em fato. Se se apega ao processo interpretativo, sai pelo mundo a se interpretar e aos vizinhos inocentes. Nunca dirá sim a uma aparência consensual, todavia há de crer cegamente nas suspeitas mais estapafúrdias. O homem da segunda intenção — esse monstrinho! — transforma a interpretação em identidade vaidosa, e é abominado por seus coetâneos, pavor das festas, terror dos bares. Do estado de morte, que é a identidade fixa, em que estava perfeitamente estável em seu sintoma, talvez uma interpretação o tenha ressuscitado para o jogo dos possíveis, admitamo-lo contritos os psicanalistas. Mas sua vingança foi exemplar: identificado com o processo de ressurreição, o Ahasverus do divã passeará seu delírio interpretativo, condenado à mimetização derrisória da análise. E há o psicanalista delirante. Este muito simplesmente convenceu-se da realidade das teorias que inventou. Há, portanto, delírio no quotidiano psicanalítico. Pobre e mesquinho delírio...

Ou pode acontecer que a aranha se firme nas patas, coma bem, torne-se um pouco lerda para o ofício. Não cai nem se enreda. Chega a um conhecimento razoável de si mesma e queda-se a digeri-lo. Conjugados, a crença razoável na própria identidade e o sentido intuitivo de imanência (que lhe assegura, nas mudanças identificatórias, a mesmidade do sujeito do espírito) garantem-na. A aranha engorda, crendo em sua aranhidade psicanalítica, pescando duas ou três mosquinhas incautas: um tanto de autoconhecimento, um pouco menos da estrutura do real. Diverte-se com o absurdo alheio, como diante do quebra-cabeças que não rompe a sua. Esta é a sabedoria mediana, a que rende dividendos e paz. O homem inteligente fica nisso. Requinta seu gosto psíquico, ironiza amavelmente as crenças dos demais. E crê. Será um ótimo cliente ou um analista medíocre.

Por fim, ao Homem Psicanalítico, talvez lhe pese a crença ao contrário. Afetada de antigravidade, nossa aranha vira teia, a teia vira psique, a psique, instrumento. Faz-se o homem, desse modo, teia inquisitiva; cada órgão do corpo e da alma converte-se em interrogação sobre a própria identidade, dilui-se no mundo, sintoniza com o real, transmuta-o em método de saber. Renuncia à fé, depois à convicção, depois à opinião. Quero crer que acabe doido. Entrementes, será um analista, um filósofo, um artista. Brilhante, se a sorte ajudar. Merece dó.

A prática da psicanálise importa em transformar a própria psique em instrumento de sondagem. O delírio é uma atitude parecida, o doente transforma-se num pesquisador de sentidos também. Para ambos, o delirante e o psicanalista, a vida mental mostra seus motivos, ambos pretendem iluminar com luz homérica o sentido das representações, de forma a trazer ao primeiro plano todas as figuras ocultas, acreditando que os embustes podem sempre ser desmascarados. O quotidiano aceita a meia luz; a psicanálise e o delírio exigem escla-recimento. O regime de plena figurabilidade, inaugurado por Homero, justamente por almejar a construção de um mundo inteiramente explicado, produz criaturas que são quase que apenas motivos ambulantes, qualidades antropomorfizadas. Cada deus e cada herói tem sua especialidade, como há pouco observamos; de fato, deuses e heróis são a essência de sua especialidade, levemente revestida de carne e espírito. Mas isso é o que faz o delírio, por seu lado; o sujeito, que experimentou indevidamente um fragmento da lógica de concepção das representações, tematiza eternamente esse pequeno motivo psíquico, do qual não se sabe desprender — grandiosidade, perseguição, culpa, ciúmes etc. Seu mundo aplaina-se, os atos alheios tornam-se disfarces precários dos elementos componentes de seu *Leitmotiv*, tendo como resultado a plena explicação e a plena represen-tabilidade. Se a *Ilíada* antecipa a ordem racional da cidade grega, na intensidade de uma apoteose delirante, o delírio perpetua e evidencia constantemente o paradoxo de que a extrapolação da representação e da racionalidade apenas encontra o absurdo. É o delírio um exercício extremo de razão fora da razão.

Que diferencia o analista do delirante? Tudo ou nada. Nossa teoria pode reproduzir o delírio homérico. Ao perscrutar a ordem de produção dos sentidos das representações psíquicas, o destino mais comum dos analistas é acreditar em seu sistema explicativo. O comportamento humano torna-se, nesse caso, perfeitamente claro; o psicanalista vê diante de si, no *mundo interno*, os lances de uma batalha entre forças instintivas, ouve *objetos internos* tramando conspirações, cada qual representando sua especialidade mítica — a Inveja, a Destrutividade, o Amor, ou a Mãe, o Pai etc. Tais figuras internas às vezes aparecem camufladas, a Destrutividade mascara-se de Amor Transferencial, por exemplo, porém nunca contam com suficiente espessura psicológica e carecem de mistério, exatamente como no embuste homérico. O atributo de *interno* designa, então, o lugar da epopéia delirante, quer dizer, um lugar oculto ao paciente, mas inteiramente representável para a teoria, cuja ação desenrola-se paralelamente à da vida mental do analisando, determinando-a e contendo sua verdade final.

O contato com a lógica de concepção tensiona excessivamente a função da crença. Tal qual o delirante psiquiátrico, que cria uma realidade especializada para substituir sua identidade, o analista pode resolver sua crise identitária por meio de um ato de fé na realidade psíquica. Toma certos componentes da rede do pensar comum — esse largo repertório de regras lógico-emocionais que organizam a razão quotidiana — e, como o delirante faria, decide arbitrariamente que um limitado conjunto delas é a explicação de tudo, de sua identidade pesquisadora, do Homem Psicanalítico e do mundo enquanto tal.

Que o pode salvar dessa queda? Tenho para mim que somente a plena aceitação do regime temporal da análise. É preciso que admita, até o fundo da alma, que cada momento analítico é um jogo de representações que só no futuro se explicará; mas quando se explicar, quando fizer sentido claro, esse há de ser um novo sentido do passado. Ora, como vivemos no reino dos sentidos, um passado com novo sentido, já é, embora minimamente, um novo passado, o qual redetermina seu próprio futuro, que vem a ser precisamente o momento vivido agora. Estamos constantemente no centro de um (8 deitado, sinal de infinito), centro que lentamente se desloca em direção não antecipável, porém evoluindo do presente ao futuro, do futuro ao passado e deste para o futuro do passado, para o condicional, que é o próprio centro do nó. Agora, não conheço o sentido pleno do que estamos a fazer; quando o conhecer, será um saber sobre algo que já se realizou, deixando pegadas que transformaram a estrutura geradora de sentidos: vivemos, analista e paciente, o futuro de outro passado. Assim se pode tolerar o contato com a lógica de concepção, porque não caímos na tentação tantalizante de representá-la, imbuímo-nos dela, experimentamo-la para edificar possíveis, mas nunca a explicamos enquanto atua. Por isso, a boa teoria deve sempre ser feita de novo, durante a análise, pois o saber é unicamente possibilidade de vir a saber — ou delírio. O saber psicanalítico constrói o sentido de ser da dupla terapêutica: se é um saber positivo, explica-nos agora, e nosso presente fixa-se, torna-se plenamente representável, não pode evoluir. Já o vir a saber é um possível, cujas pegadas vão construindo um ser sempre novo, pois é produto de novo passado heurístico, irrepresentável até que se realize condicionalmente, misterioso e *indelirável*. O delírio é como que uma fotografia do Homem Psicanalítico, sua imagem cinematográfica, onde ele é visto em movimento, é o método psicanalítico.

Quando o rastro deixado atinge o transeunte, já não é mais do que uma sucessão de pegadas espectrais. Demarca um caminho esquecido, cujo seguimento imprime certa direção que, a rigor, age como destino inconsciente de sua marcha. Com a força e a impalpabilidade do destino. Em cada momento de minha existência, crio o sentido inteiro de meu passado, que torna sobre mim, orientandome assombradamente. A identidade do Homem Psicanalítico é futuro do pretérito. Possibilidade, condicional, ela se produz retrospectivamente; onde é apreensível não é efetiva, mas o será, no momento em que ele já a desconhecer, por se ter identificado inteiramente com o que criou. O presente faz um passado, o passado redireciona seu futuro, que reinventa novo passado. Em oposição às coisas da materialidade, o ser da identidade não possui o presente absoluto. No fundo da materialidade do homem, do mundo concreto da cultura, como a espinha dorsal de sua postura identitária, está a ordem temporal do Homem Psicanalítico. Ora, essa transtemporalidade paradoxal, operando como insubstancialidade medular, força como um destino e escapa como um inconsciente. Se hoje faço meu passado, amanhã será o que este me quiser...

9

Homero gasta mais de cem versos para descrever o escudo de Aquiles. Deve ter razões para tal transbordamento descritivo. Ao gravar em versos primorosos as requintadas e inimitáveis proezas artesanais do divino ferreiro, acha espaço para elogiar sua "consumada perícia", "o milagre produzido pelo artista". Decerto, nenhum humano o imitará. Entre os "milagres" gravados, não o esqueçamos todavia, figura, bem ao fim, "um menestrel cantando divinamente à lira". Ele o terá ouvido? Tocava, como um disco vulgar, a divina gravação? Não o podemos saber; Hefaístos, ao ser interrompido por Thétis, ocupava-se em construir uma mesa automotiva para o banquete dos deuses...

Porém, uma outra hipótese é plausível, ou, quando menos, curiosa. Talvez Homero se tenha reproduzido no escudo maravilhoso. Ele era um rapsodo e, decerto, mestre consumado na arte da lira. E dizem que cego. Suas maravilhas visuais poderiam bem ser o reflexo do próprio canto, condições em que os elogios de "milagre" e "consumada perícia" teriam outro destinatário. Porventura, o vate nem tivesse tais idéias meditadas, apenas lhe saíram assim. De qualquer modo, a presença de Homero entre os adornos do escudo é perfeitamente sustentável.

Mas, nesse caso, que seriam as demais figuras? O que, senão a *Ilíada*, a própria representação sublime que ele estava a compor? Agrada-me imaginar o herói de pés ligeiros partindo para a batalha, para a glória e para a morte pressagiada, com passos céleres e decididos, ostentando diante de si, para que os inimigos o vissem bem, o escudo de sua realidade, a *Ilíada*, gravada em bronze, prata e ouro. Se a suspensão da narrativa, em momento de aguda tensão do enredo, pode algo diminuir à leitura maravilhada do leitor moderno, empresta-lhe em paga um outro feitio ainda mais extasiante. É Homero, ou o espírito grego, parando um instante para refletir sobre o milagre de sua autoria, inscrevendo deuses, constelações, cidades, campos cultivados, a guerra e a paz, no espaço de gravação que medeia entre céu e oceano.

Pois entre a recusa de Aquiles e a luta que traria a vitória aos gregos, situa-se o momento verdadeiramente crucial em que o espírito da cultura helênica se dispõe a marchar para a construção de uma civilização que se considera perene. E não é Aquiles, mas Homero quem dá tal passo decisivo. Daí por diante, os privilégios da representação clara sobre a *hibris* da lógica de concepção estarão assegurados. Terá sido na Jônia, nos fins do século VIII a.C., mais do que em Tróia, às margens do Helesponto, que a representação de identidade e realidade se afirmou.

Fixando-se para sempre em sua própria obra, Homero deixa uma herança, à qual não somos infiéis. O esforço por criar a superfície representacional globalizante, que contém o mundo inteiro e mais o seu sujeito, gera o homem ocidental. A identidade está totalmente na construção da realidade, como o aedo no escudo de Aquiles. Para nós, a obra cria o autor, produzindo nos fazemos, e nossa produção tem de ser gravada, durar, ser comunicada entre os semelhantes, para que tenhamos existência. Filhos de Homero, de quem não se sabe ao certo se existiu, somos, como ele, criaturas de nossa própria obra, mercê de sua representação, e assim existimos todos. Nossa literatura, nossa cultura, nossas vidas criam-se nessa tradição do paradoxo, pelo qual a superfície da realidade contém a identidade do seu sujeito, engendrando ela mesma as operações concretas que criarão a profundidade geradora de si própria. Tal a posição da superfície representacional no mundo pós-homérico.

E é assim de inteira justiça que também nós suspendamos nosso labor interpretativo, para contemplar ainda uma vez o glorioso Aquiles, de pés ligeiros, empunhando seu brunido escudo de cinco camadas, onde figuram a *Ilíada*, Homero, o próprio Aquiles e o futuro da representação.

Da Psicopatologia

43 DE ABRIL

Ou, o Drama Ridículo de Aksenti Ivanovitch[59]

1

Justamente por ser uma sátira social e uma comédia de costumes, muito mais do que um conto psicológico, o *Diário de um Louco*, de Gogol[60], situa, com admirável perspicácia, a distância que medeia entre nós e a loucura. A literatura intencionalmente *psicológica* tende a singularizar demais sua personagem, trata-a como a um ser excepcional, por quem se deve sentir compaixão ou desgosto; tenta

---
59. Publicado na *Revista USP*, n.11, set./out./nov. 1991.
60. Edição utilizada: Nicolai Gogol, *Diário de um Louco*, in Aurélio Buarque de Holanda Ferreira e Paulo Rónai, *Mar de Histórias, Antologia do Conto Mundial*, 3º vol., *Romantismo*, precedido de nota introdutória sobre o autor, pág. 98 e segs. Também, *Diary of a Madman and other Stories*, Tradução e Introdução de Ronald Wilks, Penguin Classics.

compreendê-la, mas, não raro, reduz sua interioridade a uma pequena engrenagem de motivos claros; explicando-a cabalmente, inventa um simulacro de gente. A loucura não é mero assunto pessoal, pois impregna identicamente e num só movimento a vida social, tanto quanto a do indivíduo, posto que, naquela posição, não se deixe ver facilmente; desse modo, extremo cuidado se requer para observá-la: podemos ser afetados muito cedo pelo caldo comum em que somos todos cozidos e afastarmo-nos de sua perigosa interioridade, ou não nos deixarmos afetar de todo. A interioridade do desvario, sua lógica de concepção, é complexa e insondável, o lado de fora, as imagens que produz, é que se escancaram; daí se deve começar. O conto de Gogol não tenta explicar o lado de dentro de seu doido herói, mas, por seus olhos, o mundo em que vive mostra sua desrazão, precisamente por isso ele é o louco da história e ninguém pode duvidar do fato; assim, de início, o leitor não está lá nem aqui, não se identifica com a medíocre sociedade retratada, nem se identifica com o miserável conselheiro-titular, que um delírio transforma em Fernando VIII, rei de Espanha: a esse título, posiciona-nos exemplarmente. A habilidade do autor esmera-se em prevenir qualquer deslize de simpatia exagerada ou de prévia condenação que nos pudesse tirar da observação neutra do drama. Seu estilo conciso acompanha, do começo ao fim, a evolução da sandice do protagonista, que registra, em seu diário, os passos de uma "aventura insólita", sem nunca se desviar do essencial. Uma peripécia, somente, pareceria deslocada: é quando, no registro de 8 de novembro, Aksenti declara ter assistido a "uma espécie de *vaudeville*". Isto mesmo, porém, cumpre algum papel; não é toda a história uma espécie de *vaudeville*, em que a exterioridade e distância com respeito à personagem central reforçam nossa posição de observadores observados pela loucura, sem com ela nos comprometer?

Sua loucura não poderia ser mais banal. Funcionário modesto, apesar do título altissonante de "conselheiro-titular" — nono grau da estrutura burocrática russa, que comparte, por exemplo, com Akaki Akakievitch, a desvalida e também cacofônica personagem de *O Capote* —, Aksenti Ivanovitch Poprichin é presa de um amor impossível e silencioso pela filha do diretor da repartição pública em que trabalha; sabendo-a noiva de um fidalgo, acaba por enlouquecer de megalomania. Haverá seqüência mais convencional? Dificilmente, porque o *Diário de um Louco* é, antes de mais nada, um estudo acerca da convenção da loucura pessoal e social.

A começar pelo título, todo o suspense é eliminado de antemão. Sabemos que estamos a acompanhar as lucubrações de um delirante — o louco convencional parece sempre ser um delirante —, de seu próprio ponto de vista. Participamos do drama pelo lado de dentro, enxergando pelos olhos do ator principal; no entanto, isto mesmo nos tranqüiliza, distingue e outorga certa distância inicial, pois o diário é muito bem escrito, obedecendo a uma lógica impecável, sem traços da distorção intrínseca ao pensamento psicótico. O diário é o conto, e o texto é o de Gogol, não o paralogismo monumental de um *Finnegans Wake*. Isto é, assistimos tão-somente à reconstituição normalizada de uma experiência absurda que, como tal, se esconde inteiramente, não nos ameaçando de contágio. Dentro o bastante para que haja drama, pois são vivos os fatos; mas cegos à lógica produtora das emoções que veicula, distantes da história prévia de Aksenti, que é só o pequeno funcionário infeliz, alheios a seus sentimentos e dores mais comuns, ao tempo em que não era louco ainda, não estamos tentados a simpatizar nem a antipatizar com ele, que, levemente abaixo de ser humano como nós, vive um drama que nos parece ridículo e com toda a razão.

Ridículo, em essência, é o estado em que o mais interior do homem, a estrutura geradora de seus pensamentos, afetos e ações, está exposto na superfície do comportamento, em que o íntimo é exterior. O indivíduo que traz seus motivos à vista de todos perde algo da condição de sujeito, objetiva-se de mau jeito, transformando-se numa espécie de marionete, cujos barbantes de controle estão soltos por aí, arrastados pelo chão, para qualquer transeunte puxar. Essa exposição indiscriminada engendra a comédia, por oposição ao drama, em que o comportamento manifesto é apenas a soleira da porta de um quarto escuro, ou melhor, a beira do precipício insondável da vida interior. O protagonista do drama tem história e faz história, há espessura temporal em cada palavra sua. Já a comédia burlesca é por natureza atemporal e totalmente extrovertida. Ora, Gogol desafia-nos com uma comédia dramática, em que o tempo e a intimidade estão presentes, sob a forma do diário, conquanto não nos permita mergulhar no tempo interior e histórico da vida de Aksenti, tanto pela amputação dos antecedentes da ação, quanto pela radical evisceração da personagem, que diz ou escreve tudo o que pensa, sendo ainda mais explícita quando pretende calar algum pensamento impróprio ("psiu...", exclama nessas ocasiões), que, por isso mesmo, resulta perfeitamente óbvio para o leitor. Afinal, para isso serve um diário, para tudo confessar, sem que ninguém fique sabendo; um diário feito carta aberta é o mesmo que um delírio, mostra tudo e desconhece sua lógica profunda: esta é a justa posição do ridículo.

Didaticamente, seu drama divide-se em três partes: um preâmbulo, em outubro, uma ação, em novembro, e a revelação, cujo limiar está datado de dezembro, mas que se precipita pelo tempo da loucura afora.

2

Nas anotações de 3 e de 4 de outubro, o diário registra uma aventura e uma paixão. No dia 3, o louco já o era. Os sinais premonitórios, ficamos sabendo, são uma desconformidade com sua função: embaralha os escritos, põe "minúsculas no título", não data os documentos, agita-se sem razão. O funcionário, ser da complicada e inoperante burocracia russa do século XIX, só alcança reter sua sanidade — Gogol devia sabê-lo bem, por experiência pessoal —, pela via da mais absoluta integração com seu cargo, de meticulosa disciplina de identificação com os rituais da inutilidade oficial. Por conseguinte, não nos assombra de todo que Ivanovitch, ao topar ocasionalmente com a filha do diretor da repartição, que sai às compras com sua cadelinha Medji, surpreenda uma animada conversa entre esta última e outra colega canina. A aventura é "insólita", mas não de todo inesperada, para quem tem "ouvido e visto coisas que nunca ninguém ouviu nem viu". Outro sinal de sua desconformidade com a condição de pequeno funcionário lê-se no dia seguinte. Está apaixonado por Sophie, a dona da falante cadela, divinamente inalcançável filha do diretor. Este último "não pode ser comparado aos outros mortais. É um homem de Estado".

A essa altura, já estamos em contato com as imagens fundamentais de seu delírio. O amor calado (cada vez que uma declaração mais direta de interesse erótico ameaça escorregar para as páginas do diário, ele silencia a indiscrição com seu "psiu..."), a grande personalidade, o desconforto com sua posição subalterna, a ambição que o perderá para o mundo dos burocratas sãos, uma pitada de confuso nacionalismo, querelante e pretensioso ("Que tolos esses franceses!... gostaria de pegá-los todos e dar-lhes uma boa chicotada."), por fim o chefete perseguidor e cheio de "inveja... porque o meu lugar é no gabinete do diretor, onde aparo suas penas". Tudo isso, mas principalmente a desconformidade que o leva a sair do papel de escrevente, em sentido duplo, para interessar-se, curioso do que não é de sua conta, pelo Estado, pela filha do diretor, pelas conversas de cachorro, voltando depois ao papel (do diário), a fim de fixar suas impressões.

Aos poucos também diagnosticamos sua doença: trata-se de *humilhação perscrutadora*, mal terrível daqueles a quem o destino situou numa posição mesquinha e estática, atados à superfície de documentos que não lhes dizem respeito, sem lhes conceder a bênção da completa estupidez, antes inflingindo-lhes laivos de imaginação. Este mal vai-se agravando ao longo do mês de novembro, juntamente com sua desilusão. Aksenti Ivanovitch já não cuida do trabalho, deixa que o chefe desconfie de seu louco amor, apossa-se da correspondência entre as cadelas, de cuja existência se inteirara ao surpreender-lhes a conversa. O ócio permite-lhe pensar e ver. Logo, não mais consegue voltar à existência humana e estúpida de antes. Ele se vai tornando igual aos mascotes de luxo, que outra coisa não fazem senão espiar de fora os hábitos humanos e cultivar seus amorezinhos inconseqüentes. E isso "aos quarenta e dois anos de idade"!

Compreendemos agora o recurso à correspondência canina. O funcionário é um cãozinho de luxo da hierarquia burocrática, mais ou menos aprumado, como se fora gente, dominando a escrita, porém fútil e supérfluo, destinado a parasitar, a comer as sobras, a conformar-se. Medji, portanto, é um desdobramento do protagonista, que bem desejaria ocupar o lugar dela no colo da ama e privar de sua mesa. Mas esses pequenos animais são observadores e críticos: "Suspeito há muito tempo de que o cachorro é mais inteligente do que o homem", anota a 11 de novembro. De fato, a correspondência canina está bem redigida ("a pontuação, e até a letra iat, estão sempre bem empregadas"). Como gente fina, as cadelas dão-se ao luxo de tratar-se de *"ma chère"*, comentam as paixonites primaveris dos amos e a comida — o que ele toma por frivolidade canina, mas que seria melhor qualificar simplesmente de feminina, pois Medji é também Sophie —, lamentam ter de comer sobras, por consideração complacente para com os donos. Não é difícil observar como a humilhação cresce de par com a misoginia, no espírito do pobre

Aksenti. Estes dois temas convencionais da loucura do amor frustrado tornam-no risível. Atribui a uma criadinha que cora desejos sexuais ("Tu precisas, pombinha, é de um marido."), quando ele é que está a suspirar por uma esposa; arrota ambição ("Grande coisa um conselheiro de corte (...) posso chegar a coronel e (...) a um pouco mais (...)"), quando mais claramente padece com a pobreza e falta de horizonte. Nesse momento delicado de interrogação projetiva acerca de si mesmo, é que, fatalmente, lhe caem sob os olhos a comunicação que Medji faz do namoro de Sophie com o senhor Teplof, "um fidalgo de corte", e a descrição de certo funcionaziorinho, de "cara horrorosa", cujos "cabelos parecem palha" que o diretor "manda a toda a parte como a um criado", acrescentando ao quadro irônico esta ignomínia: "Ao olhar para ele, Sophie não consegue conter o riso." Após breves e sentidas reflexões sobre a injustiça dos títulos desse mundo, o mísero retratado faz "em pedaços as cartas da cadela tola", e por três semanas não temos dele qualquer notícia.

3

Antes porém de passar a dezembro e ao desenlace, tão previsível aliás, desse dramazinho ridículo, convém que nos detenhamos naquilo mesmo que o torna caricato.

A loucura de Aksenti Ivanovitch é-nos mostrada em seus produtos. Estivemos sempre, durante a fase de formação do delírio — e continuaremos depois da revelação delirante —, na superfície aparencial dos graves acontecimentos que lhe remoem a alma. A intenção de Gogol é satírica, já se vê; caso ele nos apresentasse a lógica interna das lucubrações de sua personagem, aquilo que é só extravagante tornar-se-ia decerto perturbador e conseqüente. Ficaríamos intrigados no mínimo, quem sabe repugnados por uma articulação do mundo estranha, mas reveladora do absurdo da vida burocrática e da aparência enganosa do pensar quotidiano. Assim não; as imagens é que se tornam absurdas, porque encadeadas num processo de pensar que não é o delirante; ou melhor, que corresponde ao segundo momento do delírio, à superfície que este exibe a título de relato; donde valer-se o conto, com justeza, de um diário. O relato supõe uma domesticação prévia do pensamento louco, normalizada a cadeia do raciocínio, ao preço de tornar completamente descabidas suas premissas. A conversa dos cães, mais que ser uma alucinação, testemunha a premissa louca da lógica do delírio que se transveste em razão normal, e assim o são também a correspondência cínica, a estatura descomunal do diretor, a suposta inveja do chefe, as "atenções especiais" de Sophie para com Aksenti etc. etc.

De hábito, consideramos a vida quotidiana una e coerente, supondo ser todo o discrepante exceções devidas a uma percepção errônea, a uma ilusão ou a alucinações. Mas o real, produtor do mundo humano, comporta diferentes *campos* de eficácia, domínios distintos, gerados e ordenados por regras incomensuráveis entre si. Cada campo possui sua lógica e contém premissas compatíveis, cada campo parece natural e único, quando nele estamos; contudo, ao passar de um campo do real a outro, mudam as premissas e altera-se a lógica de produção, de forma que, vistos de um campo, os demais pareceriam francamente estranhos. Como a psique opera por campos equivalentes e cada campo do real também o é da psique, consolida-se o perfeito casamento entre sujeito e mundo, até que algo produza um descompasso. Nisto consiste, antes de tudo, a loucura: a psique desencontra-se dos campos do real, deparando-se, sem preparo algum, com a lógica de concepção de relações humanas que, flagradas fora de seu campo próprio, se mostram absurdas e artificiais. Em poucas palavras, a distância entre dois campos do real quotidiano é idêntica à que medeia entre sanidade e desvario.

Construir um delírio é, pois, obra difícil e árdua, decididamente não é para quem quer. A partir de um estado prévio ou *limiar*, conceito ao qual ainda voltaremos, o homem em vias de tornar-se delirante sofre um desmoronamento de seu sistema de representações de identidade e realidade. Perde a adequada articulação entre ambas que, em condições normais, garante, ponto por ponto, a correspondência entre representação do real e representação de si mesmo; pois nossa identidade não é um fato interno, mas certa adequação e constância da apreensão do mundo. O efeito inicial de semelhante catástrofe é um mergulho no real; ou seja, a consciência impregna-se da mesma estrutura de produção que cria, num só movimento contínuo, homem e mundo humano. Na vida quotidiana, o real está opacificado por uma função benévola e caridosa, a *rotina*, que separa e harmoniza seus campos, elidindo, no processo, a presença da ação produtora; vivemos vidas comuns, precisamente por nos estar tolhida a visão da forma pela qual se produzem nossas relações: a consciência enraíza-se no real, mas só o visa sob a forma da representação domesticada que é a realidade. Quando a organização rotineira se desagrega, é como se, trepando pela árvore do convívio habitual, fôssemos dar nas raízes: o mundo mostra-se fabricado e estranho, enquanto a lógica racional, função que organiza os produtos acabados da consciência, mescla-se com a lógica de concepção, antípoda absurdo. É tão-somente um equívoco vulgar o que nos leva a projetar teoricamente a lógica do já concebido sobre a profundidade da concepção, imaginando ser o inconsciente uma segunda consciência e o real, uma realidade oculta. Real e inconsciente — ou, com mais rigor, desejo, eficácia do inconsciente e matriz produtora das emoções — formam um *continuum* produtor, que obedece a uma lógica própria, de aparência inumana, precisamente por ser constituinte e fundadora do pensar. Mirados de um ângulo inadequado — ou deveríamos dizer adequado? —, os campos do real desnudam-se implacavelmente: no conto, o mundo da burocracia estatal deixa ver seu esqueleto vazio, quando a desconformidade de Ivanovitch desloca seu ponto de fuga e registra o resultado no diário.

Tal mergulho dura pouco, para o observador; para o sujeito da experiência psicótica, dura o mesmo tempo da eternidade, nem pouco nem muito, o tempo todo, simplesmente. Depois, há que voltar a viver num meio compartilhado com os demais. É então que surge o que propriamente se chama delírio. Com os ingredientes imagéticos que o mergulho no real evidenciou, mas sobretudo com resquícios da lógica absurda de concepção, misturada à razão comum, ele busca organizar a experiência em forma comunicável para os outros e para si. O delírio é a história de um mundo sem história, contada por um estrangeiro que se quer fazer passar por conterrâneo. Ele explica o mundo quotidiano, pois é este que agora se lhe defronta como um problema a resolver. Esmera-se em dar razões, excele-se em tudo explicar, para voltar ao convívio comum — o que ainda mais o isola, pois o comum dos homens não necessita de explicação alguma para sua vida nem as vê com bons olhos. Todavia, a lógica de concepção que o contaminou torna suas razões sempre deslocadas e um tanto nauseantes, porque expõem as entranhas do espírito, de todo espírito, como uma barriga aberta que passeasse despudoradamente em plena praia. As imagens que lhe ocorrem, por seu lado, soem ser cômicas, pois tendem aos grandes temas da vida e da morte, do poder e da paixão, embrulhados com as mesquinharias do dia a dia, bem como com elementos híbridos e fantásticos, cuja natureza estudaremos adiante, e com os mais recônditos sentimentos de egoísmo, de cobiça e inveja, de ambição e luxúria, que as boas maneiras psíquicas mandam guardar para uso pessoal.

Essas imagens, que combinam conversinhas de cães com uma grande paixão, não teriam grande eficácia sobre o leitor, condizendo até com a distância que prescreve o espírito da burla, se Gogol não imprimisse ao relato um caráter de falsa interioridade, que nos reaproxima das figuras insólitas. É como se quisesse dizer: "vejam, aí está o que é ficar doido". Então o burlesco deixa a superfície do conto e penetra a personagem, desnudando o aspecto intrinsecamente ridículo de todo delírio, quando contemplado do alto e de fora. Este fora-dentro que transporta para o interior do protagonista a visão de quem só poderia ser observador da loucura, transforma-o, por sua vez, num observador privilegiado, tanto da loucura humana geral quanto da própria. Ri das pretensões dos colegas e dos superiores, porém alimentando as suas, ironiza o sexo que o abrasa, cospe na burocracia, reduz os homens a cães, mas se identifica com eles. Eis aqui parte do mistério do redator do diário; ele tenta superar-se "saber tudo; todos os pensamentos". Trata-se, porém, de uma volta por baixo da sombra, movimento impossível e contraditório que arrasta em seu cerne o objeto que quer desvendar, o próprio absurdo humano. Se Ivanovitch fosse uma figura inteiramente séria, o sarcasmo seria insuportável, pois seu interior revelado mostraria a fonte de toda a irrisão concebível: pensar-se pensando, sentir-se sentindo, enxergar o próprio olho. Quem pode dizer, contudo, que Gogol não pretendesse tal superação pelo avesso, ao satirizar, em Aksenti, o burocrata que brevemente fora e o louco que haveria de ser?

Todavia, como a torção interna do pensamento rumo à lógica de concepção não afeta o diário — não há condensação, paralogismos, reversão de implicações etc. —, a presença do absurdo somente se manifesta nas imagens que o figuram, e estas últimas suportam o peso todo da caricatura. O grande diretor, de pensamentos profundos, mas que não profere duas palavras concatenadas, adquire, em nossas mentes, a estatura do medalhão machadiano. O chefete é o que é, e não é grande coisa, a julgar pela banalidade dos conselhos que prodigaliza ao herói: "reflete bem", "cria juízo". Sophie não é muito mais do que Medji, amante de belas roupas, de bailes, de umas suíças negras. O mundinho da repartição tampouco esconde sua nulidade. Aksenti, por fim, quase se alça ao patético: um aparador de penas enamorado. Numa palavra, o ridículo é inerente ao universo retratado; sobreleva-se, contudo, ante a meticulosa perscrutação do doido, que já começa a enxergar demais o estofo proibido da realidade. Um louco em seu louco mundo, exatamente paralelos ao homem normal em seu mundo normal: este, adaptado; aquele, crítico.

Aksenti identifica-se com todos: com o diretor e com a filha, com os grandes e com os mimados, com os humilhados ("Falta-me dinheiro, eis a minha infelicidade") e com os titulados. A ambição do diretor restringe-se a uma condecoração, Aksenti observa-a criticamente, porém segue-lhe os passos e pretende ser nobre. Nem a burocracia escapa-lhe à identificação e à crítica: goza o prazer da proximidade com os maiores, é serviçal ("aparei para ele vinte e três penas"), frustrado ("e para ela... ai de mim!... para S. Ex$^{\underline{a}}$, quatro"), diligente e depois relapso; entretanto, viola a regra de ouro do bom funcionário, almeja alturas e quer conhecer as profundezas.

O esparramar-se identificatório é outro motivo de ridículo no delírio. O delirante é tudo; se o humanista pode afirmar que nada lhe é alheio do que seja humano, Ivanovitch acrescentaria que nem sequer é alheio ao canino. Durante a fase preparatória do delírio, há uma adsorção paulatina de todos os fatos e de todos os sinais, que vão aderindo à pele da sua alma. O mergulho ainda não se deu, mas a incredibilidade da representação identitária já é patente na personagem, ele oscila entre admitir sua condição e sonhar hipóteses grandiosas. Entrementes, quase qualquer figura do mundo contém sinais premonitórios e serve de inspiração a um pequeno enredo fantástico, como peça solta do quebra-cabeças que, de súbito, há de se compor inteiramente. Não há praticamente nenhum elemento neutro na realidade, todos dizem respeito ao aprendiz de delirante; ou seja, a dimensão identitária, que existe em cada ponto da realidade vivida pelo sujeito normal, é posta em evidência e centuplicada no limiar do delírio. Este caráter microcósmico contribui sobremaneira para o efeito de irrisão. Como tão grandes questões — nobiliárquicas, nacionais, universais — concentram-se em figura tão miúda? Como se misturam na mesma sopa os destinos do homem, os rumos das nações, o conhecimento das essências, com penas aparadas, bilhetinhos de cadelas, rubores de domésticas? No entanto, nosso pequeno funcionário reivindica a elevação da origem ("Serei eu, porventura, da arraia miúda?"), ele não é "um mujique" nem é "filho de alfaiate". A própria estrutura hierarquizada do funcionalismo czarista encarrega-se também de mimetizar o delírio, em sua força de atração centrípeta, dando emprego, título e algum tipo de uniforme a qualquer terceiro filho de proprietário meio arruinado que falhou em ser soldado. A aspiração incessante da periferia para o interior do sistema delirante, que dele faz uma miscelânea de temas contrastantes, preside de forma idêntica à formação da hierarquia funcional; paradigma da loucura de Ivanovitch e tão cômica quanto esta. Em suma, não só nosso pequeno herói é louco desde o início: seu mundo também o é e era antes dele. Quando atribui a causa de sua desventura a tramas do chefe de seção, que lhe teria votado "um ódio de morte", decerto dá mostras de paranóia, mas não deixa de provar certa lucidez genérica — se não o chefe, o sistema é mortal.

Como que aludindo ao nó do delírio, à impraticabilidade de enxergar os próprios olhos que vêem o absurdo ou de conhecer o ato de concepção que cria realidade e identidade subjetivas em discordância, Gogol começa a insinuar esta quintessência do ridículo que é o tema do nariz. Pois o nariz é aquilo que não vemos, mas exibimos empertigado, significa nossa cegueira ao mais proeminente de nós mesmos, à exterioridade de nosso corpo e de nosso espírito. Este nariz que se veste de homem e sai a viajar, noutro conto célebre do mesmo autor, metonímia transeunte, já aqui parece representar o homem inteiro, louco, exibicionista, falto de crítica. Ao contrário das sombras de Andersen e de Oscar Wilde, que transportam consigo a alma alienada do homem, o nariz transporta-lhe as pretensões mais risíveis — o orgulho de *Cyrano de Bergerac*, os puxões de nariz que simbolizam a suprema humilhação em tantas histórias russas. Em consideração a isso, talvez, e porque o ridículo aqui faz o delírio, na mesma medida em que por ele é criado, o mês de dezembro, e com ele o desenlace, principia aludindo a um nariz, figura que depois irá proliferando no conto.

4

Às anotações de 3 de dezembro chegamos enfim e, com elas, ao limiar da insofreável decolagem rumo ao delírio consumado. "Não pode ser! É mentira! Esse casamento não se deve realizar", exclama desesperado Aksenti Ivanovitch. Por que razão é ele preterido em favor de um fidalgo da corte, se ser fidalgo não acrescenta "um olho à fronte" nem seu "nariz é de ouro"? Pese a sensatez aparente de tais questões, o malogrado amante está a mexer num assunto perigosíssimo. De fato, tanto quanto dele sabemos até aqui é que tem um cargo e um título, apesar de ínfimo, na hierarquia funcional. Não obstante, por coerência teórica, é necessário inferir certa dose de pusilanimidade, um excesso de apego às condições estáveis e de aversão à mudança. Ivanovitch não deve ter nunca lutado com a vida, terá sempre temido despojar-se de um estado ou de uma auto-representação, para abalar-se ao arriscado e desconhecido. Esta estrutura patológica, a que chamo *falta de sentido de imanência*[61] — isto é, uma certa incapacidade em apreender-se como sujeito estável, quando as representações concretas da pessoa se alteram sensivelmente — costuma levar ao exagerado apego a qualquer forma de auto-imagem, mesmo que insatisfatória, a fim de preservar a identidade. Nossa identidade é assegurada de duas formas distintas: pela constância de certas representações axiais e por um sentido (pré-representacional) de sermos o autor de nossos pensamentos e o sujeito de nossas percepções e memórias. O turista que percorre apressadamente terras exóticas, fotografando sem cessar, pode depois localizar-se nas imagens registradas, mas ainda se as não reconhecer, possui sempre a garantia de que é sua a câmera que as captou; ele está na câmera, talvez mais ainda que nos lugares visitados, nela se deposita seu sentido de imanência. Se tal sentido é fraco, entretanto, é melhor nem sair de casa, pois só os fatos mais vulgares poderão registrar-se, por medo de perder a identidade junto com o mundo conhecido; e é assim que certo tipo de turista vai procurar, e encontra, *hot-dogs* pra lá da praça Jemaa el Fna, em Marrakesh, ou ainda em São Petersburgo, onde se passa esta história, talvez no elegante hotel Pribaltiskaya. Também na vida quotidiana, o espaço que medeia entre auto-representações muito discrepantes é uma zona de perigo, onde aquele que carece de razoável sentido de ser-se, pode se ver precipitado num vazio identitário. A defesa mais comum consiste em manter estrito controle sobre o meio circundante,

---

61. Falta de sentido de imanência, patologia dos possíveis, crença, campo e ruptura de campo, sistema representacional e tantos outros conceitos aqui sucintamente expostos são discutidos em pormenor em meu livro *Andaimes do Real*, Livro I: *O Método Psicanlítico*, São Paulo, Ed. Brasiliense, 1991. Ou, para referência imediata e menos detalhada, cf. *Clínica Psicanalítitica: A Arte da Interpretação*, São Paulo, Ed. Brasiliense, 1991.

buscando torná-lo constante, tanto quanto possível, ou tão-só discriminando os estímulos mais comuns.

No caso presente, faltam indicações inequívocas dessa carência, mas podemos supô-la, não só da arquitetura da personagem, mas principalmente do meio hierarquizado onde vive. Pois a hierarquia oficial é um vazio escalonado. Ali, o homem só vale pela posição relativa que ocupa, e a ocupa unicamente por um título, por uma auto-representação sancionada e epidérmica. Por conseguinte, não creio estar violentando o espírito do conto, ao imaginar falta de sentido de imanência no conselheiro-titular: quando menos se trataria de uma genérica doença profissional.

Por causa disso, as perguntas que o desespero lhe inspira são, em si, sobejamente perigosas. Tem dois olhos e um nariz, cujas funções comparte com a nobreza e com os servos, e uma posição das mais comuns, cujas funções tampouco o identificam dentro do sistema burocrático de pura exterioridade. Mas se lhe falta também um asseguramento imanente, brincar no trapézio das imagens de suas possibilidades de ser pode resultar num tombo sem precedentes. No entanto, desavisado, ele põe-se a conjecturar, na mesma anotação do dia 3, incitado pelo despeito: "Talvez eu seja algum general ou conde, parecendo apenas conselheiro-titular."

O segundo ingrediente que reputo fundamental para o limiar delirante aparece aqui; chamo-lhe *patologia dos possíveis*. Trata-se de uma condição *sui generis* do sistema representacional, em que a própria hierarquia das possibilidades de ser apagou-se e, portanto, os estados possíveis afetam o sujeito como se fossem reais. Tem esta condição algum parentesco com a má fé sartreana, a doença do ser-para-si, todavia seu sentido está invertido. A pessoa não afirma uma de suas possibilidades de ser, fundada na liberdade do vir-a-ser, como o covarde fuzilado de *Huis Clos*. Pelo contrário, a liberdade dos possíveis faz com que ela se transforme numa coisa atrás da outra, ao ser tomada, fugaz mas violentamente, por impressões passageiras ou por alguma palavra de sentido ambíguo, mercê da deterioração de seu estatuto de realidade. Pensemos em como isso pode suceder. Como tudo aquilo que é, é-o somente por ser possível — o impossível não ocorre —, e o possível não se distingue intrinsecamente do real, segue-se que ser real e ser possível são uma e a mesma coisa, cabendo ao real a condição de apenas possível e a este último a de quase-real. Com efeito, mesmo na vida comum, nunca vivemos amarrados à realidade material. O quadro que planejo comprar já se mostra levemente delineado na parede fronteira, forçando os outros a se rearranjarem. Posso descobrir que sou um rico herdeiro amanhã cedo, assim como posso amanhecer o psicanalista de sempre; são duas possibilidades, iguais em gênero, mas desigualíssimas em probabilidade; meu sentido dos possíveis discrimina-as e, como não me fio na primeira, preparo-me para trabalhar amanhã. Na patologia dos possíveis, a confusão dos graus de probabilidade equaliza todo o horizonte de meu ser possível, tornando-me presa fácil para qualquer tipo de identificação. Ainda assim não me poria a delirar, se dispusesse de forte confiança intuitiva em ser eu mesmo o autor de minhas idéias: haveria de ser imensamente sugestionável e desconfiado na mesma proporção, temeria a conversa fiada e os devaneios, duas ocasiões onde os possíveis pululam; talvez me convertesse num obsessivo, mas ainda saberia quem sou. Essa condição pantanosa do ser psíquico submete o sujeito a perpétua desconfiança e a súbitas iluminações, demandando excessivamente seu sentido de imanência. Ora, como vimos, o sentido de imanência não parece ser o forte de Aksenti Ivanovitch...

Ele se indaga: "Que quer dizer ser eu conselheiro-titular? Talvez eu mesmo ignore quem sou. Veja-se quantos exemplos disso temos em toda a história (...)" E segue enumerando as possibilidades ocultas de camponeses e burgueses que se descobrem subitamente barões ou magnatas. O hábito faz o monge e o general: "apareço em uniforme de general, com dragonas (...) Em que tom me falará a minha bela senhorinha (...) e nosso diretor, ambiciosíssimo". É possível sim, mas se o possível avizinha-se do real ("Será que eu não posso neste mesmo instante ser nomeado general governador (...)?"), o real entra em crise, desfigura-se em mera eventualidade discutível ("Gostaria de saber por que sou conselheiro-titular? Por que justamente conselheiro-titular?").

Ei-lo, pois, no limiar delirante, conjunção de falta de sentido de imanência e de patologia dos possíveis. Como está o homem que habita esse perigoso umbral? Pode ser capturado pela atração gravitacional de quase qualquer representação possível e sentir-se-á outro, posto que brevemente. Para resguardar-se desses trânsitos abruptos, procura recolher-se ao mais familiar, furta-se ao contato interpessoal, tão fértil em sugestões e tão atraente, e monta um sistema de julgamento fechado que não dê margem a dúvidas; tal e qual nosso herói, encerrado em seu quartinho a sonhar ou ensimesmado na repartição. Em tudo e por tudo é o limiar delirante aparentado ao preconceito. Como o preconceituoso, o sujeito, nesse limiar, restringe-se cada vez mais a crer numa só forma de verdade e a representar-se reduzidamente por meio de um núcleo concentradíssimo de opiniões inamovíveis e de umas tantas idiossincrasias. Deve saber de tudo, porque cada zona ensombrada do mundo esconde uma atração fatal que o pode arrastar ao desconhecido e à perda da identidade enfraquecida: "todas as molas, tudo hei de descobrir", escreve Aksenti Ivanovitch.

Fora do núcleo encolhido da identidade defensiva, as representações não oferecem a menor garantia. Não é difícil entendê-lo, se lançarmos mão de um modelo simples e esquemático. A superfície identitária, no indivíduo normal, contém uma área central definitória, fortemente assegurada pela crença — essa função psíquica que garante a permanência de nossas representações de realidade e identidade; depois, outra região, menos central e menos assegurada, que reúne as idéias e imagens em que confiamos, sem que nos sejam vitais; por último, na periferia do sistema, uma zona desacreditada de exceções à identidade, onde têm guarida as representações híbridas, as quimeras e fantasmas que combinam elementos de nossa subjetividade com figuras da realidade, emprestando intenções projetadas até aos objetos inanimados, tudo aquilo enfim que juramos não haver ou não ser nosso, pelo menos de dia, pois que à noite nos assombra. Se as regiões centrais se encolhem e minguam até serem pouco mais que um ponto — onde ainda está o nome próprio, a posição que se ocupa, casa e um velho casaco, como o do conselheiro-titular —, a periferia cresce proporcionalmente, erigindo uma montanha de exceções aparentes à regra do quotidiano, que são atribuídas à malévola intenção alheia (no caso presente: à inveja do chefe de seção, que lhe cobiçaria o lugar na sala do diretor e as atenções da filha: "inveja-me, decerto, por haver percebido algum sinal de simpatia dirigido a mim e não a ele"). Dessa zona de exceções, repleta de figuras fantásticas, algumas se descolam, de quando em vez: cãezinhos falantes ou intuições sublimes, neste triste caso. Não há como resistir à sua atração; a combinação de falta de sentido de imanência e patologia dos possíveis produz um ser camaleônico, um esparramar-se identificatório, já o vimos.

Por fim, as exceções desmoronam sobre o núcleo identitário, povoando-o de representações incríveis e mutáveis, que não suscitam qualquer confiança da identidade. Do outro lado está o real que, deixando de ser realidade consensual e rotineira, exibe descaradamente sua função produtora das relações humanas; estas se mostram fabricadas e artificiais, cada qual em seu campo gerador, que também se mostra; nelas não há que pôr confiança tampouco. E como não é possível viver em permanente dúvida e mutação, assim que o mundo oferece uma representação suficiente, a identidade assimila-se a ela; sendo, por assim dizer, expelida para a realidade, lugar onde se concretiza, adotando a forma estável e substancial de uma coisa entre outras coisas, reifica-se num sentido final, sustentado *à outrance* pelo sujeito: Cristo, Napoleão, Fernando VIII. Sobra, como já se mencionou, o problema de que fazer com o resto da realidade comum e com o resto da subjetividade. Estes restos ameaçam a nova identidade reificada, o sujeito deve defendê-la, prová-la incessantemente contra a suspeita que o domina, mas que atribui aos demais. É a hora da narrativa e das explicações. O último ato de nosso drama revelará exatamente isso. O delirante — pois agora já o é completamente —, ao ser tocado por uma *representação suficiente* de si mesmo, imerge nela por inteiro e lá se congela, tentando justificar agora a estranheza do quotidiano que antes habitava.

Espicaçado por um desengano amoroso, desgostoso de sua condição: que mais se requer para que Aksenti Ivanovitch avance um passo, cruzando o limiar? Lê-se em 5 de dezembro: "Toda a manhã de hoje li jornais." Ócio e meditação, condições para buscar uma representação suficiente; falta uma fonte de inspiração. Mas esta, o jornal proporciona-lhe, ao tratar da disputa em torno da sucessão de Fernando VII. "Na Espanha estão acontecendo coisas estranhas. Escreve-se que o trono está vago. Diz-se que ele deverá ser ocupado por certa *doña*. Mas uma dona não pode ocupar um trono (...) deve ser ocupado por um rei", e mais à frente: "Há um rei; apenas, ele se encontra em lugar desconhecido." Já agora, nada falta.

Se a lógica delirante está oculta na personagem desta história, e devemos recolhê-la aos bocados, por leves sinais, a imaginária do delírio continua a florescer, ridícula e viçosa. Uma dama no trono?! A misoginia do desengano nunca o permitirá. É bem verdade que esta é creditada à conta das grandes potências, à Inglaterra, à Áustria, ao czar russo. "Quem pensa que é, a bela senhorinha que ocupa o trono de meu coração?" — talvez estivesse dizendo de si para consigo — "as mulheres crêem-se muito — cãezinhos mimados, gatinhas assanhadas; eu, nós, os homens, os reis da criação, poremos ordem nesse desleixo, imporemos nosso cetro altivo". Ah, pobre funcionário de 42 anos, "sem meio copeque de seu", os cabelos como feno — é você o rei e o real? Por que não? O que é possível é real de alguma maneira, e se não sou eu mais do que aquilo que me representa... — responderão em dueto a patologia dos possíveis e o prejuízo do sentido de imanência.

Em 8 de dezembro, já não vai à repartição, medita, o negócio da Espanha não lhe sai da cabeça. "Há um rei, em lugar desconhecido..."

5

"Este rei sou eu." Dadas as premissas, eis a conclusão. A revelação delirante cai-lhe em cima de repente, "como um relâmpago." "Só hoje é que o soube". E que dia é hoje? 43 de abril.

A partir desse ponto, Aksenti Ivanovitch, que se pusera até agora algo metafísico, readquire plena certeza de si. As imagens delirantes atropelam-se, crescem em riqueza fantástica, tornam-se surpreendentes mesmo para a cabeça de um louco. É que daqui para frente o ator parece ter superado sua personagem, ou, ainda melhor, o delírio suplantou-os a ambos. Como entender que um doido, tão cabalmente doido, desde o início do relato, a ponto de meter o nariz nos negócios caninos, viesse a sofrer de súbito tamanha transformação, verdadeiro delírio dentro da atmosfera delirante anterior? Psiquiatricamente, isso talvez não seja inteiramente ortodoxo, mas tem sua lógica. Digamos que a representação suficiente se revelou no espaço vicário de sua já trôpega e desgostosa identidade, tal como vago estava o trono da Espanha, fulminando instantaneamente o burocrata. Se não um delírio real, pelo menos a teoria do delírio encontra-se no conto excelentemente representada, porque estamos aqui às voltas com um delírio-tipo, com a convenção de um delírio, tal como o representa a imaginação comum, porém elevado a alturas incomuns. O delírio convencional nada mais é senão a distância entre o real humano e sua representação rotineira, revertida em conhecimento torto. Vem daí que, convencionalmente ainda, sua expressão seja a fantasia irrestrita; isto tematiza o conto, não o monótono delírio psiquiátrico, mas uma espécie de teatro *vaudeville* a representar a teoria do delírio, se se encarnasse puramente em gente e saísse pelo mundo a passear. Custa-nos um pouco sair da contemplação maravilhada dessa imaginária surrealista *avant la lettre* que Gogol armou para Aksenti Ivanovitch, e ensaiar mais algumas pequenas observações. Porém, coragem.

Atingido pelo relâmpago da revelação, o novo rei dá-se conta de como sua vida e seu entendimento eram opacos até então. Como se pudera crer um reles conselheiro-titular? Sorte que não tivesse "ocorrido a ninguém trancafiá-lo" por isso "numa casa de loucos". O delírio joga, a essa altura, com a própria questão do absurdo e da loucura. Tocado por uma representação suficiente, Aksenti resolve de supetão os problemas do possível e da imanência. Adere à representação por inteiro, sabe-se alguém enfim, o mundo adquire outra forma, bem arranjada. Comparada com a nova situação, mente e mundo anteriores têm o sabor vago e duvidoso que só cabe qualificar de desvairado. É que, no interior do delírio, a questão mesma do regime de verdade conserva toda sua vigência. O delírio é um campo diferente, e a presença, lado a lado, de dois campos, o "normal" e o "delirante", põe em tela de juízo o problema do conhecimento; ninguém se ocupa tanto da loucura como o psicótico, malgrado a opinião leiga sustentar o contrário. Este assentamento diverso das propriedades veritativas surge, para nosso herói, como uma autêntica dispersão na inteligibilidade do mundo. Ele sabe agora, por ter penetrado o real, que o mundo quotidiano se rege por critérios falsamente absolutos, ventos de opinião que dirigem as pessoas a crenças determinadas, fabricadas e mutáveis. "E tudo isto, penso eu, vem do fato de a gente imaginar que o cérebro humano se encontra na cabeça. Não, decisivamente não: ele é trazido pelo vento do lado do mar Cáspio." Vem daí que o quotidiano anterior pareça-lhe agora uma brincadeira. Ele trata a todos com a bondade dos iluminados, vai à repartição, de pura troça, mas quando lhe dão um documento a assinar, apõe seu nome verdadeiro: Fernando VIII.

O campo do delírio ocupar-se-á doravante com o duro problema de traduzir as ocorrências pertencentes ao campo da realidade comum. Construído um novo real, há que nele fazer entrar os dados da realidade comum. Isto se consegue pelo concurso de dois critérios: *revelação crítica* e *hipóteses ardilosas*. Ivanovitch recupera-se dos males do amor, ao descobrir que as mulheres, por natureza, só amam o diabo, revelação que culmina sua misoginia despeitada — ao passo que efetivamente repete um universal popular, do gênero: "que todas elas procuram o diabo que as carregue..." Os "pais de alta categoria", de seu lado, querem dinheiro, honras, são uns ambiciosos que se fazem passar por patriotas, "uns vendilhões de Cristo!" Seu poder de observação está intacto, mas livrou-se das peias das convenções e pode denunciar desabusadamente a falsidade que o rodeia. Já as hipóteses explicativas têm o caráter mais ou menos costumeiro, nas psicoses, de órgãos ou agentes desconhecidos, de costumes exóticos ("cada louco com sua mania", ele poderia dizer), de fatos insuspeitados. Mas com que gênio criativo! A ambição deve-se a um "vermezinho do tamanho de um alfinete", que habita certa "vesícula", situada "debaixo da úvula".

Levado ao manicômio, sua imaginação excede-se em vôos a serviço da retradução do universo circundante. "Eis-me, afinal, na Espanha", ele conclui. Se antes não se podia revelar na qualidade de rei, pela ausência de um traje digno — fantasia que tenta cumprir, reformando, por conta própria, seu uniforme de gala —, aqui já está livre para armar a alegoria completa. O carro que o leva ao hospício, em meia hora alcança a "fronteira espanhola", mercê da revolução industrial, que dotou a Europa de meios de locomoção tão eficazes. São estranhos os vezos dos espanhóis: rapam-lhe a cabeça real; dão-lhe bordoadas, que ele traduz por cerimônia de investidura — tradicionais esses castelhanos! —; jogam-lhe água gelada no crânio para esfriar as idéias, isolam-no, vigiam-no. Tudo isto ele vai procurando entender dentro do campo do delírio, que nos faz a impressão, diga-se de passagem, de ser o único adequado à compreensão de tais maus-tratos hospitalares. Querem tirar-lhe da cabeça as idéias à força, ele se aferra a elas com mais força e denodo. Um enfermeiro é inicialmente chanceler, mas tantas pancadas lhe dá, que se metamorfoseia no Grande Inquisidor.

E assim vai o pobre Aksenti aprendendo a dura lição de que, se os campos do real são alternativos, alguns deles estão mais bem armados, de porretes, do que os outros. Com isso, um pouco de juízo penetra em seu crânio, ajudado, naturalmente, por aspersões profusas de água fria, até o ponto em que suspira pela mãe, declarando-se doente. Vitória da saúde nosocomial? Não estejamos tão certos. Depois de suspirar, "Mamãe, tem piedade do teu filhinho doente!", quando pareceria que se curvava aos ditames da realidade, Aksenti Ivanovitch segreda vitoriosamente a frase final do conto: "Vocês já sabem que o rei de Argel tem um tumor exatamente debaixo do nariz."

6

O estudo psicanalítico do texto literário é tarefa ingrata. Dele, no mais das vezes, não resulta grande coisa, e isso por duas simples razões: a doutrina psicanalítica não se presta especialmente à interpretação e os analistas não estão acostumados a interpretar. Para bem interpretar, há que se deixar penetrar até a medula pelo objeto, sem lhe atribuir sentido prematuramente. Ora, nosso forte é ter preparadas as interpretações e dispará-las assim que o alvo se mostre a meia distância. Há um nariz nesta história; com efeito, há vários narizes empertigados. Mas um nariz, inequivocamente, é símbolo fálico. Logo, já temos por onde começar. Se os narizes não se vêem, trata-se de castração, vejam como o protagonista censura com "psius" seu impulso amoroso, como se pretende potente e onipotente. Nem é preciso continuar, todos já conhecem esta interpretação nalguma de suas versões mais populares. Virá Édipo, virão ciúme e inveja; a projeção não haverá de faltar à convenção psicanalítica, com boa razão até; regressão, ataques ao pai-diretor, temores de retaliação, depressão e mania, acompanhando os inevitáveis sentimentos persecutórios, completarão a mesa de abertura. E o conto estará entendido, quase sem necessidade de o ler.

Mas fiquemos no nariz. Que vantagem há em traduzir nariz por pênis? Porventura é o pênis mais conhecido que o nariz? Traduzindo o incógnito pelo desconhecido ganhamos algum saber? Não me parece, nem creio que *pênis* seja um significante mais primordial do que *nariz* para a compreensão desta história. Aliás, o nariz possui até certa primazia histórica no âmbito da Psicanálise; a dupla paixão de Freud, pela cocaína e por Fliess, otorrino e confidente, teórico do nariz, antecedeu a teoria do Complexo de Édipo e da sexualidade infantil, dando ensejo a que se inverta, se for do nosso gosto, a ordem de precedência: primeiro o nariz e depois o pênis, antes os pontos de estimulação sexual do nariz, depois a teoria falocêntrica. Nada disso tem qualquer importância, porém. A questão é de tempo. Para interpretar é preciso dar tempo ao tempo; meter primeiro o nariz onde não se é chamado, sem ver um palmo à frente dele, até que o objeto de nossa perscrutação se entregue por si mesmo; é mister quedar-se diante do nariz do conto até saber de que se trata, pois, como todo mundo sabe, dois narizes nunca são iguais. Por isso, é de pouca valia a aplicação da doutrina psicanalítica à obra literária; ela abrevia o tempo de consideração e leva-nos a concluir obviedades.

Mas as interpretações da literatura feitas por Freud são preciosas, quase posso ouvir a contestação. De acordo, o *Estranho*, por exemplo, é brilhante e fundamental para a Psicanálise e até para a literatura. Sabem por quê? Porque a Psicanálise é eficientíssima na interpretação da literatura, bem como das outras criações culturais da psique. A Psicanálise, não a doutrina psicanalítica; o que significa apenas que a Psicanálise é essencialmente um método interpretativo, sendo a doutrina uma decorrência provisória de sua aplicação. Consiste nosso método em *deixar que surja para tomar em consideração*. Deixar que surja significa pôr-se diante do objeto — de um paciente, de um texto —, sem atentar a particularidade alguma em detrimento de outra, e por tempo bastante para que se mostre um princípio de sentido, um tema, a ausência de um elo de lógica, uma contradição. Depois, é tomar em consideração; isto é, não conceder descanso ao elemento que, por incauto, se mostrou, mas aplicá-lo a outros elementos e setores do objeto, como interpretante; ler um texto com o nariz, se for este o caso. Ao dobrar uns sobre os outros os próprios sentidos presentes, denunciam-se os campos em que se assentava sua naturalidade aparente, o óbvio torna-se estranho, rompe-se o campo da rotina e brotam sentidos novos. Repete-se a operação diversas vezes e então se organiza o conjunto dos sentidos numa prototeoria, que poderá servir futuramente de interpretante também.

É só isso? Onde entra a teoria psicanalítica, com todas as suas intrigantes figuras? Não entra, aí que está. Ou melhor, em vez de entrar, ela sai da interpretação, que a cria e constitui; talvez entre depois, mas só depois e ao modo de comparação, para o enriquecimento dos resultados obtidos. Freud não interpretava com a doutrina psicanalítica; esta nem existia, ele a estava inventando à medida que interpretava. Quer dizer: usando sua teoria nascente para revelar o sentido de histórias, valia-se destas, ao mesmo tempo, para criar a Psicanálise — um método interpretativo, em primeiro lugar; remotamente, uma doutrina. Seu interpretante era reversível, a incidência recíproca do sentido nascente de dois textos, da teoria ainda infirme e de alguns contos, redundou em descobrimentos, como o do significado antitético das palavras. Mas pergunto: qual texto era o intérprete e qual o interpretado? Hoje, no entanto, quando a Psicanálise tem um corpo conceitual espesso e às vezes pesado, é preciso prevenir que esmague nossos sonhos; para tanto, aconselha-se a deixar que as histórias interpretem a Psicanálise, não o inverso.

Isso estivemos fazendo. Não procuramos descobrir o *sentido psicanalítico* do *Diário de um Louco*, porquanto este não existe. O conto tem o sentido que tem, e o diz muito bem, muito melhor do que qualquer interpretação o diria, pelo menos. Com toda segurança, não é uma parábola expressamente escrita para ilustrar a teoria psicanalítica. Seu sentido, todavia, incidindo sobre certa forma de ver a loucura — nossa teoria do limiar delirante, por exemplo — abre-se em novos sentidos, ilumina a teoria nascente, ensina como é delirar: arte intrincada e obscura teoria do mundo. A rigor, só se deveriam interpretar obras literárias a partir de teorias nascentes e ainda bambas: a certeza mata teoria e interpretação, além de aleijar a história interpretada. Se é este que descobrimos o sentido oculto na melancólica história de Gogol? Como saber? Não falo duas palavra de russo; como assegurar que certas conexões intrigantes não resultem de simples trocadilhos intraduzíveis? Para o analista — mas não para o lingüista nem para o literato —, este conto é apenas sua apresentação, está escrito em português. Alguma informação pode ser útil, quando menos para não multiplicar tolices; talvez tenha utilidade para nossa interpretação saber, por exemplo, que Hussein Pasha, *dey* de Argel, foi deposto pelos franceses, em 1830, sob o pretexto de ter golpeado o cônsul da França com um espantador de moscas, ao cabo de complicada discussão acerca do pagamento de uma partida de trigo; mesmo que a *Enciclopédia Britânica* não ofereça comprovação alguma da verruga que ostentaria debaixo do nariz, de cuja existência histórica tampouco há que descrer. Sem embargo, o essencial de nossa interpretação é realmente deixar que surja e tomar em consideração.

Desta história em particular surgiu o campo do delírio; não o de um delírio real, carregado das perturbações geradas pela infiltração da lógica de concepção na superfície racional, que desorientam e espantam o analista; mas o campo da convenção do delírio, este sim, límpido como uma teoria. Sobre a teoria de Gogol dobramos a nossa, tendo por efeito aprendermos algo sobre loucos, narizes, burocracia, representação suficiente, imanência e possíveis — e lá no fundo o real e o desejo, insondavelmente à espera de nossas melhores explicações, para de imediato suplantá-las. A esse estrato não soubemos descer, nem ali nos arriscaríamos. Gogol, parece, esteve por lá, acolhemos agradecidos seu testemunho. Se o *Diário de um Louco* concentra elementos autobiográficos — mas qual história que os não tem? —, se é um jogo levemente sádico com contemporâneos e leitores pósteros, se exorciza alguns de seus fantasmas, se é uma história contada pelo prazer de contar, não cabe à interpretação psicanalítica decidir: Gogol, para nós, é só este conto. Pesquisamos a raiz humaníssima do ridículo, a interioridade exposta do delírio, percorremos seu campo; há que cuidar para não cairmos no ridículo, nós mesmos, inquirindo o que não é de nossa conta, como o infeliz Aksenti, pois com campos não se brinca. Aos mestres do campo, a Gogol e ao *Diário*, deixemos as últimas palavras.

7

Ao cabo dessas considerações ligeiras e da triste história lida, encerremos nosso estudo do drama ridículo de Aksenti Ivanovitch com umas poucas reflexões sobre a imaginária no campo do delírio. Vimos que uma progressiva evolução, multiplicada por brusco salto qualitativo, transfigurou as imagens iniciais do diário, num concerto alegórico de alta hierarquia. A substância persecutória do chefete que o tiranizava, transmitida ao enfermeiro, cresce até fazê-lo chanceler e depois Grande Inquisidor, passando pelo intrigante príncipe de Polignac, esquecia-me de dizê-lo, presidente do Conselho francês de então. Sophie, que era um tanto Medji, virou a Mulher, insidiosa amante do Diabo. Os temas da xenofobia e do patriotismo confuso reapareceram, aqui e acolá, encontrando um repositório notável num "barbeiro que mora na rua da Ervilha", que tramaria espalhar o maometismo na Rússia, fé que já avassala a França... Todas essas imagens, e muitas outras, despojadas de sua lógica de concepção e conseqüência, como já se fez notar, soam completamente descabidas; não lhes alcançamos as razões, dentro do delírio convencional de Ivanovitch.

Todavia, o ridículo como tal, a exterioridade invisível ao sujeito, mas que é tudo para ele, toda sua manifestação vangloriosa, este ainda reponta de quando em vez na narrativa do paciente internado.

"Todo galo [bicho orgulhoso] tem uma Espanha escondida sob as asas", que é como se dissesse: "todos vós tendes na cabeça vaidosa sonhos como os meus". Em particular, porém, são os narizes que continuam representando o ridículo pomposo e os sonhos impossíveis. Todos têm narizes iguais, todos sonham suas loucuras, uns concretizam-nas na corte, se os meios lhes facultam, outros na Lua, em falta de lugar melhor. Nós, os aluados, os sonhadores sem condição, nós a quem trancafiam como lunáticos, nós temos uma Lua, pela qual devemos zelar. É notável e comovedor o episódio da sublevação dos doidos, quando Aksenti, aliás Fernando VIII, convoca-os para defenderem a Lua, sobre a qual a Terra ameaça sentar-se. "A Lua é um globo tão pouco sólido que nela não pode viver gente de maneira alguma; quem vive lá são apenas os narizes. Nós não vemos os próprios narizes justamente porque eles se encontram todos na Lua." Sentando-se sobre ela, a Terra, a realidade prosaica, muito mais pesada e violenta, amassaria irremediavelmente nossos narizes, nossos sonhos de grandeza, frágeis e preciosos. E os loucos sobem pelas paredes para defender sua Lua em perigo. Não obstante, se aqui não há mais ridículo, mas delicada sugestão de liberdade poética, é simplesmente porque o ridículo encontra-se tematizado, é ele agora o objeto representado pela imagem — que, noutro contexto, seria o paradigma mesmo da irrisão. Nenhum de nós se enxerga, porque vivemos todos no mundo da lua. O ridículo fez a volta completa sobre si próprio, sublimou-se, encontrou sua vereda de redenção; ao assumir-se completamente, o ridículo alçou-se em drama.

Por fim, que é o diário? Repositório das intuições delirantes do conselheiro-titular, ele significa, entretanto, mais do que um simples caderno de anotações íntimas. O diário possui certa espessura ontológica, por assim dizer, que medeia entre o campo do comentário e o campo do delírio. Gogol, já o pudemos constatar, cuida com esmero de posicionar o leitor segundo suas intenções. Como o diário, ocupamos a fresta que se abre sutil entre o puro distanciamento, para o qual só se mostra uma superfície de imagens ridículas, e a participação dramática no delírio. Afinal, podemos crer por um instante na consistência da correspondência das cadelinhas, pensando tratar-se de convenção do gênero fantástico. O fascinante, então, é que de fato se trata de uma convenção fantástica, mas ao mesmo tempo é já um produto delirante. Assim aliciados, partilhamos do engodo descomunal que o autor nos impinge: "eis aí o delírio", diz-nos ele, "como é ridículo; e, no entanto, dele todos fazemos parte — vocês, que não enxergam o próprio nariz, estão na mesma condição do burocrata e delirante Aksenti, só eu me elevo como o senhor dos títeres". E temos de admitir que alguma razão lhe assiste, ao artista que em sua arte se retira da mediocridade e sobe ao topo do delírio, que o ridiculariza, escondendo-lhe a montagem íntima (a lógica da concepção), para surgir vitorioso de si mesmo e do mundo acabrunhador.

A arte de ridicularizar o drama do delírio encarna-se, pois, na substância mediadora do diário. O diário é de um louco, mas constitui uma superfície normal de escrita, onde este vaza suas esquisitices. Destarte, é tão-somente testemunha, prova, demonstração. Tão normal, como o fotograma onde aparece um monstro, ou a fita gravada de uma sessão espiritualista, o diário é só inocente papel. Contudo, ele comenta o absurdo burocrático, tem papel subversivo. Além disso, o diário crê nas suas imagens, e delira, por conseguinte. Como distinguir tantas funções?

A série das datas registradas ilumina o problema. No primeiro tempo, que se estende de outubro a dezembro, ele cobre as ações do que chamei preâmbulo e limiar. Durante esse período, o campo do quotidiano é assinalado pelas datas ordeiras e comuns: de 3 de outubro até 8 de dezembro. O ser do diário então é o próprio campo do quotidiano, enfatizando o absurdo das imagens construídas por Aksenti. Estas destoam da ordem rigorosa e da meticulosidade do escriba. Quando se dá a revelação, porém, Aksenti, louco desde o início, não se houvera modificado, caso não se fizesse notar uma ruptura do campo prevalente, o da rotina perturbada, que cede passo ao do delírio. Nesse instante, o diário mesmo se torna outro, encampa o delírio, arrastando-nos, com ele, para o novo campo. Arrastados, perderíamos talvez o senso do ridículo, caso a ruptura de campo não se grafasse com todas as letras no cimo da página: "ano 2000, 43 de abril". O diário enlouqueceu diante de nossos olhos. Abril ainda é o quotidiano, o ano 2000 é o momento em que vigora essa realidade diversa e contrastante com abril, esta que estoura os limites da razão, como o número 43 estoura o limite cabível dos dias de um mês. Seguem-se datas parecidas: "86 de martoubro", "data nenhuma", "Dia 1", "Madrid, 30 de fevereiro" etc. É-nos comunicado, desse modo, que se passa a ação no tempo da loucura, em que se sustaram as regras da cronologia. É um comentário, portanto, um comentário acerca do campo que o Diário assumiu. O último cabeçalho é o seguinte: *Da 34 ta Ms/gdao oṇəɹəʌəɟ / 349*. Este indica o estado final de Aksenti. Cede o delírio sistematizado diante dos argumentos do bastão, cede seu lugar a um estado de aparente consciência da moléstia, que, porém, outra coisa não é senão a intromissão e o acavalamento de campos, quer dizer, um estado de *lucidez confusional*. Doente da cura, Aksenti Ivanovitch enlouquece de vez.

O efeito de ridículo provém do desmembramento de uma unidade. O homem é um interior que se manifesta. Sua interioridade, a lógica de concepção que se chama também desejo, só se deve expor em seus produtos, as representações emocionais, as imagens. Quando o interior se deixa ver diretamente em sua atividade produtora, desperta asco. Asco é o sentimento correlato à visão das entranhas comuns a todos os homens, das do corpo e das da alma; pois, como a saliva, que ao se exteriorizar vira cuspo e já não cabe em nossa boca, nossa atividade interna deve guardar-se cautelosamente, caso contrário nauseia os demais; estes, vendo seu interior lá fora, não cabem em si de nojo, não podem mais engolir o espírito, profanado pela exposição no outro. O delírio expõe a atividade interna do espírito, sob forma de distúrbios da razão, que são no fundo apenas a própria lógica do desejo, indevidamente manifesta. Já o ridículo é aquilo que sobra do homem quando a interioridade é cancelada, manifestação sem interior, puro motivo externo sem lógica que o justifique. Que seria, por conseguinte, a conjunção de asco e ridículo? Como nos mais sábios coquetéis, em que a combinação dos ingredientes faz desaparecerem seus gostos particulares, asco mais ridículo, entranha e pele, constituem o fascínio. Entende-se por *fascínio* a qualidade de máxima atração do objeto que promete, a nosso descentramento e incompletude, a fusão perfeita do interior com a exterioridade. É que o projeto mais fundamental do desejo humano, naturalmente irrealizável, é o de bastar-se, fundindo corpo e veste, lógica de concepção e imagem representativa. Vem daí que a imagem do outro nos atraia tão fortemente e nos fascine: ele sou eu, invertidamente, da imagem ao interior; fundir-me com ele é completar um todo perdido. O fascínio que a loucura exerce sobre nós decorre, portanto, da dissecção e recomposição dos dois componentes — exterioridade ridícula e interioridade nauseante. Asco e ridículo rodopiam, compõem-se e decompõem-se incessantemente no delírio, formam uma figura humana e a desmancham logo a seguir rapidamente, pondo em evidência a constituição mesma do fascínio, como que por efeito estroboscópico. Por ser essencialmente o delirante uma teoria viva do homem, é que nos seduz e nos repele alternadamente, às vezes num mesmo movimento ambivalente; reproduzir esse jogo ilusionista no texto literário é um desafio incontestável.

Como o enfrenta o diário? De Aksenti Ivanovitch e de seu mundo medíocre, expõe sem piedade as imagens derrisórias; mas a atividade produtora ele esconde: suprimida a dimensão do asco, sobra o ridículo. Porém, ao se ir transformando, enlouquecendo ocultamente e sem perder a razão e a clareza, concentra em si mesmo o pólo amputado, a pura criatividade louca interior; com isso, conduz o leitor pela mão, primeiramente o fazendo rir do doido, depois a se condoer, para descobrir por fim que é ele mesmo o objeto de pena e ridículo. O diário é, portanto, o interior que falta, ele detém e só aos bocados vai cedendo o complemento nauseante que, adicionado ao ridículo, compõe o homem e o fascina, dramaticamente. O *Diário de um louco*, por trás da superfície escrita de um diário, é puro fascínio complementar, atraindo e traindo o leitor, como o faria a análise com seu paciente, para que construa uma imagem, nela vaze todo o peso de suas emoções e descubra, no final, que a imagem é sempre a sua: todos nós narigudos. O diário opera transferencialmente, este é seu delito e seu fascínio.

Seduzidos pelo diário, sanidade delirante, mergulhamos nesse tempo sem calendário nem ordenação, mantidos na suspensão que nos faz rir do conselheiro-titular tornado rei de Espanha, ignorantes de o estarmos a esmagar com nosso assento tectônico, e ignorantes também de que o que se esmaga são nossos próprios sonhos, os narizes que não podemos ver. Por isso o drama é e deve permanecer ridículo: rindo, não nos reconhecemos, e podemos continuar a rir, a bandeiras despregadas. O ser reptilíneo do diário operou essa ilusão. Mudando de estatuto ontológico, com gestos leves de prestidigitador, o diário nos fascina, deixa-nos quedos e encantados, enquanto enfia alguma coisa tremenda e perigosa, uma loucura metastática, exatamente onde a não podemos ver: "Vocês já sabem que o rei de Argel tem um tumor exatamente debaixo do nariz?"